● 法律人核心素养丛书 ●

# 民法典
# 侵权责任编司法解释
# 查学用指引

孙政 张常富/编著

中国法制出版社
CHINA LEGAL PUBLISHING HOUSE

# 序

《最高人民法院关于适用〈中华人民共和国民法典〉侵权责任编的解释（一）》（以下简称《民法典侵权编解释一》）于 2024 年 9 月 25 日发布，自 2024 年 9 月 27 日起施行。侵权案件是民商事案件中常见的一类，侵权责任是民事责任的主要类型之一，承担侵权责任亦是制裁违法、救济权益、保障人权的重要手段。《中华人民共和国民法典》（以下简称《民法典》）将侵权责任独立成编，进一步彰显了强化人权保护、维护社会和谐安全的立法宗旨。《民法典》出台后，最高人民法院及时清理修订了有关审理人身损害赔偿案件、道路交通事故损害赔偿案件、医疗损害责任纠纷案件等涉侵权责任的司法解释。《民法典》施行以来，审判实践中遇到了一些新情况、新问题，亟须明确和统一法律适用标准。为此，侵权纠纷领域较为系统的《民法典》配套司法解释即《民法典侵权编解释一》于 2024 年 9 月正式发布并施行。

《民法典》侵权责任编共十章，体例科学，囊括了常见的侵权责任类型，依次规定了侵权责任重要内容：一般规定、损害赔偿、责任主体的特殊规定、产品责任、机动车交通事故责任、医疗损害责任、环境污染和生态破坏责任、高度危险责任、饲养动物损害责任、建筑物和物件损害责任。可以说，《民法典》侵权责任编在总结数十年侵权纠纷，尤其是《中华人民共和国侵权责任法》实施以来的实践基础上创设了诸多新制度，将侵权责任内容作了系统、科学的规定。

立足《民法典》，《民法典侵权编解释一》坚持系统思维、法治思维、底线思维，围绕"严惩侵害农村留守儿童、拐卖拐骗妇女儿童违法犯罪行为""惩治校园欺凌、平衡学校与学生的关系""加强未成年人司法保护""切实实现好、维护好、发展好劳动者合法权益""维护人民群众道路交通安全和头顶上的安全"等热点领域、热点问题，积极回应社会关切和实践需求,解决《民法典》施行后社会广泛关注、审判实践亟须解决的重大争议问题。《民法典侵权编解释一》共26条,除第26条为施行时间及效力规定外,其余25个条文均是针对具体问题的规定,涉及《民法典》侵权责任编十章中的八章,如明确非法使被监护人脱离监护的侵权责任,明确用人单位责任的适用范围和劳务派遣关系中的侵权责任形态,明确机动车交通事故责任的相关适用规则,明确缺陷产品造成的产品自损属于产品责任赔偿范围,明确禁止饲养的烈性犬等危险动物致人损害不适用免责事由,明确高空抛掷物、坠落物致害责任的实体和程序规则,等等。

可以说,《民法典侵权编解释一》的出台与施行,对正确审理侵权类案件、统一裁判标准、确保《民法典》统一正确实施,实现高质量司法具有重要而现实的意义。基于侵权责任编之于《民法典》乃至整个民商事领域的重要意义,学习、掌握《民法典》侵权责任编及新出台的《民法典侵权编解释一》,对处理侵权类案例、开展相关研究等有着积极影响与重要意义。为便于更好、更快、更方便地掌握《民法典侵权编解释一》及《民法典》侵权责任编,我们编写了《民法典侵权责任编司法解释查学用指引》一书。

"指引"即指示、引导,"查学用指引"即提供指示、引导的书。本书,顾名思义,是就侵权责任问题提供指示与引导的实务工具书。该书的指引至少体现在三个维度:一是对照指引,即将《民法典侵权编解释一》、《民法典》侵权责任编条文作为基础,与现行有效关联规定的条文作对照指引;二是解读指引,即对基本条文的要点作详略得当的解读指引;三是案例指引,即基于相关典型案例及其核心要旨而作的案例参考指引。

当然,这三个维度的指引在排版上并非逐一列举叙述式的,而是通过科学的设计"巧妙"融于表格之中,清晰直观、查学方便。最重要的是,这种表格式的设计经过了实践的检验,颇受大家欢迎,普遍反映直观、科学、便捷。根据以往经验并结合受众需求,《民法典侵权责任编司法解释查学用指引》一书在体例、内容上在此类表格基础上进行了延续与进一步完善,针对性与实用性也更为突出:

**1. 上下两编,体例科学。** 整体上看,本书分上、下两编。上编,采用表格对照的方式,以《民法典侵权编解释一》条文为基础逐条对照与解读。通过表格,将与《民法典侵权编解释一》条文密切相关的知识体系尽可能全面直观呈现出来。左栏为《民法典侵权编解释一》条文及要点解读,右栏为

《民法典》及现行有效其他关联规定与参考案例。下编，则以《民法典》侵权责任编条文为基础，逐条作要点提示、关联规定、参考案例。如此，既节省空间，又便于查学，科学合理，方便使用。

**2. 解读提示，详略得当。** 因《民法典侵权编解释一》属新内容，故作要点解读时，秉持密切结合《民法典》立法精神并立足实践，进行了较为翔实的解读，既保证将条文涉及的要点、重点、难点内容以及新增或修改之处尽可能囊括，又避免篇幅过长。而《民法典》侵权责任编的规定已经实施了一段时间，故仅对其条文涉及的重要内容作较为精练的提示，以便于读者快速掌握重点内容，繁简结合，详略得当，满足不同需求。

**3. 关联规定，全面直接。** "徒法不足以自行"，一部法律、司法解释的施行必然离不开其他法律法规、司法解释的配套，《民法典侵权编解释一》及包含侵权责任编在内的《民法典》亦是如此。为此，无论以《民法典侵权编解释一》条文为基础，还是以《民法典》侵权责任编条文为基础，均将现行有效的关联规定梳理列出，以助力读者全面、系统地学习。当然，列出的并非所有的关联规定，而是直接关联的规定。

**4. 参考案例，指引实践。** 案例具有释法、补法、统法、明法的功能。本书立足侵权责任领域，直面实践中存在的疑难问题，从最高人民法院指导性案例、公报案例、人民法院案例库参考案例、人民法院案例选等来源中梳理出较为典型的案例观点，附于相应条文后面。其中的很多案例如指导性案例、人民法院案例库参考案例本身就具有应当参考的效力。可以说，该部分内容具有很强的实务性、针对性与专业性，实践指引意义较大。

本书虽有上述优势与特点，但由于时间仓促，疏漏之处在所难免，不当或错误之处，敬请大家指正。另，对出版社在本书出版过程中给予的一系列帮助与肯定，对南京工业大学法政学院刘思彤同学在相关资料收集、文字校对、表格处理等方面的辛勤付出，以及在本书编写出版过程中给予支持与帮助的其他朋友，深表谢意。

编　者
2024年10月

# 目 录
## Contents

### 上 编　民法典侵权责任编司法解释查学用指引

第 一 条　【监护权遭受侵害的财产损失赔偿】……………… 1
第 二 条　【监护权遭受侵害下严重精神损害的认定】……… 3
第 三 条　【脱离监护下被监护人死亡的赔偿范围】………… 5
第 四 条　【非完全民事行为能力人侵权的诉讼主体认定】… 9
第 五 条　【非完全民事行为能力人侵权的财产责任承担】… 13
第 六 条　【侵权时未成年、诉讼时成年的责任承担】……… 16
第 七 条　【未成年子女侵权的父母责任】…………………… 19
第 八 条　【未成年子女侵权离异父母的责任承担】………… 21
第 九 条　【未成年子女侵权未形成抚养关系的继父母责任】… 24
第 十 条　【受托履行监护职责人的赔偿责任】……………… 27
第十一条　【教唆、帮助人担责不以明知行为人欠缺行为能力为
　　　　　　前提】………………………………………………… 32
第十二条　【教唆人、帮助人与监护人的责任形态】………… 35
第十三条　【被侵权人合并请求教唆人、帮助人、监护人以及受
　　　　　　托履行监护职责的人担责的责任形态】………… 38
第十四条　【第三人侵权时教育机构补充责任顺位抗辩的程序体
　　　　　　现、法院释明义务、第三人不明时的责任承担】… 40
第十五条　【用人单位责任的适用范围不限于劳动关系】…… 44

| 第十六条 | 【劳务派遣单位和接受劳务派遣的用工单位的责任形态】 | 51 |
|---|---|---|
| 第十七条 | 【职务侵权构成犯罪的不影响用人单位承担民事责任】 | 53 |
| 第十八条 | 【承揽人在完成工作过程中侵权的责任承担】 | 58 |
| 第十九条 | 【产品责任的赔偿范围包含产品自损】 | 60 |
| 第二十条 | 【转让拼装报废车担责不以明知为要件】 | 62 |
| 第二十一条 | 【投保义务人与侵权行为人不同的责任承担】 | 64 |
| 第二十二条 | 【机动车驾驶人因自身过错受到本车碰撞、碾压造成损害的责任承担】 | 67 |
| 第二十三条 | 【禁止饲养的烈性犬等危险动物致人损害不适用免责事由】 | 69 |
| 第二十四条 | 【高空坠物侵权中建筑物管理人的责任承担】 | 71 |
| 第二十五条 | 【高空抛坠物具体侵权人难以确定时的责任承担和具体侵权人确定后的追偿】 | 74 |
| 第二十六条 | 【施行时间】 | 78 |

## 下　编　民法典侵权责任编查学用指引

| 第一章　一般规定 | | 80 |
|---|---|---|
| 第一千一百六十四条 | 【侵权责任编的调整范围】 | 80 |
| 第一千一百六十五条 | 【过错责任原则与过错推定责任】 | 83 |
| 第一千一百六十六条 | 【无过错责任】 | 90 |
| 第一千一百六十七条 | 【危及他人人身、财产安全的责任承担方式】 | 91 |
| 第一千一百六十八条 | 【共同侵权】 | 93 |
| 第一千一百六十九条 | 【教唆侵权、帮助侵权】 | 96 |
| 第一千一百七十条 | 【共同危险行为】 | 100 |
| 第一千一百七十一条 | 【分别侵权的连带责任】 | 102 |
| 第一千一百七十二条 | 【分别侵权的按份责任】 | 104 |
| 第一千一百七十三条 | 【与有过错】 | 107 |

| | | |
|---|---|---|
| 第一千一百七十四条 | 【受害人故意】 | 112 |
| 第一千一百七十五条 | 【第三人过错】 | 115 |
| 第一千一百七十六条 | 【自甘风险】 | 117 |
| 第一千一百七十七条 | 【自力救济】 | 122 |
| 第一千一百七十八条 | 【特别规定优先适用】 | 123 |

### 第二章 损害赔偿 ...... 124

| | | |
|---|---|---|
| 第一千一百七十九条 | 【人身损害赔偿范围】 | 124 |
| 第一千一百八十条 | 【以相同数额确定死亡赔偿金】 | 130 |
| 第一千一百八十一条 | 【被侵权人死亡时请求权主体的确定】 | 131 |
| 第一千一百八十二条 | 【侵害他人人身权益造成财产损失的赔偿计算方式】 | 133 |
| 第一千一百八十三条 | 【精神损害赔偿】 | 138 |
| 第一千一百八十四条 | 【财产损失的计算】 | 141 |
| 第一千一百八十五条 | 【故意侵害知识产权的惩罚性赔偿责任】 | 146 |
| 第一千一百八十六条 | 【公平分担损失】 | 149 |
| 第一千一百八十七条 | 【赔偿费用的支付方式】 | 152 |

### 第三章 责任主体的特殊规定 ...... 153

| | | |
|---|---|---|
| 第一千一百八十八条 | 【监护人责任】 | 153 |
| 第一千一百八十九条 | 【委托监护时监护人的责任】 | 158 |
| 第一千一百九十条 | 【暂时丧失意识后的侵权责任】 | 160 |
| 第一千一百九十一条 | 【用人单位责任和劳务派遣单位、劳务用工单位责任】 | 161 |
| 第一千一百九十二条 | 【个人劳务关系中的侵权责任】 | 164 |
| 第一千一百九十三条 | 【承揽关系中的侵权责任】 | 167 |
| 第一千一百九十四条 | 【网络侵权责任】 | 168 |
| 第一千一百九十五条 | 【"通知与取下"制度】 | 171 |
| 第一千一百九十六条 | 【"反通知"制度】 | 175 |
| 第一千一百九十七条 | 【网络服务提供者与网络用户的连带责任】 | 176 |
| 第一千一百九十八条 | 【违反安全保障义务的侵权责任】 | 179 |

第一千一百九十九条 【教育机构对无民事行为能力人受到人身损害的过错推定责任】……187

第一千二百条 【教育机构对限制民事行为能力人受到人身损害的过错责任】……188

第一千二百零一条 【受到校外人员人身损害时的责任分担】……191

## 第四章 产品责任……192

第一千二百零二条 【产品生产者侵权责任】……192

第一千二百零三条 【被侵权人请求损害赔偿的途径和先行赔偿人追偿权】……195

第一千二百零四条 【生产者、销售者的第三人追偿权】……197

第一千二百零五条 【产品缺陷危及他人人身、财产安全的侵权责任】……197

第一千二百零六条 【生产者、销售者的补救措施及费用承担】……198

第一千二百零七条 【产品责任中的惩罚性赔偿】……201

## 第五章 机动车交通事故责任……203

第一千二百零八条 【机动车交通事故责任的法律适用】……203

第一千二百零九条 【租赁、借用机动车交通事故责任】……206

第一千二百一十条 【转让并交付但未办理登记的机动车侵权责任】……207

第一千二百一十一条 【挂靠机动车交通事故责任】……208

第一千二百一十二条 【擅自驾驶他人机动车交通事故责任】……209

第一千二百一十三条 【交通事故侵权救济来源的支付顺序】……210

第一千二百一十四条 【拼装车、报废车交通事故责任】……215

第一千二百一十五条 【盗抢机动车交通事故责任】……216

第一千二百一十六条 【驾驶人逃逸责任承担规则】……217

第一千二百一十七条 【好意同乘规则】……219

## 第六章 医疗损害责任……220

第一千二百一十八条 【医疗损害责任归责原则】……220

第一千二百一十九条 【医疗机构说明义务与患者知情同意权】……221

| 第一千二百二十条 | 【紧急情况下实施的医疗措施】 …………… 223 |
| 第一千二百二十一条 | 【医务人员过错的医疗机构赔偿责任】 ……… 224 |
| 第一千二百二十二条 | 【医疗机构过错推定的情形】 ………… 225 |
| 第一千二百二十三条 | 【因药品、消毒产品、医疗器械的缺陷或输入不合格的血液的侵权责任】 ……… 226 |
| 第一千二百二十四条 | 【医疗机构免责事由】 ………………… 228 |
| 第一千二百二十五条 | 【医疗机构对病历的义务及患者对病历的权利】 ……………………………… 229 |
| 第一千二百二十六条 | 【患者隐私和个人信息保护】 ………… 230 |
| 第一千二百二十七条 | 【不必要检查禁止义务】 ……………… 231 |
| 第一千二百二十八条 | 【医疗机构及医务人员合法权益的维护】 …… 231 |

### 第七章 环境污染和生态破坏责任 …………………………… 232

| 第一千二百二十九条 | 【环境污染和生态破坏侵权责任】 …… 232 |
| 第一千二百三十条 | 【环境污染、生态破坏侵权举证责任】 ……… 236 |
| 第一千二百三十一条 | 【两个以上侵权人造成损害的责任分担】 …… 242 |
| 第一千二百三十二条 | 【侵权人的惩罚性赔偿】 ……………… 245 |
| 第一千二百三十三条 | 【因第三人过错污染环境、破坏生态的责任】 ………………………… 248 |
| 第一千二百三十四条 | 【生态环境损害修复责任】 …………… 252 |
| 第一千二百三十五条 | 【生态环境损害赔偿的范围】 ………… 255 |

### 第八章 高度危险责任 …………………………………………… 260

| 第一千二百三十六条 | 【高度危险责任一般规定】 …………… 260 |
| 第一千二百三十七条 | 【民用核设施致害责任】 ……………… 261 |
| 第一千二百三十八条 | 【民用航空器致害责任】 ……………… 262 |
| 第一千二百三十九条 | 【高度危险物致害责任】 ……………… 263 |
| 第一千二百四十条 | 【高度危险活动致害责任】 …………… 264 |
| 第一千二百四十一条 | 【遗失、抛弃高度危险物致害的侵权责任】 …… 267 |
| 第一千二百四十二条 | 【非法占有高度危险物致害的侵权责任】 …… 268 |
| 第一千二百四十三条 | 【未经许可进入高度危险作业区域的致害责任】 ……………………………… 268 |

第一千二百四十四条 【高度危险责任赔偿限额】……………… 271

## 第九章 饲养动物损害责任 …………………………………… 274

第一千二百四十五条 【饲养动物损害责任一般规定】………… 274
第一千二百四十六条 【未对动物采取安全措施损害责任】…… 277
第一千二百四十七条 【禁止饲养的危险动物损害责任】……… 278
第一千二百四十八条 【动物园饲养动物损害责任】…………… 279
第一千二百四十九条 【遗弃、逃逸动物损害责任】…………… 280
第一千二百五十条 【因第三人过错致使动物致害责任】……… 281
第一千二百五十一条 【饲养动物应负的社会责任】…………… 281

## 第十章 建筑物和物件损害责任 ……………………………… 282

第一千二百五十二条 【建筑物、构筑物或者其他设施倒塌、塌陷致害责任】…………………………… 282
第一千二百五十三条 【建筑物、构筑物或者其他设施及其搁置物、悬挂物脱落、坠落致害责任】……… 284
第一千二百五十四条 【高空抛掷物、坠落物致害责任】……… 286
第一千二百五十五条 【堆放物致害责任】……………………… 288
第一千二百五十六条 【在公共道路上妨碍通行物品的致害责任】…… 289
第一千二百五十七条 【林木致害的责任】……………………… 290
第一千二百五十八条 【公共场所或道路施工致害责任和窨井等地下设施致害责任】………………………… 291

# 上 编
# 民法典侵权责任编司法解释查学用指引

该部分包括三个维度的指引：

一是**对照指引**，即民法典侵权责任编司法解释条文与现行有效关联规定的对照指引；

二是**解读指引**，即对民法典侵权责任编司法解释条文内容作精练的解读提示指引；

三是**案例指引**，即基于典型案例及其核心裁判要旨而作的案例参考指引。

| 民法典侵权编解释一[①] | 关联规定[②]与参考案例 |
|---|---|
| **第一条　【监护权遭受侵害的财产损失赔偿】**非法使被监护人脱离监护，监护人请求赔偿为恢复监护状态而支出的合理费用等财产损失的，人民法院应予支持。<br><br>**指引：**本条是关于侵害监护权财产损害赔偿责任的规定。《民法典侵权编解释一》共计 26 个条文，其中第 1—13 条均涉及监护制度相关问题。可以看出，监护问题是《民法典侵权编解释一》非常重视的问题，诱使被监护人脱离监护，监护人违反监护职责和教唆、帮助被监护人责任，都是监护法律制度的内容，可理解为对无民事行为能力人和限制民事 | 《民法典》<br>**第 27 条　【未成年人的监护人】**父母是未成年子女的监护人。<br><br>未成年人的父母已经死亡或者没有监护能力的，由下列有监护能力的人按顺序担任监护人：<br>（一）祖父母、外祖父母；<br>（二）兄、姐；<br>（三）其他愿意担任监护人的个人或者组织，但是须经未成年人住所地的居民委员会、村民委员会或者民政部门同意。 |

---

[①] 此处为《最高人民法院关于适用〈中华人民共和国民法典〉侵权责任编的解释（一）》（2024 年 9 月 25 日　法释〔2024〕12 号）的简称，以下不再标注。

[②] 为方便读者参阅，关联规定部分相关规范性文件的排序以与主题的关联性为序。该部分规范性文件大多为节录，以下不再标注。

| 民法典侵权编解释一 | 关联规定与参考案例 |
|---|---|
| 行为能力人的人身、财产和其他合法权益进行监督、管理和保护，以弥补其民事行为能力不足的民事制度。<br><br>现代监护制度在强化监护人义务和职责的同时，也赋予了监护人必要的权利，以确保监护人更好地履行监护职责。从《民法典》第34条和第35条的规定来看，监护人的职责包括保护被监护人的人身和财产权利、代理监护人实施民事法律行为、按照最有利于被监护人的原则履行监护职责、不得借监护谋取个人利益；同时，监护人依法履行监护职责产生的权利，受法律保护。因此可以说，立法对监护的性质倾向于职责说，监护人既享有职权又承担责任，体现了权利义务的统一。<br><br>既然监护有权利的性质，在监护权遭受侵害的情况下，监护人有权请求损害赔偿。本条对此进行了明确，非法使被监护人脱离监护，需赔偿监护权人为恢复监护状态而支出的合理费用等财产损失。<br><br>监护权人一经设定即享有监护权，未经法定事由及法定程序不得非法剥夺。第三人非法剥夺监护人的监护权，为严重的侵权行为。非法剥夺监护权，既可以是剥夺全部监护权，也可以是剥夺部分监护权。值得注意的是，本条所谓"非法使被监护人脱离监护"的情形，属于侵害监护权中最常见且典型的一类，该种行为并非着眼于监护权的整体剥夺， | **第28条** 【成年的无民事或限制民事行为能力的监护人】无民事行为能力或者限制民事行为能力的成年人，由下列有监护能力的人按顺序担任监护人：<br>（一）配偶；<br>（二）父母、子女；<br>（三）其他近亲属；<br>（四）其他愿意担任监护人的个人或者组织，但是须经被监护人住所地的居民委员会、村民委员会或者民政部门同意。<br><br>**第29条** 【遗嘱指定监护人】被监护人的父母担任监护人的，可以通过遗嘱指定监护人。<br><br>**第30条** 【协议确定监护人】依法具有监护资格的人之间可以协议确定监护人。协议确定监护人应当尊重被监护人的真实意愿。<br><br>**第32条** 【公职监护人】没有依法具有监护资格的人的，监护人由民政部门担任，也可以由具备履行监护职责条件的被监护人住所地的居民委员会、村民委员会担任。<br><br>**第33条** 【意定监护人】具有完全民事行为能力的成年人，可以与其近亲属、其他愿意担任监护人的个人或者组织 |

| 民法典侵权编解释一 | 关联规定与参考案例 |
|---|---|
| 而是以作为的方式对监护权的具体权利内容进行侵害。如监护权争议案中，未被确立为监护人的一方将被监护人从被确立为监护人的监护下抢回；通过拐卖、劫夺、藏匿未成年子女，使其脱离监护人监护；未经监护人同意引诱哄骗未满16周岁的未成年被监护人参加"工作"等情形。<br><br>本条协调了拐卖获利刑事追缴与民事赔偿的关系。为增强财产损失范围认定弹性，又避免不当扩大损失范围，对"财产损失"作出"合理费用"的限定，同时使用了"等"的表述，给予法官一定的裁量权。所谓的"为恢复监护状态而支出的合理费用"，主要是指寻亲费用、合理的交通费、住宿费、餐饮费（误餐费）、误工费等应包括在内。除此之外，合理的广告费、打印资料费、鉴定费等费用也应包括在内。 | 事先协商，以书面形式确定自己的监护人，在自己丧失或者部分丧失民事行为能力时，由该监护人履行监护职责。<br><br>**第1165条 【过错责任原则】** 行为人因过错侵害他人民事权益造成损害的，应当承担侵权责任。<br><br>依照法律规定推定行为人有过错，其不能证明自己没有过错的，应当承担侵权责任。<br><br>《最高人民法院关于适用〈中华人民共和国刑事诉讼法〉的解释》<br><br>**第192条第1款** 对附带民事诉讼作出判决，应当根据犯罪行为造成的物质损失，结合案件具体情况，确定被告人应当赔偿的数额。 |
| **第二条 【监护权遭受侵害下严重精神损害的认定】** 非法使被监护人脱离监护，导致父母子女关系或者其他近亲属关系受到严重损害的，应当认定为民法典第一千一百八十三条第一款规定的严重精神损害。<br><br>**指引**：本条是关于侵害监护权后，对被告人造成严重精神损害认定的规定。"非法使被监护人脱离监护"使监护人的监护权受到的损害，既可能为监护人精神上的痛苦或者说损害，也可能为监护人为恢复监护权而支出的合理费用等财产 | 《民法典》<br><br>**第1183条 【精神损害赔偿】** 侵害自然人人身权益造成严重精神损害的，被侵权人有权请求精神损害赔偿。<br><br>因故意或者重大过失侵害自然人具有人身意义的特定物造成严重精神损害的，被侵权人有权请求精神损害赔偿。<br><br>案例指引：《韩某与王某监护权纠纷案》【第三届北京市依法维护妇女儿童合法权益典 |

| 民法典侵权编解释一 | 关联规定与参考案例 |
|---|---|
| 损害。这两种形态在一个侵权行为中可能都存在。本条涉及的则为其中的精神损害赔偿问题。<br>　　精神损害赔偿是被侵权人因人格利益或身份利益受到侵害遭受精神痛苦，通过金钱赔偿的方式对其给予精神抚慰。非法使被监护人脱离监护侵害了监护关系这种身份利益，若造成了严重精神损害，依照《民法典》第1183条关于"侵害自然人人身权益造成严重精神损害的，被侵权人有权请求精神损害赔偿"的规定，人民法院应当支持监护人和被监护人提出的精神损害赔偿请求。<br>　　对于如何认定非法使被监护人脱离监护造成严重精神损害，理论与实践中存在不同观点。有意见认为，非法使被监护人脱离监护即构成严重精神损害。实际上，这种意见对精神损害的认定标准失之过宽。对"严重"的解释，应当采容忍限度理论，即超出了社会一般人的容忍限度，就认为是"严重"。且精神损害是否达到严重程度，应视人格权益性质不同而有所区别。对于侵害身体权、健康权的情形，在目前尚无新的针对性规定出台的情形下，仍可考虑借鉴当前司法实践中的主要做法，以达到伤残标准作为构成严重精神损害的主要依据。而关于精神性人格权益被侵害的情形，鉴于该类 | 型案例集（2020年）之五①】<br>　　案例要旨：该案王某在与韩某协议离婚并就子女抚养和探望达成一致意见后，借由探望的机会将孩子带走并拒绝送回，同时切断孩子和韩某的联系，彻底改变孩子原来习惯的生活、学习，行为性质恶劣，给孩子和原告造成难以弥补的精神伤害。该案判决首先明确了夫妻离婚后对未成年子女监护权行使方式的不同，并对被告侵犯原告监护权的行为作出认定，进而判决其承担相应的侵权责任，结合被告的负担能力，判处了金额较高的精神损害抚慰金（8万元），具有一定的突破性。该案在保障直接抚养子女的监护人的监护权方面具有重要参考意义。 |

---

① 载北京市妇女联合会网站，http://www.bjwomen.gov.cn/fnw_2nd_web/static/articles/catalog_0000000064309faf016435436f130073/article_00000000750bf8a601761d652e000cb6/00000000750bf8a601761d652e000cb6.html，2024年9月27日访问。

| 民法典侵权编解释一 | 关联规定与参考案例 |
|---|---|
| 人格权益很难外化且存在个体差异性，因此，在确定是否达到严重标准时，应综合考虑侵权人的主观状态、侵害手段、场合、行为方式和被侵权人的精神状态等具体情节加以判断。<br>　　为严格确立非法使被监护人脱离监护造成严重精神损害的认定标准，本条对该问题进行了规定，本条旨在保障监护人和亲属的精神权益，强调非法侵害亲属关系是一种严重的侵权行为，应依法追究侵权人的责任。本条所谓"严重精神损害"指非法脱离监护的行为给监护人或近亲属带来的极大的心理痛苦。如父母因此而长期处于焦虑、痛苦之中，甚至影响到家庭的正常生活。这种情况下，应支持精神损害赔偿。实践中，可综合脱离监护的时间、使近亲属出现精神疾患等因素对具体案件作出认定。此外需注意，本条规定中的父母子女关系，不仅包括生父母子女关系，还包括养父母子女关系和形成抚养教育关系的继父母子女关系。 | |
| **第三条　【脱离监护下被监护人死亡的赔偿范围】** 非法使被监护人脱离监护，被监护人在脱离监护期间死亡，作为近亲属的监护人既请求赔偿人身损害，又请求赔偿监护关系受侵害产生的损失的，人民法院依法予以支持。<br>　　**指引**：本条是关于脱离监护下被监护人死亡赔偿范围的规定。非法使被监护人脱离监护可能同时造成被监护人死亡、 | 《民法典》<br>　　**第1179条　【人身损害赔偿范围】** 侵害他人造成人身损害的，应当赔偿医疗费、护理费、交通费、营养费、住院伙食补助费等为治疗和康复支出的合理费用，以及因误工减少的收入。造成残疾的，还应当赔偿辅助器具费和残疾赔偿 |

| 民法典侵权编解释一 | 关联规定与参考案例 |
|---|---|
| 作为近亲属的监护人在人身损害赔偿案件中合并主张赔偿人身损害和寻亲费用等财产损失的，实践中存在争议。为便于纠纷一并解决、保障权利人及时受偿，《民法典侵权编解释一》本条明确规定依法支持赔偿权利人合并请求赔偿人身损害和寻亲费用等合理财产损失。实际上，人身损害赔偿与寻亲费用等合理损失分属两种法律体系，但由于原告主体一般相同，被告主体也一般相同，从这个角度看是可以合并审理的，且人身损害费用按照《民法典》及《最高人民法院关于审理人身损害赔偿案件适用法律若干问题的解释》规定应予支持，寻亲费用等合理费用按照第1条规定也应支持。可以说，本条并无法理制度上的创设，只是单纯程序上的明确。但需注意，本条可以合并审理并予以支持的前提是"被监护人在脱离监护期间死亡"，并非所有情况都可以。<br><br>另外值得注意的是，按照《民法典》第1179条的规定，人身损害赔偿范围限于"为治疗和康复支出的合理费用"。对于被侵权人死亡的，赔偿范围还包括丧葬费和死亡赔偿金。从文义来看，《民法典》该条并未涵盖原《最高人民法院关于审理人身损害赔偿案件适用法律若干问题的解释》（法释〔2003〕20号）第17条第3款所规定的"受害人亲属办理丧葬事宜支出的交通费、住宿费和误工损失等其他合理费用"，也未 | 金；造成死亡的，还应当赔偿丧葬费和死亡赔偿金。<br><br>**第1181条　【被侵权人死亡时请求权主体的确定】** 被侵权人死亡的，其近亲属有权请求侵权人承担侵权责任。被侵权人为组织，该组织分立、合并的，承继权利的组织有权请求侵权人承担侵权责任。<br><br>被侵权人死亡的，支付被侵权人医疗费、丧葬费等合理费用的人有权请求侵权人赔偿费用，但是侵权人已经支付该费用的除外。<br><br>**第1045条　【亲属、近亲属及家庭成员】** 亲属包括配偶、血亲和姻亲。<br><br>配偶、父母、子女、兄弟姐妹、祖父母、外祖父母、孙子女、外孙子女为近亲属。<br><br>配偶、父母、子女和其他共同生活的近亲属为家庭成员。<br><br>**《最高人民法院关于审理人身损害赔偿案件适用法律若干问题的解释》（2022年修正）**<br><br>**第14条** 丧葬费按照受诉法院所在地上一年度职工月平均工资标准，以六个月总额计算。 |

| 民法典侵权编解释一 | 关联规定与参考案例 |
|---|---|
| 将《民法典侵权编解释一》第1条规定的寻亲费用等合理损失囊括在内。<br><br>而在《民法典》实施后是否还继续支持赔偿受害人亲属办理丧葬费事宜支出的交通费、住宿费和误工损失的问题，有不同观点。<br><br>有观点认为，《最高人民法院关于审理人身损害赔偿案件适用法律若干问题的解释》规定的定额化计算的丧葬费并不包含奔丧费用在内，奔丧费用在解释中是单独赔偿项目，丧葬费的现行计算标准与办理丧葬事宜的实际支出相比并不高，尤其相较高昂的墓地费用而言。且域外立法多支持受害人近亲属奔丧属于因侵权行为产生的合理损失。因此，受害人亲属办理丧葬事宜支出的交通费、住宿费和误工损失等合理费用，仍应支持赔偿。<br><br>我们认为这种观点是合理的，即在被侵权人死亡的情况下，其近亲属有权主张因办理丧葬事宜支出的交通费、住宿费和误工损失等其他费用。因为这部分损害从本质上看，属于因侵权行为而给被侵权人的近亲属造成的纯粹经济损失，应予赔偿。当然，赋予近亲属就奔丧费用独立的请求权，有利于弘扬尊老尽孝、帮扶帮衬的传统美德以及保护善良的社会风俗，也可以防止侵权人获得不当利益。当然，如前所述，除这些费用外，《民法典侵权编解释一》第1条规定 | **第7条** 误工费根据受害人的误工时间和收入状况确定。<br><br>误工时间根据受害人接受治疗的医疗机构出具的证明确定。受害人因伤致残持续误工的，误工时间可以计算至定残日前一天。<br><br>受害人有固定收入的，误工费按照实际减少的收入计算。受害人无固定收入的，按照其最近三年的平均收入计算；受害人不能举证证明其最近三年的平均收入状况的，可以参照受诉法院所在地相同或者相近行业上一年度职工的平均工资计算。<br><br>**《最高人民法院关于审理道路交通事故损害赔偿案件适用法律若干问题的解释》（2020年修正）**<br><br>**第23条** 被侵权人因道路交通事故死亡，无近亲属或者近亲属不明，未经法律授权的机关或者有关组织向人民法院起诉主张死亡赔偿金的，人民法院不予受理。<br><br>侵权人以已向未经法律授权的机关或者有关组织支付死亡赔偿金为理由，请求保险公司在交强险责任限额范围内予 |

| 民法典侵权编解释一 | 关联规定与参考案例 |
|---|---|
| 的寻亲费用等合理费用也应当属于监护关系受侵害产生的损失，应予支持。 | 以赔偿的，人民法院不予支持。<br>　　被侵权人因道路交通事故死亡，无近亲属或者近亲属不明，支付被侵权人医疗费、丧葬费等合理费用的单位或者个人，请求保险公司在交强险责任限额范围内予以赔偿的，人民法院应予支持。<br>　　**案例指引**：《田某山等与黄某某、钟某市容环境卫生管理局、某财产保险股份有限公司荆门市中心支公司机动车交通事故责任纠纷案》【湖北省荆门市中级人民法院（2022）鄂08民终947号民事判决书①】<br>　　**案例要旨**：按照《民法典》第1182条的规定，侵害他人人身权益造成财产损失的，按照被侵权人因此受到的损失或者侵权人因此获得的利益赔偿。故侵权损害赔偿应遵循损失填补原则，当事人因侵权行为产生的必要的、合理的费用，应当由赔偿义务人承担。该案中，受害人因交通事故致抢救无效死亡，其亲属为处理交通事故、处理丧葬事宜等，必然产生误工费 |

---

① 载中国裁判文书网，https：//wenshu.court.gov.cn/website/wenshu/181107ANFZ0BXSK4/index.html？docId=XLrP06vRhcGo3BScNaHZxlQmEkriWfJec7RLWShMv7jo/nDvKjAHOJO3qNaLMqsJUTWcuuSWqFJE3z3XhifmxiN05NRB6QgWvb77MR4zDn5Z0SuCcp2cmcrhFFY+wobH，2024年9月28日访问。

| 民法典侵权编解释一 | 关联规定与参考案例 |
|---|---|
|  | 支出。一审法院根据查明的事实，结合当地实际生活水平，酌情支持受害方处理交通事故的误工费 3187.35 元并无不当。<br><br>此外，丧葬费的支付，由于受害人已经死亡，只能是其亲属、朋友或者其他主体支付，且多为近亲属支付。若支付这些费用的是被侵权人的近亲属，按照上述规定，其当然可以请求侵权人赔偿这些费用。但若支付这些费用的并非其近亲属，而是其朋友、其他人或者某一单位的，我们认为，实际支付（损失）费用的主体作为合理费用的直接支付者，亦有权独立地请求侵权人赔偿这些费用。若侵权人已将这些费用赔偿给被侵权人近亲属的，近亲属应向实际支付者或损失者返还这些费用。 |
| **第四条　【非完全民事行为能力人侵权的诉讼主体认定】**无民事行为能力人、限制民事行为能力人造成他人损害，被侵权人请求监护人承担侵权责任，或者合并请求监护人和受托履行监护职责的人承担侵权责任的，人民法院应当将无民事行为能力人、限制民事行为能力人列为共同被告。<br><br>**指引：**本条是关于非完全民事行为能力人侵权情形下相关诉讼主体认定的问题，属于诉讼程序方面的规定。按照民事诉讼理论，民事诉讼的当事人应当具 | 《民法典》<br>　　第34条　【监护人的职责与权利及临时生活照料措施】监护人的职责是代理被监护人实施民事法律行为，保护被监护人的人身权利、财产权利以及其他合法权益等。<br><br>　　监护人依法履行监护职责产生的权利，受法律保护。<br><br>　　监护人不履行监护职责或者侵害被监护人合法权益的，应当承担法律责任。 |

| 民法典侵权编解释一 | 关联规定与参考案例 |
|---|---|
| 有以下特征：一是以自己的名义进行诉讼；二是与案件有直接的利害关系；三是受人民法院裁判拘束。<br>　　对于无民事行为能力人、限制民事行为能力人而言，其是侵权致害案件的直接行为人，在有财产的情形下需要支付赔偿费用。无民事行为能力人、限制民事行为能力人的诉讼地位允许其作为被告。也正是基于此，应认为无民事行为能力人、限制民事行为能力人与案件有直接的利害关系，能够成为案件的当事人。此外，根据《民事诉讼法》的相关规定，无诉讼行为能力人由他的监护人作为法定代理人代为诉讼。对于无民事行为能力人、限制民事行为能力人而言，其享有民事权利能力和诉讼权利能力，只是因为没有或不能完全进行民事活动且无诉讼行为能力，为保护其实体性和程序性合法权益，法律设立了监护人制度和法定代理人制度。因此无民事行为能力人、限制民事行为能力人有资格成为当事人。<br>　　此外，当事人诉讼资格的确立是以其是否与案件有法律利害关系为标准的，至于责任具体由谁承担、是否具有损害赔偿能力并非决定当事人是否具有诉讼资格实质因素。实践中，对于无民事行为能力人、限制民事行为能力人的财产状况，只有在实体审理中才能得出判断，立案时作出判断较为困难，特别是在起诉时由于事先并不知道无民事行为能力人、限制民事行为能力人的财产状况，让 | 　　因发生突发事件等紧急情况，监护人暂时无法履行监护职责，被监护人的生活处于无人照料状态的，被监护人住所地的居民委员会、村民委员会或者民政部门应当为被监护人安排必要的临时生活照料措施。<br>　　**第 1188 条　【监护人责任】**无民事行为能力人、限制民事行为能力人造成他人损害的，由监护人承担侵权责任。监护人尽到监护职责的，可以减轻其侵权责任。<br>　　有财产的无民事行为能力人、限制民事行为能力人造成他人损害的，从本人财产中支付赔偿费用；不足部分，由监护人赔偿。<br>　　**第 1189 条　【委托监护责任】**无民事行为能力人、限制民事行为能力人造成他人损害，监护人将监护职责委托给他人的，监护人应当承担侵权责任；受托人有过错的，承担相应的责任。<br>　　*《未成年人保护法》（2024年修订)*<br>　　**第 22 条**　未成年人的父母或者其他监护人因外出务工等原因在一定期限内不能完全履行监护职责的，应当委托具有照护能力的完全民事行为能 |

| 民法典侵权编解释一 | 关联规定与参考案例 |
|---|---|
| 原告来选择也很困难。因此,《最高人民法院关于适用〈中华人民共和国民事诉讼法〉的解释》第67条明确规定,无民事行为能力人、限制民事行为能力人造成他人损害的,以无民事行为能力人、限制民事行为能力人与其监护人为共同被告。<br>　　实际上,在无民事行为能力、限制民事行为能力人侵权案件中,将无民事行为能力人、限制民事行为能力人与其监护人列为共同被告不仅符合民事诉讼理论的要求,同时也有利于实践中审判执行工作的开展。案件审理上,将无民事行为能力人、限制民事行为能力人列为被告,对法院查清案件事实、分清责任有着重要意义;执行过程中,若没有列无民事行为能力人、限制民事行为能力人为诉讼当事人,在监护人无赔偿能力而无民事行为能力人、限制民事行为能力人有财产的情况下,追加执行无民事行为能力人、限制民事行为能力人为被执行人存在很大困难。<br>　　值得注意的是,前面论及的主要是在无民事行为能力人、限制民事行为能力人造成他人损害的情况下,将无民事行为能力人、限制民事行为能力人和其监护人为共同被告的合理性与必要性。实践中,也存在监护人将监护职责委托他人行使的情况,在这种情况下,若无民事行为能力人、限制民事行为能力人存在侵害行为的,在受害人只诉请监护人和代为履行监护职责的受托人承担责任 | 人代为照护;无正当理由的,不得委托他人代为照护。<br>　　未成年人的父母或者其他监护人在确定被委托人时,应当综合考虑其道德品质、家庭状况、身心健康状况、与未成年人生活情感上的联系等情况,并听取有表达意愿能力未成年人的意见。<br>　　具有下列情形之一的,不得作为被委托人:<br>　　(一)曾实施性侵害、虐待、遗弃、拐卖、暴力伤害等违法犯罪行为;<br>　　(二)有吸毒、酗酒、赌博等恶习;<br>　　(三)曾拒不履行或者长期怠于履行监护、照护职责;<br>　　(四)其他不适宜担任被委托人的情形。<br>　　《最高人民法院关于适用〈中华人民共和国民事诉讼法〉的解释》(2022年修正)<br>　　**第67条**　无民事行为能力人、限制民事行为能力人造成他人损害的,无民事行为能力人、限制民事行为能力人和其监护人为共同被告。<br>　　《最高人民法院关于适用〈中华人民共和国民法典〉总则编若干问题的解释》 |

| 民法典侵权编解释一 | 关联规定与参考案例 |
| --- | --- |
| 的情况下，应否将无民事行为能力人、限制民事行为能力人列为共同被告？<br>　　在监护人将监护职责委托行使的情况下，无民事行为能力人、限制民事行为能力人是否列为共同被告，与前面没有将监护职责委托行使下的理由类似，也应当列为共同被告。本条亦进行了明确。 | 　　**第13条　【监护职责委托行使】**监护人因患病、外出务工等原因在一定期限内不能完全履行监护职责，将全部或者部分监护职责委托给他人，当事人主张受托人因此成为监护人的，人民法院不予支持。<br>　　《最高人民法院民事审判庭关于监护责任两个问题的电话答复》（1990.05.04 发布）<br>吉林省高级人民法院：<br>　　你院（89）51号"关于监护责任两个问题的请示"收悉。<br>　　关于对患精神病的人，其监护人应从何时起承担监护责任的问题。经我们研究认为，此问题情况比较复杂，我国现行法律无明文规定，也不宜作统一规定。在处理这类案件时，可根据《民法通则》有关规定精神，结合案件具体情况，合情合理地妥善处理。<br>　　我们原则上认为：成年人丧失行为能力时，监护人即应承担其监护责任。监护人对精神病人的监护责任是基于法律规定而设立的，当成年人因患精神病，丧失行为能力时，监护人应按照法律规定的监护顺序承担监护责任。如果监护人确实不知被监护人患有精神病的，可根据具体情况，参照《民法通则》 |

| 民法典侵权编解释一 | 关联规定与参考案例 |
|---|---|
| | 第一百三十三条规定精神，适当减轻民事责任。<br>　　精神病人在发病时给他人造成的经济损失，如行为人个人财产不足补偿或无个人财产的，其监护人应适当承担赔偿责任。这样处理，可促使监护人自觉履行监护责任，维护被监护人和其他公民的合法权益，也有利于社会安定。<br>　　关于侵权行为人在侵权时不满18周岁，在诉讼时已满18周岁，且本人无经济赔偿能力，其原监护人的诉讼法律地位应如何列的问题。<br>　　我们认为：原监护人应列为本案第三人，承担民事责任。因原监护人对本案的诉讼标的无独立请求权，只是案件处理结果同本人有法律上的利害关系，因此，系无独立请求权的第三人。 |
| **第五条　【非完全民事行为能力人侵权的财产责任承担】** 无民事行为能力人、限制民事行为能力人造成他人损害，被侵权人请求监护人承担侵权人应承担的全部责任的，人民法院应予支持，并在判决中明确，赔偿费用可以先从被监护人财产中支付，不足部分由监护人支付。<br>　　监护人抗辩主张承担补充责任，或者被侵权人、监护人主张人民法院判令有财产的无民事行为能力人、限制民事行为能力人承担赔偿责任的，人民法院不予支持。 | **《民法典》**<br>　　**第35条　【监护人履行职责的原则与要求】** 监护人应当按照最有利于被监护人的原则履行监护职责。监护人除为维护被监护人利益外，不得处分被监护人的财产。<br>　　未成年人的监护人履行监护职责，在作出与被监护人利益有关的决定时，应当根据被监护人的年龄和智力状况，尊重 |

| 民法典侵权编解释一 | 关联规定与参考案例 |
|---|---|
| 从被监护人财产中支付赔偿费用的，应当保留被监护人所必需的生活费和完成义务教育所必需的费用。<br><br>**指引：**本条是关于非完全民事行为能力人侵权的财产责任承担之规定。《民法典》第1188条规定的"监护人责任"位于侵权责任编第三章"责任主体的特殊规定"一章，属于侵权责任的特殊责任形态，主要规定的是对人的替代责任，监护人责任就是替代责任的具体类型。监护人的侵权责任，是指在无民事行为能力人和限制民事行为能力人造成他人损害时，由监护人承担的侵权民事责任。<br><br>需要注意的是，监护人责任是对人的替代责任。无民事行为能力人或者限制民事行为能力人实施具体的侵权行为，造成了被侵权人的人身、财产损害，但承担侵权责任的并非造成损害的行为人，而是行为人的监护人，即由监护人替代行为人承担侵权责任。可以说，我国规定的监护人责任是典型的替代责任，即为他人的侵权行为负责的责任。针对学理与实务中关于《民法典》第1188条规定的监护人责任是补充责任还是全部赔偿责任的争议，本条明确规定，被监护人侵权，由监护人承担侵权人应承担的全部赔偿责任。被监护人无论是无民事行为能力人，还是限制民事行为能力人，均不得因其本人有财产而承担侵权责任。这一规定，彰显了保障未成年人合法权益和轻装前行的司法理念。 | 被监护人的真实意愿。<br><br>成年人的监护人履行监护职责，应当最大程度地尊重被监护人的真实意愿，保障并协助被监护人实施与其智力、精神健康状况相适应的民事法律行为。对被监护人有能力独立处理的事务，监护人不得干涉。<br><br>**第1167条　【危及他人人身、财产安全的责任承担方式】**侵权行为危及他人人身、财产安全的，被侵权人有权请求侵权人承担停止侵害、排除妨碍、消除危险等侵权责任。<br><br>**第1188条　【监护人责任】**无民事行为能力人、限制民事行为能力人造成他人损害的，由监护人承担侵权责任。监护人尽到监护职责的，可以减轻其侵权责任。有财产的无民事行为能力人、限制民事行为能力人造成他人损害的，从本人财产中支付赔偿费用；不足部分，由监护人赔偿。<br><br>《精神卫生法》（2018年修正）<br><br>**第79条**　医疗机构出具的诊断结论表明精神障碍患者应当住院治疗而其监护人拒绝，致使患者造成他人人身、财产损害的，或者患者有其他造成他人人身、财产损害情形的，其监护 |

| 民法典侵权编解释一 | 关联规定与参考案例 |
|---|---|
| 在非近亲属担任监护人且被监护人本人有财产的情况下，完全由监护人担责可能导致非近亲属不愿担任监护人，这不利于未成年人的成长。为解决上述问题，从公平角度考量，依照《民法典》第1188条第2款"有财产的无民事行为能力人、限制民事行为能力人造成他人损害的，从本人财产中支付赔偿费用；不足部分，由监护人赔偿"的规定，本条规定，人民法院在判令监护人担责的同时，应当在判决中明确"赔偿费用可以先从被监护人财产中支付，不足部分由监护人支付"。<br><br>从侵权责任归责方式上看，监护人责任是无过错责任，虽然监护人责任为无过错责任，但仍需以公平原则为补充。这种公平原则的体现，便是本条规定的被监护人有财产的，可先从被监护人财产中支付赔偿费用，不足部分再由监护人承担。<br><br>而被监护人是否承担责任，不取决于其有无相应的责任能力，也不取决于相关的注意义务标准，而仅仅与财产相关。从理论上讲，监护人就被监护人致人损害的行为承担责任属代人受过，而代人受过的缘由在于被监护人往往没有财产，不能赔偿被侵权人。因此，若被监护人有财产，可以先以被监护人的财产进行支付。但需注意，被监护人只是以其财产进行支付，并不意味着其承担责任，责任仍是监护人在承担。因此，本条第2款明确规定："监护人抗辩主张承 | 人依法承担民事责任。<br><br>**《最高人民法院关于适用〈中华人民共和国民法典〉总则编若干问题的解释》**<br><br>第5条 限制民事行为能力人实施的民事法律行为是否与其年龄、智力、精神健康状况相适应，人民法院可以从行为与本人生活相关联的程度，本人的智力、精神健康状况能否理解其行为并预见相应的后果，以及标的、数量、价款或者报酬等方面认定。 |

| 民法典侵权编解释一 | 关联规定与参考案例 |
|---|---|
| 担补充责任,或者被侵权人、监护人主张人民法院判令有财产的无民事行为能力人、限制民事行为能力人承担赔偿责任的,人民法院不予支持。"以被监护人承担责任以其拥有财产为限,既可以避免被监护人无力赔偿被侵权人,又可以避免被监护人背负沉重的债务负担而影响其个性成长与未来生活,同时也符合公平原则的要求。<br><br>简言之,被监护人有自己财产的,应首先从被监护人自己的财产中支付赔偿费用,监护人仅对不足部分承担赔偿责任;被监护人没有自己财产的,则由监护人直接承担赔偿责任。需注意,这里的"财产",应理解为被监护人拥有的价值较大的财产,不应包括价值不大的生活日用品及少量的零用钱。此外,监护人在被监护人有财产的情况下支取其财产承担相应的责任,本质上也属于履行监护责任的范畴。<br><br>同时,为保证被监护人健康成长,本条第3款同时对从被监护人的财产中支付赔偿费用作出限定,明确"应当保留被监护人所必需的生活费和完成义务教育所必需的费用"。 | |
| **第六条　【侵权时未成年、诉讼时成年的责任承担】**行为人在侵权行为发生时不满十八周岁,被诉时已满十八周岁的,被侵权人请求原监护人承担侵权人应承担的全部责任的,人民法院应予支 | 《民法典》<br>**第18条　【完全民事行为能力人】**成年人为完全民事行为能力人,可以独立实施民事法律行为。 |

| 民法典侵权编解释一 | 关联规定与参考案例 |
|---|---|
| 持，并在判决中明确，赔偿费用可以先从被监护人财产中支付，不足部分由监护人支付。<br><br>前款规定情形，被侵权人仅起诉行为人的，人民法院应当向原告释明申请追加原监护人为共同被告。<br><br>**指引**：本条是关于侵权时未成年但诉讼时成年的责任承担之规定。实践中，侵权行为发生后距离案件审理往往存在一定的时间差。就侵权责任纠纷而言，也难免出现侵权行为发生时间与提起侵权之诉的时间存在时间差的情况，或者说提起侵权之诉的时间显著滞后于侵权行为的发生时间。在未成年人侵权案件中，由于成年与否与责任承担有着密切联系，而时间的滞后也难免出现侵权行为发生时侵权人尚未成年，但提起侵权之诉时其已成年的情况。<br><br>本条明确仍由原监护人承担侵权责任，并协调规定了赔偿费用支付问题。按照《民法典》第1188条的规定，无民事行为能力人、限制民事行为能力人造成他人损害的，由监护人承担侵权责任。据此，侵权行为发生时侵权人系未成年人的，应由监护人承担侵权责任。本条第1款对此作了规定。为贯彻公平原则并减轻监护人的负担，还应赋予有独立财产的被监护人通过该财产优先清偿的义务。为此，该款在明确监护人在此种状况下需承担侵权责任的同时，规定 | 十六周岁以上的未成年人，以自己的劳动收入为主要生活来源的，视为完全民事行为能力人。<br><br>**第17条** 【**成年人与未成年人的年龄标准**】十八周岁以上的自然人为成年人。不满十八周岁的自然人为未成年人。<br><br>**第1188条** 【**监护人责任**】无民事行为能力人、限制民事行为能力人造成他人损害的，由监护人承担侵权责任。监护人尽到监护职责的，可以减轻其侵权责任。<br><br>有财产的无民事行为能力人、限制民事行为能力人造成他人损害的，从本人财产中支付赔偿费用；不足部分，由监护人赔偿。<br><br>《民事诉讼法》（2023年修正）<br><br>**第60条** 无诉讼行为能力人由他的监护人作为法定代理人代为诉讼。法定代理人之间互相推诿代理责任的，由人民法院指定其中一人代为诉讼。<br><br>《最高人民法院关于适用〈中华人民共和国民事诉讼法〉的解释》（2022年修正）<br><br>**第67条** 无民事行为能力人、限制民事行为能力人造 |

| 民法典侵权编解释一 | 关联规定与参考案例 |
|---|---|
| 人民法院判决原监护人承担全部侵权责任的，应在判决中明确，赔偿费用可以先从被监护人财产中支付，不足部分由监护人支付。本解释前面条文也有类似规定。<br><br>　　另从"民事责任能力"来看，民事责任能力是指民事主体据以独立承担民事责任的法律地位或法律资格。在监护人责任问题中，未成年人是否具有民事责任能力处于基础性地位，对监护人责任体系如何设定至关重要。民事责任能力的判断标准，一般首先以行为人是否具备相应的意思能力作为判断标准。而在对是否具有意思能力的判断中，则采取客观标准进行判断，在现阶段主要还是通过年龄进行区分。无民事行为能力人应被视为无意思能力，因而不具有民事责任能力。限制民事行为能力人，应被视为具有与其年龄、智力或精神健康状况相适应的民事责任能力。<br><br>　　本条第2款主要解决的是诉讼当事人的问题。民事诉讼当事人，是指因民事上的权利义务关系发生纠纷，以自己的名义进行诉讼，并受人民法院裁判拘束的利害关系人。简言之，即诉讼提起时具有民事主体资格的人。在侵权行为发生时侵权人尚未成年，但提起侵权之诉时其已成年的情况下，该侵权行为已属完全民事行为能力人，具有完整的民事责任能力，当然具有民事诉讼当事人 | 成他人损害的，无民事行为能力人、限制民事行为能力人和其监护人为共同被告。<br><br>　　**第83条**　在诉讼中，无民事行为能力人、限制民事行为能力人的监护人是他的法定代理人。事先没有确定监护人的，可以由有监护资格的人协商确定；协商不成的，由人民法院在他们之中指定诉讼中的法定代理人。当事人没有民法典第二十七条、第二十八条规定的监护人的，可以指定民法典第三十二条规定的有关组织担任诉讼中的法定代理人。<br><br>**《最高人民法院关于贯彻执行〈中华人民共和国民法通则〉若干问题的意见（试行）》（已失效）**<br><br>　　**第161条**　侵权行为发生时行为人不满十八周岁，在诉讼时已满十八周岁，并有经济能力的，应当承担民事责任；行为人没有经济能力的，应当由原监护人承担民事责任。<br><br>　　行为人致人损害时年满十八周岁的，应当由本人承担民事责任；没有经济收入的，由扶养人垫付，垫付有困难的，也可以判决或者调解延期给付。 |

| 民法典侵权编解释一 | 关联规定与参考案例 |
|---|---|
| 资格。在这种情况下，将其列为侵权案件的被告是不存在任何阻碍的，且此时也无须再列出其法定代理人。<br><br>　　需注意，前面只是解决了侵权行为人诉讼主体资格的问题，但侵权责任的承担一般是以侵权行为发生时的情况为依据确定的。这也意味着侵权行为发生时，未成年人的监护人为侵权责任人。而作为侵权责任人，虽然在案件起诉时不再为监护人，但需承担侵权责任，应作为被告参加诉讼。为此，本条第2款明确规定，被侵权人仅起诉行为人的，人民法院应当向原告释明申请追加原监护人为共同被告。如此，不仅有利于侵权案件事实的查明与责任的确定，同时也有助于后续执行程序的实施。 | |
| 　　**第七条　【未成年子女侵权的父母责任】**未成年子女造成他人损害，被侵权人请求父母共同承担侵权责任的，人民法院依照民法典第二十七条第一款、第一千零六十八条以及第一千一百八十八条的规定予以支持。<br><br>　　**指引**：本条是关于未成年子女侵权情形下其父母如何承担责任的规定。从结构上看，本条应该是解释后面几个条文的总纲，说明父母对未成年子女造成的侵权损失承担责任。但需注意，我国目前在立法上并没有严格区分亲权和监护权，实际上我国的监护权制度是包含了亲权在内的，而域外很多立法制度上 | 《民法典》<br>　　**第26条　【父母对子女的法律义务】**父母对未成年子女负有抚养、教育和保护的义务。<br>　　**第27条　【未成年人的监护人】**父母是未成年子女的监护人。<br>　　未成年人的父母已经死亡或者没有监护能力的，由下列有监护能力的人按顺序担任监护人：<br>　　（一）祖父母、外祖父母；<br>　　（二）兄、姐； |

| 民法典侵权编解释一 | 关联规定与参考案例 |
|---|---|
| 监护权一般指非父母（亲权人）的监护人之权利，两者是有区别的。故在后面有时提到监护人，有时提到父母，易产生一定交叉或混淆。<br><br>一般而言，对未成年人的监护权是指，监护人对未成年的无民事行为能力人和限制民事行为能力人的人身权益、财产权益所享有的监督、保护的身份权。民法典在明确父母为子女法定监护人的同时，突出了父母优先于其他具有监护资格主体的首要和当然责任人的地位。父母具有抚养、教育和保护未成年子女的法定义务，与未成年子女的关系最为密切，对未成年人的健康成长至关重要。因此，父母无条件地成为未成年人的法定监护人，只有在父母死亡或者没有监护能力的情况下，才可以由其他个人或者组织担任未成年人的监护人。<br><br>实践中，基于身份关系而取得监护权的情形是常见的方式。父母作为未成年子女最重要或者第一顺位的监护人，未成年子女造成他人损害的，父母应当依法承担民事责任。但民法典有关监护人责任的规定并未明确父与母之间的责任形态，本条实际上参照了夫妻共同债务的立法精神，明确规定未成年子女造成他人损害，被侵权人请求父母共同承担侵权责任的，人民法院依照《民法典》第 27 条第 1 款、第 1068 条以及第 1188 条的规定予以处理。也就是说，父母作为 | （三）其他愿意担任监护人的个人或者组织，但是须经未成年人住所地的居民委员会、村民委员会或者民政部门同意。<br><br>**第 1068 条　【父母教育、保护未成年子女的权利义务】** 父母有教育、保护未成年子女的权利和义务。未成年子女造成他人损害的，父母应当依法承担民事责任。<br><br>**第 1188 条　【监护人责任】** 无民事行为能力人、限制民事行为能力人造成他人损害的，由监护人承担侵权责任。监护人尽到监护职责的，可以减轻其侵权责任。<br><br>有财产的无民事行为能力人、限制民事行为能力人造成他人损害的，从本人财产中支付赔偿费用；不足部分，由监护人赔偿。 |

| 民法典侵权编解释一 | 关联规定与参考案例 |
|---|---|
| 通常情形下未成年子女监护人（特殊情况下也会出现父母不是子女监护人的情形），对未成年子女造成他人损害的，依法承担民事责任是合理合法，甚至说当然性的。但父母尽到监护职责的，可以减轻其责任。且对于子女有财产的，从其本人财产中支付，不足部分由父母支付。如此，可以充分体现在切实维护被侵权人合法权益的同时强化对未成年子女的保护，确保父母在未成年子女造成他人损害时承担法律责任。 | |
| **第八条　【未成年子女侵权离异父母的责任承担】**夫妻离婚后，未成年子女造成他人损害，被侵权人请求离异夫妻共同承担侵权责任的，人民法院依照民法典第一千零六十八条、第一千零八十四条以及第一千一百八十八条的规定予以支持。一方以未与该子女共同生活为由主张不承担或者少承担责任的，人民法院不予支持。<br><br>离异夫妻之间的责任份额，可以由双方协议确定；协议不成的，人民法院可以根据双方履行监护职责的约定和实际履行情况等确定。实际承担责任超过自己责任份额的一方向另一方追偿的，人民法院应予支持。<br><br>**指引：**本条是关于离异父母对未成年子女侵权的责任承担之规定。如前所言，父母双方是未成年子女的共同监护人，共同承担监护责任。但在未成年子女 | 《民法典》<br>**第1068条　【父母教育、保护未成年子女的权利义务】**父母有教育、保护未成年子女的权利和义务。未成年子女造成他人损害的，父母应当依法承担民事责任。<br><br>**第1084条　【离婚后的父母子女关系】**父母与子女间的关系，不因父母离婚而消除。离婚后，子女无论由父或者母直接抚养，仍是父母双方的子女。<br><br>离婚后，父母对于子女仍有抚养、教育、保护的权利和义务。<br><br>离婚后，不满两周岁的子女，以由母亲直接抚养为原则。已满两周岁的子女，父母 |

| 民法典侵权编解释一 | 关联规定与参考案例 |
| --- | --- |
| 侵权案件中，若其父母已离婚，未与未成年人共同生活的父或母一方是否承担监护人责任以及如何承担监护人责任，是实践中争议较大的问题。<br><br>　　一种观点认为，父母双方应负并行的连带责任，即受害人可将父母双方作为共同被告，要求他们承担连带责任。另一种观点认为，父母双方负补充的连带责任，即先由与未成年人共同生活的一方承担，与其共同生活的一方不能承担部分，由未与其共同生活的一方补充承担。<br><br>　　父母作为未成年子女第一顺序的监护人，并不因婚姻的结束而终止监护人的身份、权利和义务。即，夫妻双方的离婚，并非一方与子女监护关系终止的事由，不影响夫妻一方的监护人资格。双方离婚后，与子女共同生活的一方无权放弃、取消或者无正当理由申请撤销对方对子女的监护权。以往实践中依照"与子女共同生活"的标准来判定离异夫妻的责任，会导致不与子女共同生活的一方疏于履行监护职责。依照《民法典》第1084条的规定，离婚后父母对子女仍有抚养、教育、保护的权利和义务。据此，《民法典侵权编解释一》第8条第1款明确夫妻离婚后，未成年子女造成他人损害，被侵权人请求离异夫妻共同承担侵权责任的，人民法院依法予以支持。一方以未与该子女共同生活为由主张不承担或者少承担责任的，人民法院不予支持。 | 双方对抚养问题协议不成的，由人民法院根据双方的具体情况，按照最有利于未成年子女的原则判决。子女已满八周岁的，应当尊重其真实意愿。<br><br>　　**第 1188 条　【监护人责任】**无民事行为能力人、限制民事行为能力人造成他人损害的，由监护人承担侵权责任。监护人尽到监护职责的，可以减轻其侵权责任。<br><br>　　有财产的无民事行为能力人、限制民事行为能力人造成他人损害的，从本人财产中支付赔偿费用；不足部分，由监护人赔偿。<br><br>　　**《最高人民法院关于适用〈中华人民共和国民法典〉总则编若干问题的解释》**<br><br>　　**第 8 条**　未成年人的父母与其他依法具有监护资格的人订立协议，约定免除具有监护能力的父母的监护职责的，人民法院不予支持。协议约定在未成年人的父母丧失监护能力时由该具有监护资格的人担任监护人的，人民法院依法予以支持。<br><br>　　依法具有监护资格的人之间依据民法典第三十条的规定，约定由民法典第二十七条 |

| 民法典侵权编解释一 | 关联规定与参考案例 |
|---|---|
| 　　据上可知，只要未成年人父母双方均属于监护人，无论是否已经离婚，甚至在本就没有结婚的情况下，也均应承担监护责任，且这种责任的承担是连带的，但并非严格意义上的"共同侵权"。一方面，在对外的责任承担中，双方均作为监护人，属于承担监护责任的"同一方"，对外不应再根据是否与未成年人共同生活等因素确定责任大小与份额，以更好地保护受害人利益。另一方面，根据《民法典》第27条、第1188条的规定可知，父母作为未成年人的第一顺位法定监护人，其为未成年人子女的行为承担监护人责任是基于法律规定而非基于共同过错。<br>　　虽然离婚后的父母作为未成年人的监护人应承担连带的监护责任，但这是在"对外"即对受害人的情况下的。但实践中，在夫妻离婚的情况下，与未成年子女共同生活的一方作为与未成年人距离更近的监护人，其履行监护职责更为便利。而未与该子女共同生活的一方，履行监护职责便利度较低。虽然双方在"对外"承担监护责任时是共同或者说连带的，但在对内责任确定时若不考虑履行监护职责的情况进行区分，则有违公平原则。<br>　　换言之，父母对未成年子女民事责任承担的依据在于父母共同监护责任，而不是监护行为。离婚后，要求父母概括 | 第二款、第二十八条规定的不同顺序的人共同担任监护人，或者由顺序在后的人担任监护人的，人民法院依法予以支持。 |

| 民法典侵权编解释一 | 关联规定与参考案例 |
|---|---|
| 地承担未成年子女民事责任,并不利于约束履行日常监护责任的父或母更加谨慎地履行职责,也不符合公平原则与权利义务相一致的要求。考虑到夫妻离异后财产进行了分割,双方对抚养子女一般也会作出一定约定,本条第2款规定了离异夫妻对外承担责任后的内部求偿规则,实际担责超出自己责任份额的一方有权向另一方追偿。 | |
| **第九条　【未成年子女侵权未形成抚养关系的继父母责任】**未成年子女造成他人损害的,依照民法典第一千零七十二条第二款的规定,未与该子女形成抚养教育关系的继父或者继母不承担监护人的侵权责任,由该子女的生父母依照本解释第八条的规定承担侵权责任。<br>**指引**:本条是关于未形成抚养关系的继父母对未成年子女侵权是否承担责任的规定。夫妻离异后再婚,再婚相对方与未成年人形成继父母子女关系。但这种情况下只是产生继父母子女关系,并不意味着必然形成抚养教育关系,只有形成抚养教育关系的继父母子女才适用包括监护关系在内的生父母子女关系。《民法典》第1072条第2款对此进行了明确,即继父或者继母和受其抚养教育的继子女间的权利义务关系,适用民法典有关父母子女关系的规定。<br>继父或继母与继子女之间是否形成抚养教育关系,通常以共同生活、子女年 | 《民法典》<br>　　第1072条　【继父母与继子女间的权利义务关系】继父母与继子女间,不得虐待或者歧视。<br>　　继父或者继母和受其抚养教育的继子女间的权利义务关系,适用本法关于父母子女关系的规定。<br>　　第1188条　【监护人责任】无民事行为能力人、限制民事行为能力人造成他人损害的,由监护人承担侵权责任。监护人尽到监护职责的,可以减轻其侵权责任。<br>　　有财产的无民事行为能力人、限制民事行为能力人造成他人损害的,从本人财产中支付赔偿费用;不足部分,由监护人赔偿。 |

| 民法典侵权编解释一 | 关联规定与参考案例 |
|---|---|
| 龄等为重要的判断表征。在生父或生母再婚时，根据子女的年龄以及生活状态，可以分为三种情形：第一，生父或者生母再婚时，继子女已经成年并已独立生活；第二，生父或者生母再婚时，继子女尚未成年或尚未独立生活，再婚后，继子女与继父母长期共同生活，由继父或继母对其进行抚养教育；第三，生父或者生母再婚时，继子女未成年或未独立生活，但再婚后，继子女未与继父母共同生活或未受其抚养教育。<br><br>在第一种、第三种情形下，继父母和继子女之间只是姻亲关系，相互之间只是一种亲属称谓上的父母子女关系，并不产生父母子女间的权利义务。只有第二种情形下，继父母和继子女之间才成立拟制的血亲关系，权利义务关系适用《民法典》关于父母子女关系的规定。也只有在此情况下，才由未成年子女的继父和生母或其继母与生父共同承担监护人责任。若没有形成抚养教育关系，仍以该未成年子女的生父母作为监护人，承担侵权责任。<br><br>关于"受其抚养教育"的认定标准，我国法律未有规定。一般而言，"抚养教育"可以分为两个问题：一是抚养教育的形式；二是抚养教育的时间长短。实践中对于"受其抚养教育"的理解和掌握，要结合具体案情综合分析，可按照以下原则进行处理：第一，尊重当事人的 | |

| 民法典侵权编解释一 | 关联规定与参考案例 |
| --- | --- |
| 意思自治。第二，继父母对继子女进行抚养教育的方式可以是多样的，未成年或不能独立生活的继子女与继父母共同居住生活，受到继父母生活上的照料、经济上的供养且经过了一段时间固然可以作为形成了抚养教育关系的考虑因素之一；未与继父母共同居住生活的继子女，如果继父母对其进行了持续的经济供养并在心理上将其作为自己子女对待，一般也可认为继父母在抚养教育继子女。第三，继父母对继子女的抚养教育应当持续一定的时间，持续的时间不应过短。第四，继父母子女间应形成一定的身份情感联系，在情感上相互接纳对方。第五，父母再婚时子女的年龄也应是考虑因素之一，受抚养教育的子女只能是未成年或虽成年但不能独立生活的子女，否则不宜认定为形成抚养教育关系。<br>需注意的是，未成年人受继父母抚养教育成立了监护关系，但并不因此免除生父母的监护职责，对于未成年人侵权应如何协调生父母责任与继父母责任，实践中的争议也较大。需基于"个案考量"与"利益平衡"考量个案具体情况而不应"一刀切"。因此，本条仅针对未成年子女与继父母未形成抚养教育关系的情形作出规定，明确未与该子女形成抚养教育关系的继父或者继母不承担监护人的侵权责任，由该子女的生父母承担侵权责任。 | |

| 民法典侵权编解释一 | 关联规定与参考案例 |
|---|---|
| **第十条　【受托履行监护职责人的赔偿责任】** 无民事行为能力人、限制民事行为能力人造成他人损害，被侵权人合并请求监护人和受托履行监护职责的人承担侵权责任的，依照民法典第一千一百八十九条的规定，监护人承担侵权人应承担的全部责任；受托人在过错范围内与监护人共同承担责任，但责任主体实际支付的赔偿费用总和不应超出被侵权人应受偿的损失数额。<br><br>监护人承担责任后向受托人追偿的，人民法院可以参照民法典第九百二十九条的规定处理。<br><br>仅有一般过失的无偿受托人承担责任后向监护人追偿的，人民法院应予支持。<br><br>**指引：** 本条就受托履行监护职责人的赔偿责任作了明确。监护责任是无过错责任，而受托责任是过错责任。如果受托人没有过错，则不应承担责任。但由于监护人承担无过错责任，故由其承担全部责任。另外，如果受托人有过错，则根据其过错确定其责任范围。但由于监护人仍应对全部损害承担责任，而受托人对其责任范围内的损害承担责任，二者相重合的范围内，由监护人和受托人共同承担责任。<br><br>委托监护，是指监护人委托他人代行监护的职责，它是一种双方的民事法律行为，是被监护人的监护人与受托人之间 | 《民法典》<br><br>**第1189条　【委托监护责任】** 无民事行为能力人、限制民事行为能力人造成他人损害，监护人将监护职责委托给他人的，监护人应当承担侵权责任；受托人有过错的，承担相应的责任。<br><br>**第929条　【受托人的赔偿责任】** 有偿的委托合同，因受托人的过错造成委托人损失的，委托人可以请求赔偿损失。无偿的委托合同，因受托人的故意或者重大过失造成委托人损失的，委托人可以请求赔偿损失。<br><br>受托人超越权限造成委托人损失的，应当赔偿损失。<br><br>《未成年人保护法》（2024年修订）<br><br>**第22条** 未成年人的父母或者其他监护人因外出务工等原因在一定期限内不能完全履行监护职责的，应当委托具有照护能力的完全民事行为能力人代为照护；无正当理由的，不得委托他人代为照护。<br><br>未成年人的父母或者其他监护人在确定被委托人时，应当综合考虑其道德品质、家庭 |

| 民法典侵权编解释一 | 关联规定与参考案例 |
|---|---|
| 关于受托人为委托人履行监护职责、处理监护事务的协议，须有监护人委托与受委托人接受委托的意思表示一致才能成立。本质上可以将其理解成一种以监护人和受托监护人为主体，以监护职责的代为行使为主要内容的委托合同。<br><br>　　需注意的是，委托监护并非是与《民法典》总则编规定的法定监护、指定监护并列的一项监护制度。这主要在于监护权作为一种身份权，只有法律规定的特定主体才享有。而基于身份权的专属性，监护权不得让渡，故受托人并不因委托监护而享有监护权。也就是说，委托监护的成立前提是既存的监护关系，只是监护人发生监护障碍时，在监护人地位不发生变更的情况下，受托人依双方约定代为履行监护职责。受托人代监护人照管被监护人，但监护权并不因委托监护的发生而转移，只是监护人履行监护职责方式的变更。也正是基于此，对当事人主张受托人因此成为监护人的主张，《最高人民法院关于适用〈中华人民共和国民法典〉总则编若干问题的解释》第13条明确规定不予支持。这也是《民法典侵权编解释一》本条并未明确使用"委托监护"而使用"受托履行监护职责的人"的原因所在。当然，本条在解读中并未对二者进行严格区分。<br><br>　　《民法典》之前，我国关于受托监护人对被监护人致人损害的民事责任的内容 | 状况、身心健康状况、与未成年人生活情感上的联系等情况，并听取有表达意愿能力未成年人的意见。<br>　　具有下列情形之一的，不得作为被委托人：<br>　　（一）曾实施性侵害、虐待、遗弃、拐卖、暴力伤害等违法犯罪行为；<br>　　（二）有吸毒、酗酒、赌博等恶习；<br>　　（三）曾拒不履行或者长期怠于履行监护、照护职责；<br>　　（四）其他不适宜担任被委托人的情形。<br>　　**第23条**　未成年人的父母或者其他监护人应当及时将委托照护情况书面告知未成年人所在学校、幼儿园和实际居住地的居民委员会、村民委员会，加强和未成年人所在学校、幼儿园的沟通；与未成年人、被委托人至少每周联系和交流一次，了解未成年人的生活、学习、心理等情况，并给予未成年人亲情关爱。<br>　　未成年人的父母或者其他监护人接到被委托人、居民委员会、村民委员会、学校、幼儿园等关于未成年人心理、行为 |

| 民法典侵权编解释一 | 关联规定与参考案例 |
|---|---|
| 主要体现在《最高人民法院关于贯彻执行〈中华人民共和国民法通则〉若干问题的意见（试行）》（已失效）第22条"监护人可以将监护职责部分或者全部委托给他人。因被监护人的侵权行为需要承担民事责任的，应当由监护人承担，但另有约定的除外；被委托人确有过错的，负连带责任"的规定中。该规定确定了委托监护中监护人承担无过错责任、受托人在有过错时承担连带责任，较好地保护了被侵权人的利益，有利于督促监护人履行监护职责。但这也有两方面的缺陷：一是"另有约定的除外"为监护人规避监护人责任提供了借口，不利于监护人责任的承担，且"约定"具有对内性，不能对抗被侵权人的损害赔偿请求。二是监护人是承担监护职责的第一责任人，享有履行监护职责的权利。实践中，委托监护大量存在于亲朋好友之间，且基本是无偿的。承担义务时要求其"确有过错的，负连带责任"，过分强调了对被侵权人的保护而没有平衡委托人与受托人的利益，使监护的权利与义务失衡。<br><br>为此，《民法典》第1189条对委托监护责任针对上述问题作了一定完善，即"无民事行为能力人、限制民事行为能力人造成他人损害，监护人将监护职责委托给他人的，监护人应当承担侵权责任；受托人有过错的，承担相应的责任"。一是删除"另有约定的除外"，二是 | 异常的通知后，应当及时采取干预措施。<br><br>《最高人民法院关于适用〈中华人民共和国民法典〉总则编若干问题的解释》<br><br>第13条 【监护职责委托行使】监护人因患病、外出务工等原因在一定期限内不能完全履行监护职责，将全部或者部分监护职责委托给他人，当事人主张受托人因此成为监护人的，人民法院不予支持。<br><br>《最高人民法院关于适用〈中华人民共和国民事诉讼法〉的解释》（2022年修正）<br><br>第67条 无民事行为能力人、限制民事行为能力人造成他人损害的，无民事行为能力人、限制民事行为能力人和其监护人为共同被告。<br><br>案例指引：《李某诉张某生命权、健康权、身体权案》【国家法官学院、中国人民大学法学院编：《中国审判案例要览（2011年民事审判案例卷）》，中国人民大学出版社2013年版，第108页】<br><br>案例要旨：委托监护成立，需要监护人和被委托人之间就监护事项达成协议。委托 |

| 民法典侵权编解释一 | 关联规定与参考案例 |
|---|---|
| 将受托人的连带责任改为受托人承担与其过错及原因力相适应的责任。当然，由于委托监护责任在实践中的复杂性，《民法典》第1189条的规定仍过于原则，缺乏具体可操作性。为此，本条进一步对监护人和代为履行监护职责的受托人的具体责任形态作了明确。<br><br>　　如前所言，委托监护下代为履行监护职责的受托人并不具有监护人身份，被监护人的监护人并未因委托监护的出现而变更。在委托监护的情况下，仍由监护人承担全部侵权责任。<br><br>　　委托监护产生的直接依据在于委托合同，合同义务的全面履行要求其代监护人对未成年人进行较为细致、全面的照管，受托监护人因代为履行监护职责而在一定程度上获得了对被监护人行为的控制能力，承担了对被监护人的教育、管理监督义务和对第三人权益的注意义务。如果受托监护人在被监护人实施侵害行为时，具有对被监护人的控制能力却疏于监督，并由此导致被监护人的行为造成他人损害，应认定受托监护人对被监护人致人损害结果的发生具有过错。受托监护人怠于监护的消极行为与被监护人的行为叠加，造成了第三人的损害，故损害结果的发生与受托监护人的过错行为之间具有法律上的因果关系。据此，受托监护人应为其疏于履行监护责任的消极行为造成损害后果的发生承担过错 | 监护双方为委托监护人和受托履行监护义务的自然人或法人，委托协议既可以是独立的合同（如父母委托亲属朋友照看未成年子女），也可以成为其他合同的内容（父母将未成年人送入托儿所、幼儿园）。委托监护期间，被委托人应当认真履行临时监护职责，如果因受托人的过错致使被监护人遭受人身或财产损失的，被委托监护人应当承担相应的赔偿责任，被监护人侵权造成第三人损失的，被委托人有过错的也应承担侵权责任。因此，被委托人承担侵权赔偿责任的前提条件为被委托人主观上存在过错，不存在过错的，不承担民事责任。 |

| 民法典侵权编解释一 | 关联规定与参考案例 |
|---|---|
| 侵权责任。因此，本条明确代为履行监护职责的受托人在过错范围内与监护人共同承担责任。<br><br>　　值得注意的是，委托监护责任实质上属于一种单向的连带责任或者说不真正连带责任。一方面，监护权人承担的是对全部损害的全部赔偿责任。另一方面，能够证明受托人存在未尽监护职责的过失的，受托人应当在其过错范围内承担相应的责任，被侵权人不能向其主张承担全部赔偿责任。当然这种责任形态并不影响侵权责任的赔偿数额，受害人不因监护人、受托人共同担责而获得超出损失以外范围的赔偿。<br><br>　　关于委托监护下的追偿，如前所言，受托监护人与监护人间实质上是一种委托合同关系。因此，在受托人因过错需要承担相应责任的情况下，由于监护人需承担全部责任，这就造成监护人在先承担责任后，受托人无须额外再向受害人赔偿的问题。但实际上，监护人承担的全部责任中，有一部分是对应了受托人过错的责任，对于这一部分，监护人是有权向受托人进行追偿的。<br><br>　　但需注意，委托监护实际上也存在有偿委托与无偿委托，《民法典》第929条则具体区分了不同情况下受托人向委托人的赔偿责任。即有偿的委托合同，因受托人的过错造成委托人损失的，委托人可以请求赔偿损失。无偿的委托合同， | |

| 民法典侵权编解释一 | 关联规定与参考案例 |
|---|---|
| 因受托人的故意或者重大过失造成委托人损失的，委托人可以请求赔偿损失。<br>　　关于受托人承担责任应否限定于有偿受托的问题。实践中，可综合过错情况，合理界定情谊行为与无偿受托的区别等来妥善认定无偿受托人的责任。仅有一般过失而没有故意以及重大过失的无偿受托人在承担责任后向监护人追偿的，基于利益平衡以及鼓励互帮互助等的考量，应予支持这种追偿。而就受托人的过错认定问题，审判实践中应具体分析，综合被侵权人的人身财产权益、被监护人的年龄、性格和过往表现等自身特点，健康自由发展空间，教育义务履行情况，受托人的履行成本等因素，对受托人的过错作出认定。 | |
| 　　**第十一条　【教唆、帮助人担责不以明知行为人欠缺行为能力为前提】**教唆、帮助无民事行为能力人、限制民事行为能力人实施侵权行为，教唆人、帮助人以其不知道且不应当知道行为人为无民事行为能力人、限制民事行为能力人为由，主张不承担侵权责任或者与行为人的监护人承担连带责任的，人民法院不予支持。<br>　　**指引：**本条是关于教唆、帮助人担责不以明知行为人欠缺行为能力为前提的规定。本条实际上是对《民法典》第1169条第2款规定的细化，明确了教唆人和帮助人不知道且不应当知道行为人是 | 《民法典》<br>　　第1169条　**【教唆侵权、帮助侵权】**教唆、帮助他人实施侵权行为的，应当与行为人承担连带责任。<br>　　教唆、帮助无民事行为能力人、限制民事行为能力人实施侵权行为的，应当承担侵权责任；该无民事行为能力人、限制民事行为能力人的监护人未尽到监护职责的，应当承担相应的责任。<br>　　第1188条　**【监护人责任】**无民事行为能力人、限制 |

| 民法典侵权编解释一 | 关联规定与参考案例 |
|---|---|
| 未成年人不构成免责事由，并承担未成年人侵权的全部责任。监护人在过错范围内与教唆人和帮助人责任重合。但是，实际支付的赔偿费用总和不应超出被侵权人应受偿的损失数额。<br><br>　　较《民法典》第1169条第1款言，《民法典》第1169条第2款是对教唆、帮助行为中的特殊情形，即被教唆、被帮助人为无民事行为能力人、限制民事行为能力人情形的规定。当被教唆、被帮助人为无民事行为能力人、限制民事行为能力人时，教唆人、帮助人实际上是利用被教唆、被帮助人的身体动作作为侵害他人权利的方式，来实现其非法目的，被教唆、被帮助人在这里可以理解为教唆者或者帮助者自己实施侵权行为的"工具"。通常来看，在这种情况下，被教唆、帮助的无民事行为能力人或者限制民事行为能力人由于欠缺相应的认知、判断能力，本身对该侵权行为的实施并无过错可言，并不能成为该侵权行为的责任主体，因此，教唆人、帮助人应就该侵权行为承担单独的侵权责任。<br><br>　　而《民法典》第1169条第2款后半段规定的"该无民事行为能力人、限制民事行为能力人的监护人未尽到监护责任的，应当承担相应的责任"，则是与监护制度直接对应的。基于解释前面条款及《民法典》第1188条关于监护人责任的规定，若监护人没有尽到管教和约束被 | 民事行为能力人造成他人损害的，由监护人承担侵权责任。监护人尽到监护职责的，可以减轻其侵权责任。<br>　　有财产的无民事行为能力人、限制民事行为能力人造成他人损害的，从本人财产中支付赔偿费用；不足部分，由监护人赔偿。<br><br>　　**《最高人民法院关于审理侵害信息网络传播权民事纠纷案件适用法律若干问题的规定》（2020年修正）**<br>　　第7条　网络服务提供者在提供网络服务时教唆或者帮助网络用户实施侵害信息网络传播权行为的，人民法院应当判令其承担侵权责任。<br>　　网络服务提供者以言语、推介技术支持、奖励积分等方式诱导、鼓励网络用户实施侵害信息网络传播权行为的，人民法院应当认定其构成教唆侵权行为。<br>　　网络服务提供者明知或者应知网络用户利用网络服务侵害信息网络传播权，未采取删除、屏蔽、断开链接等必要措施，或者提供技术支持等帮助行为的，人民法院应当认定其构成帮助侵权行为。 |

| 民法典侵权编解释一 | 关联规定与参考案例 |
| --- | --- |
| 监护人的职责，致使被监护人实施侵害他人人身、财产的不法行为，监护人应承担民事责任。<br>　　值得注意的是，《民法典》第1169条第2款中监护人应承担的"相应的责任"，"相应的责任"之表述表明监护人不与教唆人、帮助人之间承担连带责任。且《民法典》第1169条第1款明文规定了"连带"，而第2款没有规定"连带"，从立法本意出发，显然不是真正的连带责任。另，在存在教唆人、帮助人的情形下，监护人承担连带责任过于严厉。此外，《民法典》侵权责任编对于补充责任也都是明确予以规定的，故这里的"相应的责任"也不是补充责任。实际上，这里的"相应的责任"跟解释前条规定的委托监护中的责任类似，适当借鉴了不真正连带责任原理，即一个责任主体在过错比例范围内承担的责任，与另一个承担全部责任的主体所承担的责任部分重合，执行中根据各个责任主体的责任范围和责任财产情况，协调处理执行数额。<br>　　结合上论，本条明确了在教唆、帮助无民事行为能力人、限制民事行为能力人实施侵权行为下，教唆人、帮助人不能以其不知道或者不应当知道行为人为无民事行为能力人、限制民事行为能力人为由，主张不承担侵权责任或者其与行为人的监护人承担连带责任。换言之， | |

| 民法典侵权编解释一 | 关联规定与参考案例 |
|---|---|
| 教唆人、帮助人是否知道被教唆、被帮助的人属于无民事行为能力人或者限制民事行为能力人，并不影响《民法典》第1169条第2款的适用。教唆人、帮助人需为自己的行为负责，只要其实施了教唆行为、帮助行为，就应当承担侵权责任，不能以其不知道或不应当知道被教唆人、被帮助人为无民事或限制民事行为能力人主张免责。且如前所言，监护人与教唆人、帮助人的责任是法定的，二者之间并非连带责任形态。因此，教唆人、帮助人也同样不能以其不知道或不应当知道被教唆人、被帮助人为无民事或限制民事行为能力人为由，将其本应承担的全部侵权责任变更为与监护人承担连带责任。如此亦表明了对教唆、帮助未成年人侵权行为的严格否定立场。 | |
| **第十二条** 【教唆人、帮助人与监护人的责任形态】教唆、帮助无民事行为能力人、限制民事行为能力人实施侵权行为，被侵权人合并请求教唆人、帮助人以及监护人承担侵权责任的，依照民法典第一千一百六十九条第二款的规定，教唆人、帮助人承担侵权人应承担的全部责任；监护人在未尽到监护职责的范围内与教唆人、帮助人共同承担责任，但责任主体实际支付的赔偿费用总和不应超出被侵权人应受偿的损失数额。<br>监护人先行支付赔偿费用后，就超过 | 《民法典》<br>第1169条 【教唆侵权、帮助侵权】教唆、帮助他人实施侵权行为的，应当与行为人承担连带责任。<br>教唆、帮助无民事行为能力人、限制民事行为能力人实施侵权行为的，应当承担侵权责任；该无民事行为能力人、限制民事行为能力人的监护人未尽到监护职责的，应当承担相应的责任。 |

| 民法典侵权编解释一 | 关联规定与参考案例 |
|---|---|
| 自己相应责任的部分向教唆人、帮助人追偿的，人民法院应予支持。<br><br>　　**指引：**本条是关于教唆人、帮助人与监护人的责任形态之规定。如前条解读所言，在教唆、帮助无民事行为能力人、限制民事行为能力人实施侵权行为的情况下，教唆人、帮助人承担的是一种单独责任，不与监护人应承担的责任相并列。<br>　　无民事行为能力人、限制民事行为能力人（统称不完全民事行为能力人）的监护人未尽监护职责，给教唆人、帮助人的教唆、帮助行为提供了机会和条件，成为教唆人、帮助人借助不完全民事行为能力人实施侵权行为的媒介因素。因监护人与教唆人、帮助人之间并无意思联络，不应将教唆人、帮助人与监护人作共同侵权处理。<br>　　由于教唆侵权、帮助侵权中真正的侵权主体应认定为教唆人、帮助人，不完全民事行为人只是其实现侵权目的的一个"工具"。因此，无论不完全民事行为能力人的监护人是否尽到监护职责、是否存在过错、是否需要承担监护人责任，均不影响受害人要求教唆人、帮助人承担全部侵权责任。当然，这里的"全部侵权责任"不应当将受害人有过错下其自身应承担的责任包括在内。此外，为更好地保护受害人的合法权益，同时督促监护人依法、积极、充分地履行监护 | 　　**第1188条　【监护人责任】**无民事行为能力人、限制民事行为能力人造成他人损害的，由监护人承担侵权责任。监护人尽到监护职责的，可以减轻其侵权责任。<br>　　有财产的无民事行为能力人、限制民事行为能力人造成他人损害的，从本人财产中支付赔偿费用；不足部分，由监护人赔偿。<br>　　**《最高人民法院关于审理侵害信息网络传播权民事纠纷案件适用法律若干问题的规定》（2020年修正）**<br>　　**第7条**　网络服务提供者在提供网络服务时教唆或者帮助网络用户实施侵害信息网络传播权行为的，人民法院应当判令其承担侵权责任。<br>　　网络服务提供者以言语、推介技术支持、奖励积分等方式诱导、鼓励网络用户实施侵害信息网络传播权行为的，人民法院应当认定其构成教唆侵权行为。<br>　　网络服务提供者明知或者应知网络用户利用网络服务侵害信息网络传播权，未采取删除、屏蔽、断开链接等必要措 |

| 民法典侵权编解释一 | 关联规定与参考案例 |
| --- | --- |
| 职责，保障未成年人等群体健康成长，本条规定，监护人在未尽到监护职责的范围内与教唆人、帮助人共同承担责任。但基于损害填补原则，在监护人与教唆人、帮助人共同承担责任的情况下，实际支付的赔偿费用总和不应超出被侵权人应受偿的损失数额。<br><br>需注意，所谓"未尽到监护职责"，相对而言仍是一个较为抽象的表述。根据《民法典》总则编相关监护制度的规定可知，监护人的职责主要有以下几项：1. 保护被监护人的人身、财产及其他合法权益；2. 管理被监护人的财产；3. 代理被监护人参加各类民事活动；4. 教育和照顾被监护人；5. 在被监护人的权利受到侵害或发生争议时，代理其进行诉讼。与本条相契合的监护职责应当是教育、监督、管理方面的职责。若监护人未尽到教育和照顾被监护人的职责，疏于履行监护责任，应当对被监护人给他人造成的损害承担侵权责任。实践中，从监护人更多的是履行义务、承担职责而非单纯的享受权利角度讲，要适当考虑监护人在监护过程中所付出劳动的社会价值、其监护关系的来源、主观过错的大小来确定监护人的责任。如可以认定在监护人能够防止或者制止损害的范围内承担与其过错相应的责任。所谓"在其能够防止或者制止损害的范围内"表明监护人是有能力或者说有义务去防止 | 施，或者提供技术支持等帮助行为的，人民法院应当认定其构成帮助侵权行为。 |

| 民法典侵权编解释一 | 关联规定与参考案例 |
|---|---|
| 或制止监护人的行为，但其未防止或制止，说明其存在过错，此时应就监护人应承担的责任确定相应的比例。<br><br>　　此外，包括本条在内的多个条文均涉及多个责任主体共同对外承担责任后，如何处理相互之间的内部求偿问题。本解释在坚持"过错终局"求偿规则的基础上具体分析"相应的责任"的不同法律规定情形，对内部求偿规则作出了一定的区分，以确保司法解释与立法精神一致。以本条为例，如监护人积极履行赔付义务，在其支付超出自己相应责任的赔偿费用的情形下，应支持其就超出自己相应责任的部分向教唆人、帮助人进行追偿。本条第2款进行了明确。 |  |
| **第十三条　【被侵权人合并请求教唆人、帮助人、监护人以及受托履行监护职责的人担责的责任形态】** 教唆、帮助无民事行为能力人、限制民事行为能力人实施侵权行为，被侵权人合并请求教唆人、帮助人与监护人以及受托履行监护职责的人承担侵权责任的，依照本解释第十条、第十二条的规定认定民事责任。<br>　　**指引：** 本条是关于被侵权人合并请求教唆人、帮助人、监护人以及受托履行监护职责的人担责的责任形态之规定。本条实际上是将第10条委托监护中的侵权与第12条教唆、帮助侵权结合起来，并没有实质意义的规则确立，主要在于基 | 《民法典》<br>　　**第1169条　【教唆侵权、帮助侵权】** 教唆、帮助他人实施侵权行为的，应当与行为人承担连带责任。<br>　　教唆、帮助无民事行为能力人、限制民事行为能力人实施侵权行为的，应当承担侵权责任；该无民事行为能力人、限制民事行为能力人的监护人未尽到监护职责的，应当承担相应的责任。<br>　　**第1189条　【委托监护责任】** 无民事行为能力人、限制民事行为能力人造成他人损 |

| 民法典侵权编解释一 | 关联规定与参考案例 |
|---|---|
| 于诉讼便利与统一查明实施、减少当事人诉累等程序利益考量，将两种情形兼具的情况统一在一个案件中处理。实践中，无民事行为能力人、限制民事行为能力人侵权，可能既与教唆人、帮助人有关联，也与监护人以及受托履行监护职责的人有关联，这种情况下，为减轻当事人诉累，本条明确侵权人可以合并请求教唆人、帮助人与监护人以及受托履行监护职责的人承担侵权责任。<br><br>《民法典》第 1189 条规定了委托监护关系中的侵权责任，第 1169 条第 2 款规定了教唆、帮助无民事行为能力人、限制民事行为能力人侵权的民事责任。法律适用中的主要争议为，委托监护关系中受托履行监护职责的人承担与其过错相应的责任，教唆、帮助侵权中监护人承担的与其过错相应的责任，而针对这两种情形如何具体认定民事责任，本解释第 10 条、第 12 条分别作了较为明确具体的规定。这两条分别明确了受托履行监护职责的人在过错范围内与承担全部责任的监护人共同承担责任；教唆、帮助未成年人侵权的，监护人在过错范围内与承担全部责任的教唆人、帮助人共同承担责任。笔者认为，教唆、帮助无民事行为能力人、限制民事行为能力人实施侵权行为均有涉及监护人、受托履行监护职责的人的情况下，应认定教唆人、帮助人承担全部责任，监护人在过错 | 害，监护人将监护职责委托给他人的，监护人应当承担侵权责任；受托人有过错的，承担相应的责任。<br><br>第 929 条　【受托人的赔偿责任】有偿的委托合同，因受托人的过错造成委托人损失的，委托人可以请求赔偿损失。无偿的委托合同，因受托人的故意或者重大过失造成委托人损失的，委托人可以请求赔偿损失。<br><br>受托人超越权限造成委托人损失的，应当赔偿损失。<br><br>《未成年人保护法》（2024 年修订）<br><br>第 22 条　未成年人的父母或者其他监护人因外出务工等原因在一定期限内不能完全履行监护职责的，应当委托具有照护能力的完全民事行为能力人代为照护；无正当理由的，不得委托他人代为照护。<br><br>未成年人的父母或者其他监护人在确定被委托人时，应当综合考虑其道德品质、家庭状况、身心健康状况、与未成年人生活情感上的联系等情况，并听取有表达意愿能力未成年人的意见。 |

| 民法典侵权编解释一 | 关联规定与参考案例 |
|---|---|
| 范围内与承担全部责任的教唆人、帮助人共同承担责任，受托履行监护职责的人则进一步在过错范围内与承担前述责任的监护人再共同承担责任。 | 具有下列情形之一的，不得作为被委托人：<br>（一）曾实施性侵害、虐待、遗弃、拐卖、暴力伤害等违法犯罪行为；<br>（二）有吸毒、酗酒、赌博等恶习；<br>（三）曾拒不履行或者长期怠于履行监护、照护职责；<br>（四）其他不适宜担任被委托人的情形。 |
| 第十四条　【第三人侵权时教育机构补充责任顺位抗辩的程序体现、法院释明义务、第三人不明时的责任承担】无民事行为能力人或者限制民事行为能力人在幼儿园、学校或者其他教育机构学习、生活期间，受到教育机构以外的第三人人身损害，第三人、教育机构作为共同被告且依法应承担侵权责任的，人民法院应当在判决中明确，教育机构在人民法院就第三人的财产依法强制执行后仍不能履行的范围内，承担与其过错相应的补充责任。<br>被侵权人仅起诉教育机构的，人民法院应当向原告释明申请追加实施侵权行为的第三人为共同被告。<br>第三人不确定的，未尽到管理职责的教育机构先行承担与其过错相应的责任；教育机构承担责任后向已经确定的第三人追偿的，人民法院依照民法典第一千二百零一条的规定予以支持。 | 《民法典》<br>第1201条　【在教育机构内第三人侵权时的责任分担】无民事行为能力人或者限制民事行为能力人在幼儿园、学校或者其他教育机构学习、生活期间，受到幼儿园、学校或者其他教育机构以外的第三人人身损害的，由第三人承担侵权责任；幼儿园、学校或者其他教育机构未尽到管理职责的，承担相应的补充责任。幼儿园、学校或者其他教育机构承担补充责任后，可以向第三人追偿。<br>第1200条　【教育机构的过错责任】限制民事行为能力人在学校或者其他教育机构学习、生活期间受到人身损害，学校或者其他教育机构未 |

| 民法典侵权编解释一 | 关联规定与参考案例 |
|---|---|
| **指引**：本条是关于第三人侵权时教育机构补充责任顺位抗辩的程序体现、法院释明义务、第三人不明时的责任承担之规定。《民法典》第1201条明确了在无民事行为能力人、限制民事行为能力人在教育机构因第三人侵权遭受人身损害的情况下，由第三人承担侵权责任，未尽到管理职责的教育机构，承担相应的补充责任。也就是说，在《民法典》第1201条规定的第三人侵权的场合，幼儿园、学校或者其他教育机构未尽到管理职责承担的侵权责任是一种间接侵权责任，责任形态属于补充责任。但这种补充责任在实践中如何确定实现或者说相应的程序规制如何，《民法典》并未规定。<br><br>相应的补充责任，意味着应当先由实施了直接侵权行为的第三人承担责任，如果无法查明第三人或者第三人没有足够的赔偿能力的，教育机构应当在第二顺位承担补充责任。此外，"相应的"意味着教育机构补充责任比例应根据其过错程度确定，在该比例范围内，最终确定补充责任的范围。为更好解决相应补充责任如何在程序中具体实现的问题，避免将补充责任异化为按份责任，以更好保护教育机构合法权益，《民法典侵权编解释一》通过本条第1款作了明确，被侵权人可一并起诉实施侵权行为的第三人和教育机构，无须被侵权人先行起诉、 | 尽到教育、管理职责的，应当承担侵权责任。<br><br>**《教育法》**（2021年修正）<br>**第30条** 学校及其他教育机构应当履行下列义务：<br>（一）遵守法律、法规；<br>（二）贯彻国家的教育方针，执行国家教育教学标准，保证教育教学质量；<br>（三）维护受教育者、教师及其他职工的合法权益；<br>（四）以适当方式为受教育者及其监护人了解受教育者的学业成绩及其他有关情况提供便利；<br>（五）遵照国家有关规定收取费用并公开收费项目；<br>（六）依法接受监督。<br>**《未成年人保护法》**（2024年修订）<br>**第35条** 学校、幼儿园应当建立安全管理制度，对未成年人进行安全教育，完善安保设施、配备安保人员，保障未成年人在校、在园期间的人身和财产安全。<br><br>学校、幼儿园不得在危及未成年人人身安全、身心健康的校舍和其他设施、场所中进行教育教学活动。 |

| 民法典侵权编解释一 | 关联规定与参考案例 |
|---|---|
| 强制执行第三人财产后再就赔偿不能部分起诉请求教育机构承担责任。目的是减轻当事人诉累，保障被侵权人及时获得救济。在判决时，明确教育机构承担相应的补充责任，但是补充责任必须是在作为侵权人的第三人的财产经强制执行后仍不能履行的范围内，承担与其过错相应的补充责任。<br><br>本条第 2 款就对第三人是否作为共同被告的问题作了明确。如果诉讼时实施侵权行为的第三人能够确定，一般不单独列教育机构为被告。这里的第三人是指幼儿园、学校或者其他教育机构以外的人员。因此，这里第三人的侵权并非基于职务行为而将责任归咎至作为单位的教育机构身上。也就是说，这里的第三人与教育机构需作为不同的主体来承担责任。<br><br>由于上述情况下第三人承担的是直接责任而教育机构承担的是补充责任，因此在受害方仅起诉第三人的情况下，并不一定要追加教育机构为共同被告，法院对此也无须释明。但在受害方仅起诉教育机构的情况下，由于其承担的系补充责任，享有类似于一般保证人的先诉抗辩利益，为充分保障受害方以及教育机构合法权益，同时便利后续执行，法院应当向原告释明是否追加第三人为共同被告。本条第 2 款对此进行了明确。<br><br>而在第三人不明确的情况下，受害方 | 学校、幼儿园安排未成年人参加文化娱乐、社会实践等集体活动，应当保护未成年人的身心健康，防止发生人身伤害事故。<br><br>**第 36 条** 使用校车的学校、幼儿园应当建立健全校车安全管理制度，配备安全管理人员，定期对校车进行安全检查，对校车驾驶人进行安全教育，并向未成年人讲解校车安全乘坐知识，培养未成年人校车安全事故应急处理技能。<br><br>**第 37 条** 学校、幼儿园应当根据需要，制定应对自然灾害、事故灾难、公共卫生事件等突发事件和意外伤害的预案，配备相应设施并定期进行必要的演练。<br><br>未成年人在校内、园内或者本校、本园组织的校外、园外活动中发生人身伤害事故的，学校、幼儿园应当立即救护，妥善处理，及时通知未成年人的父母或者其他监护人，并向有关部门报告。<br><br>**第 39 条** 学校应当建立学生欺凌防控工作制度，对教职员工、学生等开展防治学生欺凌的教育和培训。 |

| 民法典侵权编解释一 | 关联规定与参考案例 |
| --- | --- |
| 无法通过直接侵权人即所谓的第三人处获得赔偿。为切实保障受害方合法权益能得到及时必要的保障，此时应允许由未尽到管理职责的教育机构先行承担与其过错相应的责任。当然，基于第三人才是最终责任负担的主体，在教育机构先行承担相应责任后，第三人已经确定的，人民法院依照《民法典》第1201条的规定支持教育机构向该第三人的追偿。本条第3款对此作了明确。 | 学校对学生欺凌行为应当立即制止，通知实施欺凌和被欺凌未成年学生的父母或者其他监护人参与欺凌行为的认定和处理；对相关未成年学生及时给予心理辅导、教育和引导；对相关未成年学生的父母或者其他监护人给予必要的家庭教育指导。<br><br>对实施欺凌的未成年学生，学校应当根据欺凌行为的性质和程度，依法加强管教。对严重的欺凌行为，学校不得隐瞒，应当及时向公安机关、教育行政部门报告，并配合相关部门依法处理。<br><br>**第40条** 学校、幼儿园应当建立预防性侵害、性骚扰未成年人工作制度。对性侵害、性骚扰未成年人等违法犯罪行为，学校、幼儿园不得隐瞒，应当及时向公安机关、教育行政部门报告，并配合相关部门依法处理。<br><br>学校、幼儿园应当对未成年人开展适合其年龄的性教育，提高未成年人防范性侵害、性骚扰的自我保护意识和能力。对遭受性侵害、性骚扰的未成年人，学校、幼儿园应当及时采取相关的保护措施。 |

| 民法典侵权编解释一 | 关联规定与参考案例 |
| --- | --- |
|  | 案例指引：《宋某诉某职业学校、李某、"某保险公司健康权纠纷"案》【"湖南省高级人民法院"微信公众号①】<br>案例要旨：校园内驾驶机动车撞伤学生，驾驶人负全责的，如已投保机动车交通事故责任强制保险，先由保险公司在机动车交通事故责任强制保险限额内承担赔偿责任，其余损失应当由驾驶人承担，学校未尽到管理职责的，应当承担相应的补充责任。 |
| 第十五条 【用人单位责任的适用范围不限于劳动关系】与用人单位形成劳动关系的工作人员、执行用人单位工作任务的其他人员，因执行工作任务造成他人损害，被侵权人依照民法典第一千一百九十一条第一款的规定，请求用人单位承担侵权责任的，人民法院应予支持。<br>个体工商户的从业人员因执行工作任务造成他人损害的，适用民法典第一千一百九十一条第一款的规定认定民事责任。<br>指引：本条是关于用人单位责任适用范围不限于劳动关系的规定。《民法典》第1191条就用人者责任作了规定，该条所谓的用人者责任，包括用人单位责 | 《民法典》<br>第1191条 【用人单位责任与劳务派遣中的责任】用人单位的工作人员因执行工作任务造成他人损害的，由用人单位承担侵权责任。用人单位承担侵权责任后，可以向有故意或者重大过失的工作人员追偿。<br>劳务派遣期间，被派遣的工作人员因执行工作任务造成他人损害的，由接受劳务派遣的用工单位承担侵权责任；劳务派遣单位有过错的，承担相应的责任。 |

---

① 载"湖南省高级人民法院"微信公众号（2023年8月22日），https://mp.weixin.qq.com/s/8tPgMYoJnzJLbeix44ZZ6w，2024年9月28日访问。

| 民法典侵权编解释一 | 关联规定与参考案例 |
|---|---|
| 任和劳务派遣单位、劳务用工单位责任。从本质上言，用人责任的核心在于用人者对于被使用者的控制力，至于用人者与被使用者之间是劳动关系、劳务关系，是有偿的还是无偿的（如无偿帮工），是长期的还是短暂的，并不重要。而实践中区分劳动关系和劳务关系，主要在于劳动社会保障上存在一定影响，如工伤保险待遇等，但对于用人者责任即雇主责任并无本质影响。<br><br>换言之，《民法典》第1191条所谓的"用人单位"，应作广义理解，其内涵和外延较《劳动法》《劳动合同法》更广，除个人、家庭、农村承包经营户等外，《民法典》总则编所规定的营利法人、非营利法人（事业单位、社会团体、基金会、社会服务机构、宗教活动场所等捐助法人）、特别法人（机关法人、农村集体经济组织法人、城镇农村的合作经济组织法人、基层群众性自治组织法人）以及不具有法人资格的非法人组织，均属该条所谓的用人单位，而不区分其与劳动者之间是否存在劳动关系。<br><br>从这个角度来说，本条第1款规定消除了实践中的不少错误认识，将《民法典》第1191条的适用主体扩张至不限于劳动关系。<br><br>此外需注意，《民法典》第1191条所规定的用人单位的工作人员，应当包括但不限于劳动者，还当然地包括公务员、 | 第1192条 【个人劳务关系中的侵权责任】个人之间形成劳务关系，提供劳务一方因劳务造成他人损害的，由接受劳务一方承担侵权责任。接受劳务一方承担侵权责任后，可以向有故意或者重大过失的提供劳务一方追偿。提供劳务一方因劳务受到损害的，根据双方各自的过错承担相应的责任。<br><br>提供劳务期间，因第三人的行为造成提供劳务一方损害的，提供劳务一方有权请求第三人承担侵权责任，也有权请求接受劳务一方给予补偿。接受劳务一方补偿后，可以向第三人追偿。<br><br>第62条 【法定代表人职务侵权行为的责任承担】法定代表人因执行职务造成他人损害的，由法人承担民事责任。<br><br>法人承担民事责任后，依照法律或者法人章程的规定，可以向有过错的法定代表人追偿。<br><br>第170条 【职务代理】执行法人或者非法人组织工作任务的人员，就其职权范围内的事项，以法人或者非法人组织的名义实施的民事法律行为， |

| 民法典侵权编解释一 | 关联规定与参考案例 |
|---|---|
| 参照公务员进行管理的其他工作人员、事业单位实行聘任制的人员等；该工作人员不仅包括一般工作人员，还包括用人单位的法定代表人、负责人、公司董事、监事、经理、清算人等；不仅包括正式在编人员，也包括临时雇佣人员。<br>另，本条第2款通过将个体工商户的员工执行工作任务造成他人损害的情形也作为用人单位与其工作人员之间的关系，从而统一适用《民法典》第1191条第1款之规定的做法也值得赞同。个体工商户也称个体经济组织，分个人经营和家庭经营两类。理论上，个人经营的个体工商户不是组织，仍属于从事经营活动的自然人，即所谓的"商自然人"。但《劳动合同法》第2条第1款将个体工商户看作"个体经济组织"，认定其与雇工之间的关系为劳动关系而非劳务关系，须订立劳动合同。<br>而无论是个人还是家庭经营的个体工商户，均应属于《民法典》第1191条第1款中的"用人单位"。其与雇员之间的关系为劳动关系，而不属于《民法典》第1192条中"个人之间形成劳务关系"的情形。进而，无论是个人经营还是家庭经营的个体工商户，其员工因执行工作任务造成他人损害，均应根据《民法典》第1191条第1款而非第1192条的规定确定民事责任。<br>关于工作人员侵权行为是否属于执行 | 对法人或者非法人组织发生效力。<br>法人或者非法人组织对执行其工作任务的人员职权范围的限制，不得对抗善意相对人。<br>**第54条 【个体工商户的定义】**自然人从事工商业经营，经依法登记，为个体工商户。个体工商户可以起字号。<br>《公证法》（2017年修正）<br>**第43条** 公证机构及其公证员因过错给当事人、公证事项的利害关系人造成损失的，由公证机构承担相应的赔偿责任；公证机构赔偿后，可以向有故意或者重大过失的公证员追偿。<br>当事人、公证事项的利害关系人与公证机构因赔偿发生争议的，可以向人民法院提起民事诉讼。<br>《律师法》（2017年修正）<br>**第54条** 律师违法执业或者因过错给当事人造成损失的，由其所在的律师事务所承担赔偿责任。律师事务所赔偿后，可以向有故意或者重大过失行为的律师追偿。<br>《国家赔偿法》（2012年修正）<br>**第21条** 行使侦查、检察、 |

| 民法典侵权编解释一 | 关联规定与参考案例 |
|---|---|
| 工作任务的判断，除一般原则外，还需考虑其他特殊因素，如行为内容、时间、地点、场合、行为之名义（以用人单位名义或以个人名义）、行为受益人（为用人单位受益或个人受益），以及是否与用人单位意志有关联等。如工作人员在执行职务中，以执行职务的方法，故意致害他人，以达到个人不法目的，虽然其内在动机是出于个人目的，但其行为与职务有着内在联系，也应认定属执行职务的行为，构成用人单位侵权行为，由用人单位承担侵权责任。 | 审判职权的机关以及看守所、监狱管理机关及其工作人员在行使职权时侵犯公民、法人和其他组织的合法权益造成损害的，该机关为赔偿义务机关。<br><br>对公民采取拘留措施，依照本法的规定应当给予国家赔偿的，作出拘留决定的机关为赔偿义务机关。<br><br>对公民采取逮捕措施后决定撤销案件、不起诉或者判决宣告无罪的，作出逮捕决定的机关为赔偿义务机关。<br><br>再审改判无罪的，作出原生效判决的人民法院为赔偿义务机关。二审改判无罪，以及二审发回重审后作无罪处理的，作出一审有罪判决的人民法院为赔偿义务机关。<br><br>**《最高人民法院关于审理人身损害赔偿案件适用法律若干问题的解释》（法释〔2003〕20号）**<br><br>**第9条(该条已失效)** 雇员在从事雇佣活动中致人损害的，雇主应当承担赔偿责任；雇员因故意或者重大过失致人损害的，应当与雇主承担连带赔偿责任。雇主承担连带赔偿责任的，可以向雇员追偿。 |

| 民法典侵权编解释一 | 关联规定与参考案例 |
|---|---|
| | 前款所称"从事雇佣活动",是指从事雇主授权或者指示范围内的生产经营活动或者其他劳务活动。雇员的行为超出授权范围,但其表现形式是履行职务或者与履行职务有内在联系的,应当认定为"从事雇佣活动"。<br>《最高人民法院关于审理期货纠纷案件若干问题的规定》(2020年修正)<br>**第8条** 期货公司的从业人员在本公司经营范围内从事期货交易行为产生的民事责任,由其所在的期货公司承担。<br>**案例指引1:**《李某兰等诉徐某升海上人身损害责任纠纷案——准确认定海上事故侵权责任》【人民法院案例库入库案例,入库编号:2023-10-2-200-006】<br>案例要旨:个人劳务关系/雇佣关系中,提供劳务一方因海上劳务造成他人损害的,接受劳务一方应当对被侵权人承担赔偿责任。被侵权人对损害的发生也有过错的,可以减轻接受劳务一方的赔偿责任。 |

| 民法典侵权编解释一 | 关联规定与参考案例 |
| --- | --- |
|  | 案例指引 2：《胡某诉莫某、某科技公司非机动车交通事故责任纠纷案》【《人民法院报》2024 年 6 月 5 日第 3 版】<br>　　案例要旨：骑手在配送完成后至接单期间应视为其劳务期间的延续，应视为执行工作任务期间，在该期间发生事故造成他人损害的，应由接受劳务的平台承担责任。<br>　　案例指引 3：《王某诉张某、某电子商务有限公司及保险公司机动车交通事故责任纠纷案》【《人民法院报》2024 年 8 月 14 日第 3 版】<br>　　案例要旨：外卖骑手送餐途中撞伤他人，其发生事故时系执行工作任务，且骑手与公司存在劳务关系，事故损失应先由保险公司在其保险限额范围内按合同约定承担赔偿责任，不足部分由公司承担侵权赔偿责任。<br>　　案例指引 4：《某科技有限公司诉崔某生命权、健康权、身体权纠纷案》【最高人民法院中国应用法学研究所编：《人民法院案例选》2019 年第 4 辑（总第 134 辑），人民法院出版社 2019 年版，第 11 页】 |

| 民法典侵权编解释一 | 关联规定与参考案例 |
| --- | --- |
|  | 案例要旨：该案争议焦点为某科技有限公司是否属于本起事故的赔偿责任主体。依据在案事实，第一，某科技有限公司主张与某供应链管理有限公司签订了《合作协议》，后者又与某网络科技有限公司签订了《合作协议》，故邵某应属某网络科技有限公司的员工，但并未提供劳动合同等相关证据加以佐证，故难以认定邵某事发时系为某网络科技有限公司提供服务。第二，"某外卖平台"系某科技有限公司推出的网络交易服务平台。依照某科技有限公司与案外人某供应链管理有限公司签订的《合作协议》，物流人员具有统一的对外形象，邵某事发时身穿某外卖平台的服装、配备印有"某外卖平台"字样的送餐箱，正从事外卖相关活动。因此，邵某已经具备为"某外卖平台"即某科技有限公司服务的外观表征。有基于此，崔某依据外观表征，足以认为邵某系某科技有限公司的员工，而某科技有限公司则并未举证证明邵某系为他人提供劳动或者劳务，故应当承担相应责任。 |

| 民法典侵权编解释一 | 关联规定与参考案例 |
|---|---|
| 第十六条 【劳务派遣单位和接受劳务派遣的用工单位的责任形态】劳务派遣期间，被派遣的工作人员因执行工作任务造成他人损害，被侵权人合并请求劳务派遣单位与接受劳务派遣的用工单位承担侵权责任的，依照民法典第一千一百九十一条第二款的规定，接受劳务派遣的用工单位承担侵权人应承担的全部责任；劳务派遣单位在不当选派工作人员、未依法履行培训义务等过错范围内，与接受劳务派遣的用工单位共同承担责任，但责任主体实际支付的赔偿费用总和不应超出被侵权人应受偿的损失数额。<br>劳务派遣单位先行支付赔偿费用后，就超过自己相应责任的部分向接受劳务派遣的用工单位追偿的，人民法院应予支持，但双方另有约定的除外。<br>指引：本条是关于劳务派遣单位和接受劳务派遣的用工单位的责任形态的规定。劳务派遣是指劳务派遣机构与员工签订劳务派遣合同后，将工作人员派遣到用工单位工作。劳务派遣的主要特点之一，是员工的雇用和使用相分离。劳务派遣涉及劳务派遣单位即用人单位、实际用工单位和被派遣劳动者三方主体，有两个合同关系：一是劳务派遣单位与工作人员之间的劳动合同关系；二是劳务派遣单位与用工单位之间的劳务派遣合同关系。 | 《民法典》<br>第1191条 【用人单位责任和劳务派遣单位、劳务用工单位责任】用人单位的工作人员因执行工作任务造成他人损害的，由用人单位承担侵权责任。用人单位承担侵权责任后，可以向有故意或者重大过失的工作人员追偿。<br>劳务派遣期间，被派遣的工作人员因执行工作任务造成他人损害的，由接受劳务派遣的用工单位承担侵权责任；劳务派遣单位有过错的，承担相应的责任。<br>案例指引：《白某诉某支行、某分行、某保安公司、焦某劳务派遣工作人员侵权责任纠纷案》【张钢成：《侵权责任案件裁判方法与规范》，法律出版社2015年版，第165页】<br>案例要旨：被劳务派遣的工作人员因执行工作致他人损害的，由接受劳务派遣的用工单位承担赔偿责任，有受害人存在属于对自身安全保护的情节，可以依法减轻用工单位的赔偿责任。被侵权人起诉要求劳务派遣单位、劳务用工单位 |

| 民法典侵权编解释一 | 关联规定与参考案例 |
|---|---|
| 　　在劳务派遣期间，被派遣的工作人员是为接受劳务派遣的用工单位工作，接受用工单位的指示和管理，同时由用工单位为被派遣的工作人员提供相应的劳动条件和劳动保护。所以，被派遣的工作人员因工作造成他人损害的，应当由用工单位承担责任。劳务派遣单位在派遣工作人员方面存在过错的，应当承担相应的责任。<br>　　关于责任形态，劳务用工单位责任与劳务派遣单位责任应认为属共同责任范畴。《侵权责任法》第34条第2款规定的劳务派遣单位责任是"相应的补充责任"，但《民法典》第1191条第2款规定的是"相应的责任"，删去了"补充"二字。从条文内容看，该条中"相应的责任"在文义上并没有清晰地表达这一责任的性质是什么，从条文内容的前后变化来看，不宜再将劳务派遣单位的侵权责任理解为补充责任。应理解为在劳务派遣单位存在过错的情况下，劳务派遣单位应当按照过错程度直接承担侵权责任。<br>　　本条第1款对此亦进行了进一步的明确，即"接受劳务派遣的用工单位承担侵权人应承担的全部责任"。换言之，基于劳务特定关系而获益的用人单位为被派遣的工作人员的侵权行为承担民事责任，体现了风险与收益相当的原则，这与《民法典》第1191条第1款用人单位责任和第1192条第1款个人劳务关系中 | 与被派遣的工作人员共同承担侵权责任的，就劳务派遣单位、劳务用工单位与被派遣的工作人员三方主体内部而言，应由劳务用工单位承担无过错责任，劳务派遣单位无过错的，不承担赔偿责任。 |

| 民法典侵权编解释一 | 关联规定与参考案例 |
| --- | --- |
| 提供劳务一方致人损害的民事责任的立法精神一致。若派遣单位对选派不力，自当在其过错范围内承担相应的责任。当然，"不当选派工作人员"仅是劳务派遣单位存在过错的一种常见情形，并非唯一表现。<br><br>侵权责任遵循损失填补原则，受害人所获得的赔偿一般不应超过其受到的损失。因此，同时要求用工单位承担侵权责任以及派遣单位在其过错范围内承担相应的责任，但被侵权人获得的赔偿不应超出损害范围，否则有违侵权责任损失填补原则的要求。<br><br>劳务派遣单位先行支付赔偿费用后，能否就超过自己相应责任的部分向接受劳务派遣的用工单位进行追偿呢？基于"接受劳务派遣的用工单位承担侵权人应承担的全部责任"的规定，本条作出了肯定的回答。当然，用工单位与劳务派遣单位若对相互之间的追偿另有约定，基于意思自治原则，应按双方约定处理。 | |
| **第十七条** **【职务侵权构成犯罪的不影响用人单位承担民事责任】**工作人员在执行工作任务中实施的违法行为为造成他人损害，构成自然人犯罪的，工作人员承担刑事责任不影响用人单位依法承担民事责任。依照民法典第一千一百九十一条规定用人单位应当承担侵权责任的，在刑事案件中已完成的追缴、退赔可以在民事判决书中明确并扣减，也可以在执行程序中予以扣减。 | 《民法典》<br>**第1191条** **【用人单位责任和劳务派遣单位、劳务用工单位责任】**用人单位的工作人员因执行工作任务造成他人损害的，由用人单位承担侵权责任。用人单位承担侵权责任后，可以向有故意或者重大过失的工作人员追偿。 |

| 民法典侵权编解释一 | 关联规定与参考案例 |
|---|---|
| 指引：本条是关于职务行为侵权，不影响用人单位承担民事责任的规定。工作人员在执行工作任务中实施违法犯罪行为，造成公私财产损失的情况时有发生。刑事案件认定工作人员构成自然人犯罪后，因财产损失较大，存在被害人难以通过刑事追缴、退赔获得足额赔偿的情况。为弥补损失，刑事案件的被害人往往以工作人员所在用人单位为被告提起民事诉讼，请求用人单位依照《民法典》第1191条用人单位责任的规定，承担赔偿责任。<br><br>本条规定包含三层含义：<br>一是明确工作人员自然人犯罪不当然影响用人单位民事责任的认定。工作人员在执行工作任务中实施的违法行为造成他人损害，构成自然人犯罪，刑事法律关系中的责任主体是工作人员个人，民事法律关系中的责任主体是用人单位，由于责任主体不同，不属于同一法律事实。当然，如果工作人员的违法行为构成非法集资类犯罪，则应依照民间借贷等相关司法解释的特殊规定，依法确定是否受理对用人单位提起的民事诉讼。<br>二是明确只有工作人员的犯罪是在执行工作任务中实施的行为，人民法院才能依照《民法典》第1191条的规定认定用人单位承担侵权责任。由于该条规定是对《民法典》第1191条用人单位责任的解释，其题中应有之义是，如果工作人员 | 劳务派遣期间，被派遣的工作人员因执行工作任务造成他人损害的，由接受劳务派遣的用工单位承担侵权责任；劳务派遣单位有过错的，承担相应的责任。<br><br>**第187条 【民事责任优先承担】** 民事主体因同一行为应当承担民事责任、行政责任和刑事责任的，承担行政责任或者刑事责任不影响承担民事责任；民事主体的财产不足以支付的，优先用于承担民事责任。<br><br>《刑法》（2023年修正）<br>**第36条** 由于犯罪行为而使被害人遭受经济损失的，对犯罪分子除依法给予刑事处罚外，并应根据情况判处赔偿经济损失。<br>承担民事赔偿责任的犯罪分子，同时被判处罚金，其财产不足以全部支付的，或者被判处没收财产的，应当先承担对被害人的民事赔偿责任。<br><br>《公司法》（2023年修订）<br>**第263条** 公司违反本法规定，应当承担民事赔偿责任和缴纳罚款、罚金的，其财产不足以支付时，先承担民事赔偿责任。 |

| 民法典侵权编解释一 | 关联规定与参考案例 |
|---|---|
| 的犯罪行为不是在执行工作任务中实施的违法行为，则人民法院不能依照《民法典》第1191条用人单位责任的规定来判令用人单位为工作人员的致害行为承担完全替代赔偿责任。审判实践中应注意的是，工作人员的犯罪行为虽不是在执行工作任务中实施，但用人单位对损害的发生有过错的，人民法院应根据用人单位的过错程度和原因力大小，依照《民法典》第1165条的规定认定用人单位的民事责任。审判实践中，可以根据行为的内容、时间、地点、场合、行为之名义、行为的受益人以及是否与用人单位的意志有关等因素，综合认定工作人员是否在执行工作任务中实施违法行为。<br><br>三是明确用人单位承担责任的范围与刑事案件中追缴、退赔的关系。实务中对此问题存在不同意见。有意见认为，民事判决的赔偿范围应扣除刑事判决退赔被害人损失部分。而论证过程中相对集中的意见为，刑事责任的承担不妨碍民事责任的认定，而且责任的认定与实际执行应予以区分。《刑法》第64条是关于对犯罪所得财物如何执行处理的规定，而并非就刑事责任与民事责任关系的规定。因此，刑事判决追缴、退赔被害人损失不妨碍民事判决对于赔偿范围的认定。如果犯罪所得已在刑事案件中返还了被害人，可以在实际执行时予以扣减。 | 《证券法》（2019年修订）<br>第220条 违反本法规定，应当承担民事赔偿责任和缴纳罚款、罚金、违法所得，违法行为人的财产不足以支付的，优先用于承担民事赔偿责任。<br><br>《产品质量法》（2018年修正）<br>第64条 违反本法规定，应当承担民事赔偿责任和缴纳罚款、罚金，其财产不足以同时支付时，先承担民事赔偿责任。<br><br>《证券投资基金法》（2015年修正）<br>第150条 违反本法规定，应当承担民事赔偿责任和缴纳罚款、罚金，其财产不足以同时支付时，先承担民事赔偿责任。<br><br>《消费者权益保护法》（2013年修正）<br>第58条 经营者违反本法规定，应当承担民事赔偿责任和缴纳罚款、罚金，其财产不足以同时支付的，先承担民事赔偿责任。<br><br>《合伙企业法》（2006年修订）<br>第106条 违反本法规定，应当承担民事赔偿责任和 |

| 民法典侵权编解释一 | 关联规定与参考案例 |
|---|---|
| 据此，本条明确，用人单位依法应当承担侵权责任的，在刑事案件中已完成的追缴、退赔可以在民事判决书中明确并扣减，也可以在执行程序中予以扣减。 | 缴纳罚款、罚金，其财产不足以同时支付的，先承担民事赔偿责任。<br>《个人独资企业法》<br>第43条 投资人违反本法规定，应当承担民事赔偿责任和缴纳罚款、罚金，其财产不足以支付的，或者被判处没收财产的，应当先承担民事赔偿责任。<br>《最高人民法院关于审理食品药品纠纷案件适用法律若干问题的规定》（2021年修正）<br>第14条 生产、销售的食品、药品存在质量问题，生产者与销售者需同时承担民事责任、行政责任和刑事责任，其财产不足以支付，当事人依照民法典等有关法律规定，请求食品、药品的生产者、销售者首先承担民事责任的，人民法院应予支持。<br>《最高人民法院关于审理生态环境侵权纠纷案件适用惩罚性赔偿的解释》<br>第11条 侵权人因同一污染环境、破坏生态行为，应当承担包括惩罚性赔偿在内的民事责任、行政责任和刑事责任，其财产不足以支付的，应当优先用于承担民事责任。 |

| 民法典侵权编解释一 | 关联规定与参考案例 |
|---|---|
| | 侵权人因同一污染环境、破坏生态行为，应当承担包括惩罚性赔偿在内的民事责任，其财产不足以支付的，应当优先用于承担惩罚性赔偿以外的其他责任。<br><br>**案例指引**：《某银行股份有限公司某分行诉伊某某等信用卡纠纷案——刑事退赔不能填补损失时被害人有权对未承担刑事退赔责任的当事人另行提起民事诉讼》【人民法院案例库入库案例，入库编号：2024-08-2-502-001】<br><br>**案例要旨**：受害人有权就刑事责任主体之外的其他责任主体另行提起民事诉讼。受害人不能也不应通过刑事案件和民事案件双重受偿。双重受偿问题可通过对刑事追缴、退赔和民事责任的认定及执行程序进行平衡协调解决。如果受害人通过刑事追赃退赔已部分获赔，在民事案件审理中应作为查明的事实，将其从损失中扣除；如果没有获得实际退赔，在刑民各自作出裁判后，应当通过在执行程序中合并执行或协调执行以避免发生重复受偿问题。 |

| 民法典侵权编解释一 | 关联规定与参考案例 |
|---|---|
| **第十八条　【承揽人在完成工作过程中侵权的责任承担】**承揽人在完成工作过程中造成第三人损害的，人民法院依照民法典第一千一百六十五条的规定认定承揽人的民事责任。<br><br>　　被侵权人合并请求定作人和承揽人承担侵权责任的，依照民法典第一千一百六十五条、第一千一百九十三条的规定，造成损害的承揽人承担侵权人应承担的全部责任；定作人在定作、指示或者选任过错范围内与承揽人共同承担责任，但责任主体实际支付的赔偿费用总和不应超出被侵权人应受偿的损失数额。<br><br>　　定作人先行支付赔偿费用后，就超过自己相应责任的部分向承揽人追偿的，人民法院应予支持，但双方另有约定的除外。<br><br>　　**指引**：本条是关于承揽人根据定作或指示完成工作过程中侵权责任承担的规定。在承揽关系中，承揽人与定作人之间没有用工或劳务关系，承揽人主要依靠自己的技术和专业技能独立完成承揽工作，不受定作人的支配，故对承揽人在完成工作过程中造成第三人损害或者自己损害的，定作人不承担侵权责任。但是定作人在定作过程中有过错的，应承担相应的过错责任。定作人的过错责任虽然也是对他人的替代责任，属于行为人与责任分离的特殊侵权责任，但定作人的替代责任与雇主（用人单位或接受 | **《民法典》**<br>　　**第1165条　【过错责任原则】**行为人因过错侵害他人民事权益造成损害的，应当承担侵权责任。<br>　　依照法律规定推定行为人有过错，其不能证明自己没有过错的，应当承担侵权责任。<br><br>　　**第1193条　【承揽关系中的侵权责任】**承揽人在完成工作过程中造成第三人损害或者自己损害的，定作人不承担侵权责任。但是，定作人对定作、指示或者选任有过错的，应当承担相应的责任。<br><br>**《最高人民法院关于船员私自承揽运输擅自开航的民事责任应否由轮船公司承担问题的答复》**（1995年4月21日法函〔1995〕43号）<br>湖北省高级人民法院：<br>　　你院（1995）告申呈字第1号《关于国营四川涪陵轮船公司应否承担民事责任的请示》收悉。经研究，答复如下：<br>　　我国船舶航运主管部门对内河船舶船员的职责已有明确规定。在有关规定和运输企业的实务操作中，都没有给予船员（包括船长）对外承揽运输 |

| 民法典侵权编解释一 | 关联规定与参考案例 |
|---|---|
| 劳务一方）的替代责任的归责原则有较大区别。用人单位和接受劳务一方的替代责任实行的是严格责任或无过错责任，而定作人的替代责任实行的是过错责任。<br><br>　　定作人的过错，包括对定作、指示或者选任的过错。对定作的过错，是指定作人委托的工作对象、材料、环境等存在不合理的安全隐患。对指示的过错，是指定作人在处理工作的方式方法上作出的指示有明显的过错，导致伤害风险增加。如指使承揽人用危险的方法制作或强迫承揽人违反法律完成某一事项。选任有过错，是指定作人对承揽人的选任具有明显过错，如在明知承揽人没有从事相关工作的资质和能力的情况下予以选任。规定侵权责任的目的是填补损失，为避免"过错范围内共同承担责任"的规定产生赔偿范围超出100%的误解，《民法典侵权编解释一》在多处规定共同承担责任的情形中明确"责任主体实际支付的赔偿费用总和不应超出被侵权人应受偿的损失数额"。<br><br>　　此外需注意，由于定作人只需在过错范围内承担责任，故其先行支付的超过自己相应责任部分的赔偿费用，可以向承揽人追偿。鉴于承揽属于合同关系，故内部追偿规则应坚持当事人约定优先原则。 | 业务签订合同的职权。航行于我国境内各港口之间的船舶，除需服从所属航运企业内部职能部门的调度外，依据我国有关安全航行的法规的规定，还需经港务监督（或港航监督）部门的批准，办理进出港口签订手续。违反上述规定，船员私自承揽运输、擅自开航是超越职权范围的个人行为。"川陵四号"拖轮大副郑世荣图谋私利，私自承揽运输并对公司隐瞒事实，在公司调度室明确表示不同意出航的情况下，擅自开航，应对其超越职权范围的个人行为承担民事责任。轮船公司不应对船员的个人行为承担民事责任。 |

| 民法典侵权编解释一 | 关联规定与参考案例 |
|---|---|
| **第十九条　【产品责任的赔偿范围包含产品自损】**因产品存在缺陷造成买受人财产损害，买受人请求产品的生产者或者销售者赔偿缺陷产品本身损害以及其他财产损害的，人民法院依照民法典第一千二百零二条、第一千二百零三条的规定予以支持。<br><br>指引：本条是关于产品责任的赔偿范围包含产品自损的规定。明确缺陷产品造成的产品自身损害（产品自损）属于产品责任赔偿范围，有助于减少当事人诉累，切实维护消费者合法权益，保障消费者高效便捷维权。<br><br>有意见认为，多数国家产品责任中的财产损害仅指缺陷产品以外的其他财产损害，不包括产品自损。产品质量法第41条关于"因产品存在缺陷造成人身、缺陷产品以外的其他财产损害的，生产者应当承担赔偿责任"的规定，也采取了同样的立法例。缺陷产品造成产品自损的，属于合同责任问题，应当通过合同解决，缺陷产品以外的其他财产损害，才是产品责任中所称的财产损害。<br><br>有观点认为，在我国的产品责任立法中，无论立法、司法还是理论研究，都明确产品责任救济的是缺陷产品造成权利人人身权利和财产权利的损害，救济产品自损的损害，是违约责任的功能。不过，几十年来经历了《民法通则》的无意识状态，到《产品责任法》的明确排除，进而到《侵权责任法》和《民法典》 | 《民法典》<br><br>**第1202条　【产品生产者责任】**因产品存在缺陷造成他人损害的，生产者应当承担侵权责任。<br><br>**第1203条　【被侵权人请求损害赔偿的途径和先行赔偿人追偿权】**因产品存在缺陷造成他人损害的，被侵权人可以向产品的生产者请求赔偿，也可以向产品的销售者请求赔偿。<br><br>产品缺陷由生产者造成的，销售者赔偿后，有权向生产者追偿。因销售者的过错使产品存在缺陷的，生产者赔偿后，有权向销售者追偿。<br><br>《产品质量法》（2018年修正）<br><br>**第41条　【产品责任及免责事由】**因产品存在缺陷造成人身、缺陷产品以外的其他财产（以下简称他人财产）损害的，生产者应当承担赔偿责任。<br><br>生产者能够证明有下列情形之一的，不承担赔偿责任：<br><br>（一）未将产品投入流通的；<br><br>（二）产品投入流通时，引起损害的缺陷尚不存在的；<br><br>（三）将产品投入流通时的 |

| 民法典侵权编解释一 | 关联规定与参考案例 |
|---|---|
| 的纳入，这一系列的变迁体现了中国民事立法及其学说演进的独特路径，形成了我国产品责任法与其他国家和地区的产品责任法的不同之处，体现了我国产品责任法的特色。<br><br>针对产品自损是否属于产品责任中的财产损害的争议，本条对此作出了明确规定：因产品存在缺陷造成买受人财产损害，买受人请求产品的生产者或者销售者赔偿缺陷产品本身损害以及其他财产损害的，人民法院予以支持。<br><br>作出上述规定的主要考虑：一方面是贯彻立法精神。《民法典》第1202条"因产品存在缺陷造成他人损害的，生产者应当承担侵权责任"的规定中的"他人损害"，就包括产品自损。相对于《产品质量法》，《民法典》是新法，本条的规定是对民法典立法精神的具体阐释。另一方面是立足国情。对缺陷产品财产损害事实的认定，应当立足于我国国情从保护消费者角度作出解释，以符合人民群众对缺陷产品造成财产损害的一般认识。对于消费者而言，购买的产品本身存在缺陷造成了产品自损，从合同责任角度，产品的销售者要承担瑕疵担保责任；从侵权责任角度，产品自损系因产品缺陷引起，给消费者造成了财产损失，将其认定为缺陷产品造成的财产损害，消费者可以通过提起一个侵权责任纠纷诉讼，一并主张赔偿产品自损以及缺陷产品以外的其他财产损害，有利于及时、 | 科学技术水平尚不能发现缺陷的存在的。<br><br>**《最高人民法院关于审理道路交通事故损害赔偿案件适用法律若干问题的解释》（2020年修正）**<br><br>**第9条** 机动车存在产品缺陷导致交通事故造成损害，当事人请求生产者或者销售者依照民法典第七编第四章的规定承担赔偿责任的，人民法院应予支持。 |

| 民法典侵权编解释一 | 关联规定与参考案例 |
|---|---|
| 便捷地保护消费者合法权益。若将产品自损排除在产品侵权损害事实之外，则消费者的损害仅通过侵权责任纠纷诉讼无法完全填补，这不符合减少当事人诉累、及时便捷化解矛盾纠纷的司法理念。<br><br>最高人民法院在指导地方法院处理道路交通事故损害赔偿纠纷时也曾提出指导意见，认为机动车自身缺陷导致交通事故的财产损害，包括机动车自损。<br><br>2009年12月《侵权责任法》颁布后，围绕产品侵权是否包括产品自损的问题，学界展开了广泛讨论。《民法典》实施后，对此仍有不同看法，裁判规则不统一。本条肯定《民法典》规定的损害包括产品自损的规定，将各级法院适用该规定的司法裁判统一到立法者的思想上，以实现"有利于及时、便捷地保护用户、消费者的合法权益"的立法目的。争论可以继续进行，但是在适用法律上应当统一裁判规则。 | |
| **第二十条 【转让拼装报废车担责不以明知为要件】**以买卖或者其他方式转让拼装或者已经达到报废标准的机动车，发生交通事故造成损害，转让人、受让人以其不知道且不应当知道该机动车系拼装或者已经达到报废标准为由，主张不承担侵权责任的，人民法院不予支持。<br><br>**指引：**本条是关于转让拼装或者已经达到报废标准的机动车造成侵权的责任承担问题。转让拼装车或者报废车而发生交通事故，是指通过买卖、赠与、交换 | 《民法典》<br>**第1214条 【拼装车或报废车侵权责任】**以买卖或者其他方式转让拼装或者已经达到报废标准的机动车，发生交通事故造成损害的，由转让人和受让人承担连带责任。<br><br>**第178条 【连带责任】**二人以上依法承担连带责任的，权利人有权请求部分或者全部连带责任人承担责任。 |

| 民法典侵权编解释一 | 关联规定与参考案例 |
|---|---|
| 等方式转让拼装车或者报废车，受让人驾驶该车辆发生道路交通事故造成他人损害的情形。拼装车、报废车不符合道路安全行驶条件，上路行驶具有极大的安全隐患。《民法典》第1214条对此明确规定：转让人应与受让人承担连带责任。<br><br>本条明确，转让人、受让人的上述责任并不以其是否知悉车辆为拼装车或报废车为前提。就转让人而言，作为拼装车或报废车的所有人，理应知道车辆的基本情况。实践中，常有以"不知道或不应知道该机动车属于拼装车或报废车"主张不应担责。最高人民法院认为，该免责事由不能成立。《民法典》规定转让人、受让人承担连带责任的本意之一，是预防并制裁转让、驾驶拼装的或者已达到报废标准的机动车的行为。让转让人、受让人均作为承担侵权责任的主体，可以更好地防止上述机动车上路行驶，以免增加道路风险，影响公共安全。因此，不知道拼装车或报废车的主观认识，不应成为免责事由。<br><br>另需注意，无论经过多少次转让，全部的转让人均应与受让人一并承担连带责任。也就是说，转让人、受让人承担责任后可以向其前手追偿。由于连带责任的赔偿主体为复数，对外效力上，被侵权人可以向部分转让人或受让人请求赔偿部分或者全部损失，而被请求的责任人不得以超出自己的责任份额为由对抗被侵权人的请求。<br><br>因转让拼装车、报废车造成损害时让 | 连带责任人的责任份额根据各自责任大小确定；难以确定责任大小的，平均承担责任。实际承担责任超过自己责任份额的连带责任人，有权向其他连带责任人追偿。<br><br>连带责任，由法律规定或者当事人约定。<br><br>**《道路交通安全法》（2021年修正）**<br><br>**第14条** 国家实行机动车强制报废制度，根据机动车的安全技术状况和不同用途，规定不同的报废标准。<br><br>应当报废的机动车必须及时办理注销登记。<br><br>达到报废标准的机动车不得上道路行驶。报废的大型客、货车及其他营运车辆应当在公安机关交通管理部门的监督下解体。<br><br>**第16条** 任何单位或者个人不得有下列行为：<br><br>（一）拼装机动车或者擅自改变机动车已登记的结构、构造或者特征；<br><br>（二）改变机动车型号、发动机号、车架号或者车辆识别代号；<br><br>（三）伪造、变造或者使用伪造、变造的机动车登记证书、号牌、行驶证、检验合格标志、保险标志； |

| 民法典侵权编解释一 | 关联规定与参考案例 |
|---|---|
| 任承担的主观要件问题，最高人民法院贯彻严的基调，强化法定义务的履行和违法制裁，以更好地保护群众出行安全，保障被侵权人充分受偿。 | （四）使用其他机动车的登记证书、号牌、行驶证、检验合格标志、保险标志。<br>《最高人民法院关于审理道路交通事故损害赔偿案件适用法律若干问题的解释》（2020年修正）<br>第4条　拼装车、已达到报废标准的机动车或者依法禁止行驶的其他机动车被多次转让，并发生交通事故造成损害，当事人请求由所有的转让人和受让人承担连带责任的，人民法院应予支持。<br>案例指引：陈某诉胡某、朱某机动车交通事故责任纠纷案【《人民法院报》2019年1月10日第7版】<br>案例要旨：以买卖方式转让已经达到报废标准的机动车，发生交通事故造成损害，由转让人和受让人承担连带责任。对于"已经达到报废标准的机动车"的认定应当采用实质性标准，即在符合法定报废条件时，就可认定该机动车达到报废标准，确定相关人员的民事责任，而并不必须以车辆管理部门作出的认定结论为前提。 |
| **第二十一条　【投保义务人与侵权行为人不同的责任承担】**未依法投保强制保险的机动车发生交通事故造成损害， | 《民法典》<br>**第1213条　【交通事故责任承担主体赔偿顺序】**机动 |

| 民法典侵权编解释一 | 关联规定与参考案例 |
|---|---|
| 投保义务人和交通事故责任人不是同一人，被侵权人合并请求投保义务人和交通事故责任人承担侵权责任的，交通事故责任人承担侵权人应承担的全部责任；投保义务人在机动车强制保险责任限额范围内与交通事故责任人共同承担责任，但责任主体实际支付的赔偿费用总和不应超出被侵权人应受偿的损失数额。<br><br>投保义务人先行支付赔偿费用后，就超出机动车强制保险责任限额范围部分向交通事故责任人追偿的，人民法院应予支持。<br><br>**指引**：本条是关于交强险下投保义务人和交通事故责任人不是同一人时责任承担问题的规定。我国实行机动车第三者责任强制保险制度。未投保交强险，具有不法性，有可能不利于保护他人的民事权益。一般而言，发生交通事故后，在交强险范围内不区分机动车是否存在过错，实行交强险先行赔付原则。当然，按照目前的交强险制度，交强险限额划分为无责限额和有责限额，在机动车无责时，在无责限额内先行赔付。<br><br>交通事故的直接责任人作为侵权人，理应就被侵权人的全部损失承担赔偿责任，这一点应无疑问。但需注意，在未投保交强险的情况下，投保义务人违反法律强制性规定，不履行法定义务，未予投保交强险，造成被侵害人不能从保险公司在交强险限额内依法高效获得赔偿，也是有责任的。若只允许被侵害人向侵权 | 车发生交通事故造成损害，属于该机动车一方责任的，先由承保机动车强制保险的保险人在强制保险责任限额范围内予以赔偿；不足部分，由承保机动车商业保险的保险人按照保险合同的约定予以赔偿；仍然不足或者没有投保机动车商业保险的，由侵权人赔偿。<br><br>《道路交通安全法》（2021年修正）<br><br>**第17条** 国家实行机动车第三者责任强制保险制度，设立道路交通事故社会救助基金。具体办法由国务院规定。<br><br>**第75条** 医疗机构对交通事故中的受伤人员应当及时抢救，不得因抢救费用未及时支付而拖延救治。肇事车辆参加机动车第三者责任强制保险的，由保险公司在责任限额范围内支付抢救费用；抢救费用超过责任限额的，未参加机动车第三者责任强制保险或者肇事后逃逸的，由道路交通事故社会救助基金先行垫付部分或者全部抢救费用，道路交通事故社会救助基金管理机构有权向交通事故责任人追偿。<br><br>《机动车交通事故责任强制保险条例》（2019年修订） |

| 民法典侵权编解释一 | 关联规定与参考案例 |
|---|---|
| 人主张，将不利于对其合法权益的维护，也会助长投保义务人不予投保交强险的投机心理。可以说，此种情况下，被侵权人不能通过保险公司获得交强险赔偿，是由投保义务人和侵权行为人共同造成的。所以本条明确："投保义务人在机动车强制保险责任限额范围内与交通事故责任人共同承担责任。"<br><br>值得一提的是，《民法典》颁布前的《最高人民法院关于审理道路交通事故损害赔偿案件适用法律若干问题的解释》第19条规定："未依法投保交强险的机动车发生交通事故造成损害，当事人请求投保义务人在交强险责任限额范围内予以赔偿的，人民法院应予支持。投保义务人和侵权人不是同一人，当事人请求投保义务人和侵权人在交强险责任限额范围内承担连带责任的，人民法院应予支持。"<br><br>由于《民法典》第178条明确连带责任必须由法律规定，为此，《最高人民法院关于审理道路交通事故损害赔偿案件适用法律若干问题的解释》第19条经修改后变为了现行的第16条，即"未依法投保交强险的机动车发生交通事故造成损害，当事人请求投保义务人在交强险责任限额范围内予以赔偿的，人民法院应予支持。投保义务人和侵权人不是同一人，当事人请求投保义务人和侵权人在交强险责任限额范围内承担相应责任的，人民法院应予支持。"《最高人民法院关于审理道路交通事故损害赔偿案件 | **第2条** 在中华人民共和国境内道路上行驶的机动车的所有人或者管理人，应当依照《中华人民共和国道路交通安全法》的规定投保机动车交通事故责任强制保险。<br><br>机动车交通事故责任强制保险的投保、赔偿和监督管理，适用本条例。<br><br>**第3条** 本条例所称机动车交通事故责任强制保险，是指由保险公司对被保险机动车发生道路交通事故造成本车人员、被保险人以外的受害人的人身伤亡、财产损失，在责任限额内予以赔偿的强制性责任保险。<br><br>**第21条** 被保险机动车发生道路交通事故造成本车人员、被保险人以外的受害人人身伤亡、财产损失的，由保险公司依法在机动车交通事故责任强制保险责任限额范围内予以赔偿。<br><br>道路交通事故的损失是由受害人故意造成的，保险公司不予赔偿。<br><br>**《最高人民法院关于审理道路交通事故损害赔偿案件适用法律若干问题的解释》（2020年修正）**<br><br>**第16条** 未依法投保交强险的机动车发生交通事故造成 |

| 民法典侵权编解释一 | 关联规定与参考案例 |
|---|---|
| 适用法律若干问题的解释》（2020年修正）第16条"当事人请求投保义务人和侵权人在交强险责任限额范围内承担相应责任"非常容易引起误解，以为投保义务人和侵权人各自承担一部分的交强险责任限额，这显然是错误的，也不利于受侵害人合法权益的维护。最高人民法院认为，投保义务人与侵权人在"交强险责任限额范围"应属于客观上的连带，即不真正连带。换而言之，投保义务人和侵权人都有赔偿义务，可作为共同被告，但二者并非按照份额分别承担一部分责任。<br><br>基于禁止得利原则，投保义务人与交通事故责任人共同承担责任时，受害人获赔的总额不能超出损失总额。<br><br>关于投保义务人先行支付赔偿费用后，就超出机动车强制保险责任限额范围部分向交通事故责任人追偿的问题，因为交通事故责任人承担侵权人应承担的全部责任，故本条第2款明确规定应予支持。 | 损害，当事人请求投保义务人在交强险责任限额范围内予以赔偿的，人民法院应予支持。<br><br>投保义务人和侵权人不是同一人，当事人请求投保义务人和侵权人在交强险责任限额范围内承担相应责任的，人民法院应予支持。<br><br>**案例指引**：《温某诉李某、某汽车公司机动车交通事故责任纠纷案》【最高人民法院中国应用法学研究所编：《人民法院案例选》2016年第4辑（总第98辑），人民法院出版社2016年版，第32页】<br><br>案例要旨：汽车销售公司工作人员陪同购车人前往银行取所欠部分款项的路中发生了交通事故，事故发生时，涉案车辆尚未投保交强险，在车辆所有权未转移的情况下，汽车销售公司作为车辆所有权人及该车辆交强险的投保义务人，驾驶人作为侵权人，二者应当在交强险限额范围内对受害人的损害承担连带赔偿责任。 |
| **第二十二条** 【机动车驾驶人因自身过错受到本车碰撞、碾压造成损害的责任承担】机动车驾驶人离开本车后，因未采取制动措施等自身过错受到本车碰撞、碾压造成损害，机动车驾驶人请求承保本车机动车强制保险的保险人在强 | 《民法典》<br>**第1213条** 【交通事故责任承担主体赔偿顺序】机动车发生交通事故造成损害，属于该机动车一方责任的，先由承保机动车强制保险的保险人 |

| 民法典侵权编解释一 | 关联规定与参考案例 |
|---|---|
| 制保险责任限额范围内，以及承保本车机动车商业第三者责任保险的保险人按照保险合同的约定赔偿的，人民法院不予支持，但可以依据机动车车上人员责任保险的有关约定支持相应的赔偿请求。<br>**指引**：本条是关于驾驶员因自身过错被本车致害后责任承担的规定。机动车交通事故责任强制保险，是指由保险公司对被保险机动车发生交通事故造成本车人员、被保险人以外的受害人的人身伤亡、财产损失，在责任限额内予以赔偿的强制性责任保险。商业第三者责任保险是指被保险人或其允许的合格驾驶员在使用保险车辆过程中发生意外事故，致使第三者遭受人身伤亡或财产直接损毁，依法应当由被保险人承担的经济责任，保险公司负责赔偿的一种汽车保险。<br>在交通事故责任保险纠纷中，关于"第三者"的认定，素有争议。在司法实践中，本车驾驶人离开本车后，因未采取制动措施等自身过错受到本车碰撞、碾压造成损害的，认定本车驾驶人是否属于"第三者"时，应当注意相关规定对交强险项下第三者范围的明确。《机动车交通事故责任强制保险条例》（2019年修订）第3条规定："本条例所称机动车交通事故责任强制保险，是指由保险公司对被保险机动车发生交通事故造成本车人员、被保险人以外的受害人的人身伤亡、财产损失，在责任限额内予以赔偿的强制性责任保险。"即只有本车人员、被保险人以外的受害人，才能主张赔偿。 | 在强制保险责任限额范围内予以赔偿；不足部分，由承保机动车商业保险的保险人按照保险合同的约定予以赔偿；仍然不足或者没有投保机动车商业保险的，由侵权人赔偿。<br>**《机动车交通事故责任强制保险条例》**<br>**第3条** 本条例所称机动车交通事故责任强制保险，是指由保险公司对被保险机动车发生道路交通事故造成本车人员、被保险人以外的受害人的人身伤亡、财产损失，在责任限额内予以赔偿的强制性责任保险。<br>**第21条** 被保险机动车发生道路交通事故造成本车人员、被保险人以外的受害人人身伤亡、财产损失的，由保险公司依法在机动车交通事故责任强制保险责任限额范围内予以赔偿。<br>道路交通事故的损失是由受害人故意造成的，保险公司不予赔偿。 |

| 民法典侵权编解释一 | 关联规定与参考案例 |
| --- | --- |
| 本条明确，离开本车的机动车驾驶人，不能在离开本车后转化为交通事故中的"第三者"，正式宣告"第三者转化理论"不再适用于本车司机。故机动车驾驶人离开本车后，因未采取制动措施等自身过错受到本车碰撞、碾压造成损害，既不能向承保本车机动车强制保险的保险人主张赔偿，也不能向承保本车机动车商业第三者责任保险的保险人主张赔偿。<br>当然，若签订的保险合同中有关于机动车车上人员责任保险的有关约定，可以依据约定主张赔偿。 | |
| **第二十三条**　【禁止饲养的烈性犬等危险动物致人损害不适用免责事由】禁止饲养的烈性犬等危险动物造成他人损害，动物饲养人或者管理人主张不承担责任或者减轻责任的，人民法院不予支持。<br>**指引**：本条是关于禁止饲养的危险动物侵权不适用免责事由的规定。烈犬伤人事件时有发生，狂犬病引发的致死率又极高。如今，饲养动物的现象无论是在农村，还是城市，都越发普遍。饲养烈性犬等危险动物，对于周围人的人身和财产会产生严重的安全威胁。关于禁止饲养的危险动物致害责任，《民法典》通过第1247条进行了规定，即"禁止饲养的烈性犬等危险动物造成他人损害的，动物饲养人或者管理人应当承担 | 《民法典》<br>第1247条　【禁止饲养的危险动物致害责任】禁止饲养的烈性犬等危险动物造成他人损害的，动物饲养人或者管理人应当承担侵权责任。<br>第1173条　【过失相抵】被侵权人对同一损害的发生或者扩大有过错的，可以减轻侵权人的责任。<br>第1174条　【受害人故意】损害是因受害人故意造成的，行为人不承担责任。<br>第1245条　【饲养动物致害责任的一般规定】饲养的动物造成他人损害的，动物饲养人或者管理人应当承担侵权 |

| 民法典侵权编解释一 | 关联规定与参考案例 |
|---|---|
| 侵权责任"。需注意，这一规定是没有任何减责和免责事由的绝对责任。当然，这里针对的是"禁止饲养的烈性犬等危险动物"，含义要小于《民法典》第1245条中的"动物"。也就是说，对禁止饲养的烈性犬等危险动物造成他人损害的，动物饲养人或者管理人主张不承担责任或者减轻责任的，不予支持。本条对此进一步明确，准确阐明民法典"最严格的无过错责任"立法精神，强化动物饲养人、管理人责任意识，维护动物饲养管理秩序，保障群众生命财产安全。<br><br>为确保群众人身安全，需对危险动物伤人的侵权行为作出严格规定。如前所言，本条明确禁止饲养的烈性犬等危险动物造成他人损害的，不适用《民法典》第1173条、第1174条的规定减责或免责。只要违反管理规定饲养了烈性犬等危险动物，并造成他人损害的，动物饲养人或者管理人就应当承担侵权责任，没有任何的免责事由可以援引。在烈性犬等危险动物潜伏种种危险的情况下，让它的饲养人或者管理人承担更加严格的责任，是对社会、对公众的负责。《民法典》第1247条以及《民法典侵权编解释一》本条规定如此严格的责任，就是引导饲养危险动物的人认识到自己的社会责任和法律责任。凡是禁止饲养的危险动物造成损害的，均应严格按照无过错 | 责任；但是，能够证明损害是因被侵权人故意或者重大过失造成的，可以不承担或者减轻责任。<br><br>**第1250条 【第三人过错下的动物致害责任】**因第三人的过错致使动物造成他人损害的，被侵权人可以向动物饲养人或者管理人请求赔偿，也可以向第三人请求赔偿。动物饲养人或者管理人赔偿后，有权向第三人追偿。<br><br>案例指引：《徐某某诉刘某某饲养动物损害责任纠纷案——禁止饲养的大型犬致人损害，饲养人、管理人承担全部赔偿责任》【人民法院案例库入库案例，入库编号：2024-07-2-380-004】<br><br>案例要旨：禁止饲养的烈性犬、大型犬等危险动物造成他人损害，动物饲养人或者管理人以被侵权人、第三人存在故意或者重大过失为由，主张不承担责任或者减轻责任的，人民法院不予支持。 |

| 民法典侵权编解释一 | 关联规定与参考案例 |
|---|---|
| 责任原则的要求处理，即使受害人因故意或重大过失引起损害的，也不能免除或者减轻动物饲养人或管理人的赔偿责任。动物饲养人或管理人应当赔偿受害人因此造成的全部损失。如此，有利于督促动物饲养人或管理人严格遵守相关管理及安全规定，降低禁止饲养的动物给公民健康和人身安全带来的危险性，营造安全的居住环境，维护社会公共秩序。<br>当然，对个别案件也应根据具体案情处理，如符合《民法典》第1250条规定的，第三人仍应承担相应的侵权责任。 | |
| **第二十四条　【高空坠物侵权中建筑物管理人的责任承担】**物业服务企业等建筑物管理人未采取必要的安全保障措施防止从建筑物中抛掷物品或者从建筑物上坠落的物品造成他人损害，具体侵权人、物业服务企业等建筑物管理人作为共同被告的，人民法院应当依照民法典第一千一百九十八条第二款、第一千二百五十四条的规定，在判决中明确，未采取必要安全保障措施的物业服务企业等建筑物管理人在人民法院就具体侵权人的财产依法强制执行后仍不能履行的范围内，承担与其过错相应的补充责任。<br>**指引：**本条是关于高空坠物致损的责任承担的规定。现代城市高楼林立，建筑物上的抛掷物、坠落物致人损害的事件时有发生，对"头顶上的安全"构成重大威胁，被称为"悬在城市上空的痛"。 | 《民法典》<br>**第1198条　【安全保障义务人责任】**宾馆、商场、银行、车站、机场、体育场馆、娱乐场所等经营场所、公共场所的经营者、管理者或者群众性活动的组织者，未尽到安全保障义务，造成他人损害的，应当承担侵权责任。<br>因第三人的行为造成他人损害的，由第三人承担侵权责任；经营者、管理者或者组织者未尽到安全保障义务的，承担相应的补充责任。经营者、管理者或者组织者承担补充责任后，可以向第三人追偿。<br>**第1253条　【建筑物、构筑物或者其他设施及其搁置** |

| 民法典侵权编解释一 | 关联规定与参考案例 |
|---|---|
| 　　《民法典》在全面总结侵权责任法实践经验的基础上，第1254条对高空抛掷物、坠落物致害责任作出了详细规定。实践中，对相关条款的协调适用存在一些争议。较为突出的是，物业服务企业等建筑物管理人和可能加害的建筑物使用人的责任顺位、追偿问题。最高人民法院在总结"重庆烟灰缸案""济南菜板案"等审判经验的基础上，在本解释第24条、第25条作出相关规定，着力使民法典的法律规定在司法实务中落地落实。<br>　　根据《民法典》第1253条的规定可知，物件脱落、坠落损害责任采过错推定原则，被侵权人只需证明自己遭受的损害系因建筑物、构筑物或者其他设施或者其搁置物、悬挂物发生脱落、坠落所造成的即已完成初步举证责任，由所有人、管理人或者使用人对自己没有过错承担举证责任，否则应承担侵权责任。<br>　　就物业服务企业等建筑物管理人的义务而言，理应在预防和规制高空抛物、坠物行为方面发挥重要作用，这当然也属于其做好修缮、服务工作的职责所在。物业服务企业与业主签订物业服务合同，应当履行合同约定的义务，其中也包含一定的安全保障义务，应当采取必要的安全保障措施，未采取必要的安全保障措施的，应当依法承担未履行安全保障义务的侵权责任。《民法典》第1254条第2款亦对此作了明确：物业服务企业等 | 物、悬挂物脱落、坠落致害责任】建筑物、构筑物或者其他设施及其搁置物、悬挂物发生脱落、坠落造成他人损害，所有人、管理人或者使用人不能证明自己没有过错的，应当承担侵权责任。所有人、管理人或者使用人赔偿后，有其他责任人的，有权向其他责任人追偿。<br>　　**第1254条 【不明抛掷物、坠落物致害责任】**禁止从建筑物中抛掷物品。从建筑物中抛掷物品或者从建筑物上坠落的物品造成他人损害的，由侵权人依法承担侵权责任；经调查难以确定具体侵权人的，除能够证明自己不是侵权人的外，由可能加害的建筑物使用人给予补偿。可能加害的建筑物使用人补偿后，有权向侵权人追偿。<br>　　物业服务企业等建筑物管理人应当采取必要的安全保障措施防止前款规定情形的发生；未采取必要的安全保障措施的，应当依法承担未履行安全保障义务的侵权责任。<br>　　发生本条第一款规定的情形的，公安等机关应当依法及时调查，查清责任人。 |

| 民法典侵权编解释一 | 关联规定与参考案例 |
|---|---|
| 建筑物管理人应当采取必要的安全保障措施防止高空抛掷物、坠落物造成他人损害，违反该项义务应依法承担侵权责任。<br><br>在具体侵权人和违反安全保障义务的物业服务企业等建筑物管理人作为共同被告时，应如何界定和划分两个责任主体间的民事责任，《民法典》第1254条并未明确。本条对此予以明确，高空抛掷物、坠落物造成他人损害的行为由侵权人具体实施，具体侵权人是第一责任主体。被侵权人以具体侵权人和违反安全保障义务的物业服务企业等建筑物管理人为共同被告起诉时，首先判决具体侵权人承担责任，并在判决中明确，在人民法院就具体侵权人的财产依法强制执行后仍不能履行的范围内，未采取必要安全保障措施的物业服务企业等建筑物管理人再依照《民法典》第1198条第2款的规定，承担与其过错相应的补充责任。 | 《最高人民法院关于依法妥善审理高空抛物、坠物案件的意见》<br><br>10. 综合运用民事诉讼证据规则。人民法院在适用侵权责任法第八十七条裁判案件时，对能够证明自己不是侵权人的"可能加害的建筑物使用人"，依法予以免责。要加大依职权调查取证力度，积极主动向物业服务企业、周边群众、技术专家等询问查证，加强与公安部门、基层组织等沟通协调，充分运用日常生活经验法则，最大限度查找确定直接侵权人并依法判决其承担侵权责任。<br><br>12. 依法确定物业服务企业的责任。物业服务企业不履行或者不完全履行物业服务合同约定或者法律法规规定、相关行业规范确定的维修、养护、管理和维护义务，造成建筑物及其搁置物、悬挂物发生脱落、坠落致使他人损害的，人民法院依法判决其承担侵权责任。有其他责任人的，物业服务企业承担责任后，向其他责任人行使追偿权的，人民法院应予支持。物业服务企业隐 |

| 民法典侵权编解释一 | 关联规定与参考案例 |
|---|---|
| | 匿、销毁、篡改或者拒不向人民法院提供相应证据，导致案件事实难以认定的，应当承担相应的不利后果。<br>**案例指引**：《曹某与林某、物业公司高空抛物损害责任纠纷案裁判规则》【《人民法院报》2021年5月18日第3版】<br>　　案例要旨：在高空抛物致人损害责任纠纷中，物业公司作为小区建筑物管理人，未及时检查、排查小区公共区域窗户破损的情况，对放置于公共区域窗台上的窗户把手未及时清理，也未举证证明在事发前其有设置"禁止高空抛物"等安全警示标志，以尽到宣传和提醒义务，应认定其在安全管理方面存在疏漏，因此未尽安全保障义务的物业经营者应承担相应的补充责任。 |
| **第二十五条**　【**高空抛坠物具体侵权人难以确定时的责任承担和具体侵权人确定后的追偿**】物业服务企业等建筑物管理人未采取必要的安全保障措施防止从建筑物中抛掷物品或者从建筑物上坠落的物品造成他人损害，经公安等机关调查，在民事案件一审法庭辩论终结前仍难以确定具体侵权人的，未采取必要安全保障措施的物业服务企业等建 | 《**民法典**》<br>　　**第1198条**　【**安全保障义务人责任**】宾馆、商场、银行、车站、机场、体育场馆、娱乐场所等经营场所、公共场所的经营者、管理者或者群众性活动的组织者，未尽到安全保障义务，造成他人损害的，应当承担侵权责任。 |

| 民法典侵权编解释一 | 关联规定与参考案例 |
|---|---|
| 物管理人承担与其过错相应的责任。被侵权人其余部分的损害，由可能加害的建筑物使用人给予适当补偿。<br><br>具体侵权人确定后，已经承担责任的物业服务企业等建筑物管理人、可能加害的建筑物使用人向具体侵权人追偿的，人民法院依照民法典第一千一百九十八条第二款、第一千二百五十四条第一款的规定予以支持。<br><br>**指引**：本条承接前条，对高空抛坠物具体侵权人难以确定时，物业服务企业与可能加害的建筑物使用人的责任形态与顺位，以及确定具体侵权人后的追偿问题，作了明确规定。<br><br>前条明确，未采取必要安全保障措施的物业服务企业等建筑物管理人，需在人民法院就具体侵权人的财产依法强制执行后仍不能履行的范围内，承担与其过错相应的补充责任。但其适用的前提是，具体侵权人（即第三人）可以确定。<br><br>但实践中，在高空抛坠物造成他人损害的情形下，也存在经公安等机关调查，无法确定或者无法及时确定（如在民事案件一审法庭辩论终结前仍无法确定）具体侵权人的情况。在这种情况下，未采取必要安全保障措施的物业服务企业等建筑物管理人则不应也无法再承担补充责任。按照《民法典》第1254条第2款的规定，此时其作为建筑物管理人，未采取必要的安全保障措施的，应当依法 | 因第三人的行为造成他人损害的，由第三人承担侵权责任；经营者、管理者或者组织者未尽到安全保障义务的，承担相应的补充责任。经营者、管理者或者组织者承担补充责任后，可以向第三人追偿。<br><br>**第1253条　【建筑物、构筑物或者其他设施及其搁置物、悬挂物脱落、坠落致害责任】** 建筑物、构筑物或者其他设施及其搁置物、悬挂物发生脱落、坠落造成他人损害，所有人、管理人或者使用人不能证明自己没有过错的，应当承担侵权责任。所有人、管理人或者使用人赔偿后，有其他责任人的，有权向其他责任人追偿。<br><br>**第1254条　【不明抛掷物、坠落物致害责任】** 禁止从建筑物中抛掷物品。从建筑物中抛掷物品或者从建筑物上坠落的物品造成他人损害的，由侵权人依法承担侵权责任；经调查难以确定具体侵权人的，除能够证明自己不是侵权人的外，由可能加害的建筑物使用人给予补偿。可能加害的建筑物使用人补偿后，有权向侵权人追偿。<br><br>物业服务企业等建筑物管 |

| 民法典侵权编解释一 | 关联规定与参考案例 |
|---|---|
| 承担未履行安全保障义务的侵权责任。但这里的侵权责任具体如何承担，以及与可能加害的建筑物使用人责任的关系顺位如何，《民法典》则并未明确。<br><br>众所周知，物业服务企业等建筑物管理人在预防和规制高空抛物、坠物行为方面也能够发挥重要作用，也属于其加强管理、做好修缮等职责范围内的重要事项。正因如此，《最高人民法院关于依法妥善审理高空抛物、坠物案件的意见》第12条在总结当前审判经验的基础上，依法明确了物业服务企业在未尽到法定或者约定义务的情况下，依法承担相应的侵权责任。<br><br>在能确定具体侵权人的情况下，作为安全保障义务人的物业服务企业等建筑物管理人应承担相应的补充责任。但在具体侵权人难以确定的情况下，补充责任便没有适用的前提。为更好地保护受害人合法权益，本条规定，在具体侵权人难以确定的情况下，作为安全保障义务人的物业服务企业等建筑物管理人不再承担补充责任，而是承担与其过错相应的责任（直接责任）。既然为与其过错相应的责任，通常来看，并不会就被侵权人的全部损害进行赔偿。那被侵权人其余的损害呢？本条规定，由可能加害的建筑物使用人给予适当补偿。这是民法典公平原则的充分体现。当然，这里针对的是"可能加害"的建筑物使用人， | 理人应当采取必要的安全保障措施防止前款规定情形的发生；未采取必要的安全保障措施的，应当依法承担未履行安全保障义务的侵权责任。<br><br>发生本条第一款规定的情形的，公安等机关应当依法及时调查，查清责任人。<br><br>**《最高人民法院关于依法妥善审理高空抛物、坠物案件的意见》**<br><br>10. 综合运用民事诉讼证据规则。人民法院在适用侵权责任法第八十七条裁判案件时，对能够证明自己不是侵权人的"可能加害的建筑物使用人"，依法予以免责。要加大依职权调查取证力度，积极主动向物业服务企业、周边群众、技术专家等询问查证，加强与公安部门、基层组织等沟通协调，充分运用日常生活经验法则，最大限度查找确定直接侵权人并依法判决其承担侵权责任。<br><br>12. 依法确定物业服务企业的责任。物业服务企业不履行或者不完全履行物业服务合同约定或者法律法规规定、相关行业规范确定的维修、养护、管理和维护义务，造成建筑物及 |

| 民法典侵权编解释一 | 关联规定与参考案例 |
|---|---|
| 这就意味着，使用人能够证明自己不是侵权人的，可不进行补偿。<br><br>此外，前面提及的具体侵权人难以确定，并不意味着最终无法确定。实践中，并不排除物业服务企业等建筑物管理人、可能加害的建筑物使用人承担责任后，具体侵权人又被确定的情况。由于具体侵权人本应作为直接责任人对被侵权人承担责任。因此，当具体侵权人未及时确定时，已经承担责任的物业服务企业等建筑物管理人、可能加害的建筑物使用人，在具体侵权人确定后，当然有权向具体侵权人行使追偿权。 | 其搁置物、悬挂物发生脱落、坠落致使他人损害的，人民法院依法判决其承担侵权责任。有其他责任人的，物业服务企业承担责任后，向其他责任人行使追偿权的，人民法院应予支持。物业服务企业隐匿、销毁、篡改或者拒不向人民法院提供相应证据，导致案件事实难以认定的，应当承担相应的不利后果。<br><br>案例指引：《张某诉王某等不明抛掷物、坠落物损害责任纠纷案》【国家法官学院、中国人民大学法学院编：《中国审判案例要览（2013年商事审判案例卷）》，中国人民大学出版社2015年版，第28页】<br><br>案例要旨：本案属于高空抛物导致的侵权赔偿责任。高空抛物侵权行为，是指物品被人从高空抛下，造成他人人身或者财产损失。如果能够查明高空抛物者的确切身份，自然按照一般侵权行为来规范。而将高空抛物侵权行为独立出来是由于无法查明究竟何人实施了高空抛物的行为，无法确定真正的侵权人。从利益衡量的角度来说，对于从建筑物中抛掷 |

| 民法典侵权编解释一 | 关联规定与参考案例 |
|---|---|
|  | 物品或者从建筑物上坠落的物品造成他人损害，难以确定具体侵权人的，除能够证明自己不是侵权人的外，由可能加害的建筑物使用人给予补偿。这里的用语是"补偿"而不是"赔偿"，体现了这种侵权责任的特殊性。就责任主体规定为建筑物的使用人，并且是可能加害范围的使用人，而不是所有人或管理人。因此，本案在审理过程中，原告申请追加承租人为本案被告，撤销房屋出租人为本案被告。 |
| 第二十六条　【施行时间】本解释自2024年9月27日起施行。<br>本解释施行后，人民法院尚未审结的一审、二审案件适用本解释。本解释施行前已经终审，当事人申请再审或者按照审判监督程序决定再审的，适用当时的法律、司法解释规定。<br>指引：我国《民法典》已于2021年1月1日起正式施行。为适应《民法典》实施之后侵权责任体系与内容的变化，本解释根据《民法典》施行以来的实践需要，系统性地对《民法典》尤其《民法典》侵权责任编中需解释的问题作了明确。作为《民法典》的配套司法解释，整体来说，溯及力应当与《民法典》保持一致。但由于本解释与《民法典》施行 | 《民法典》<br>　　第1260条　【施行日期及旧法废止】本法自2021年1月1日起施行。《中华人民共和国婚姻法》、《中华人民共和国继承法》、《中华人民共和国民法通则》、《中华人民共和国收养法》、《中华人民共和国担保法》、《中华人民共和国合同法》、《中华人民共和国物权法》、《中华人民共和国侵权责任法》、《中华人民共和国民法总则》同时废止。<br>　　第1164条　【侵权责任编的调整范围】本编调整因侵害民事权益产生的民事关系。 |

| 民法典侵权编解释一 | 关联规定与参考案例 |
|---|---|
| 时间并不一致，对法律事实发生在民法典实施之后但在本解释施行之前的，由于本解释是对《民法典》侵权责任规定的进一步细化，适用本解释一般不会与《民法典》的规定产生矛盾。故针对此种情况，规定本解释施行后，人民法院尚未审结的一审、二审案件适用本解释。本解释施行前已经终审，当事人申请再审或者按照审判监督程序决定再审的，适用当时的法律、司法解释规定。 | |

# 下　编

# 民法典侵权责任编查学用指引

该部分包括三个维度的指引：

一是**对照指引**，即民法典侵权责任编条文与现行有效关联规定的对照指引；

二是**解读指引**，即对民法典侵权责任编条文内容作精练的解读提示指引；

三是**案例指引**，即基于典型案例及其核心裁判要旨而作的案例参考指引。

| 民法典侵权责任编[①] | 关联规定[②] |
| --- | --- |
| **第一章　一般规定** | |
| **第一千一百六十四条　【侵权责任编的调整范围】**本编调整因侵害民事权益产生的民事关系。<br>**指引：**民事权益包括民事权利、民事利益。民事权利具有法定性，如生命权、健康权、肖像权、所有权等，民事利益则是未被法律明确规定为权利但又需受法律保护的利益，如死者人格利益、商业秘密等。本条将民事权利、民事利益都纳入了侵权责任编保护范围。但需注意，债权可否由侵权责任编保护目前仍有争议。债务人侵害债权的，一般通过追究违约责任的方式进行救济，但在第 | 《妇女权益保障法》（2022年修正）<br>　　第20条　妇女的人格尊严不受侵犯。禁止用侮辱、诽谤等方式损害妇女的人格尊严。<br>　　第21条　妇女的生命权、身体权、健康权不受侵犯。禁止虐待、遗弃、残害、买卖以及其他侵害女性生命健康权益的行为。<br>　　禁止进行非医学需要的胎儿性别鉴定和选择性别的人工终止妊娠。<br>　　医疗机构施行生育手术、 |

---

[①] 此处为《中华人民共和国民法典》侵权责任编，以下不再标注。

[②] 为方便读者参阅，关联规定部分相关规范性文件的排序以与主题的关联性为序。该部分规范性文件大多为节录，以下不再标注。

| 民法典侵权责任编 | 关联规定 |
| --- | --- |
| 三人侵害债权的情况下，违约责任一般无法适用，此时能否通过侵权救济规则存在不同观点。<br><br>**案例指引 1**：《葛某某诉洪某某名誉权、荣誉权纠纷案》【最高人民法院第 99 号指导性案例】<br><br>案例要旨：1. 对侵害英雄烈士名誉、荣誉等行为，英雄烈士的近亲属依法向人民法院提起诉讼的，人民法院应予受理。2. 英雄烈士事迹和精神是中华民族的共同历史记忆和社会主义核心价值观的重要体现，英雄烈士的名誉、荣誉等受法律保护。人民法院审理侵害英雄烈士名誉、荣誉等案件，不仅要依法保护相关个人权益，还应发挥司法彰显公共价值功能，维护社会公共利益。3. 任何组织和个人以细节考据、观点争鸣等名义对英雄烈士的事迹和精神进行污蔑和贬损，属于歪曲、丑化、亵渎、否定英雄烈士事迹和精神的行为，应当依法承担法律责任。<br><br>**案例指引 2**：《百某新能源科技公司诉翔某新能源科技公司、三某科技股份有限公司、柳某、刘某迅、金某峰不正当竞争纠纷案——商业秘密合同债权的侵权救济及法律适用》【人民法院案例库入库案例，入库编号：2024-13-2-488-002】<br><br>案例要旨：当事人对他人依法应当交付但尚未交付的商业秘密拥有合同债权，第三人故意侵害该商业秘密合同债权，不 | 特殊检查或者特殊治疗时，应当征得妇女本人同意；在妇女与其家属或者关系人意见不一致时，应当尊重妇女本人意愿。<br><br>第 23 条　禁止违背妇女意愿，以言语、文字、图像、肢体行为等方式对其实施性骚扰。<br><br>受害妇女可以向有关单位和国家机关投诉。接到投诉的有关单位和国家机关应当及时处理，并书面告知处理结果。<br><br>受害妇女可以向公安机关报案，也可以向人民法院提起民事诉讼，依法请求行为人承担民事责任。<br><br>《未成年人保护法》（2024 年修正)<br><br>第 3 条　国家保障未成年人的生存权、发展权、受保护权、参与权等权利。<br><br>未成年人依法平等地享有各项权利，不因本人及其父母或者其他监护人的民族、种族、性别、户籍、职业、宗教信仰、教育程度、家庭状况、身心健康状况等受到歧视。<br><br>《网络安全法》<br><br>第 42 条　网络运营者不得泄露、篡改、毁损其收集的个人信息；未经被收集者同意， |

| 民法典侵权责任编 | 关联规定 |
| --- | --- |
| 当攫取债权人交易机会、破坏其竞争优势的，人民法院可以依据《反不正当竞争法》第2条的规定认定该行为构成不正当竞争行为。<br><br>**案例指引3：《吴某诉某信托公司财产损害赔偿纠纷案——信托公司在通道类业务中未尽审慎注意义务的责任承担》【人民法院案例库入库案例，入库编号：2023-08-2-043-003】**<br><br>案例要旨：通道类信托业务中，委托人和受托人之间的权利义务关系，应当依据信托文件的约定加以确定。信托公司在通道类信托业务中虽仅负责事务性管理，但仍应秉持审慎原则开展经营，并履行必要的注意义务。信托公司存在明知委托人借用其金融机构背景进行资金募集但未采取必要警示防控措施、对信托项目情况出具内容虚假的调查文件等行为，造成外部投资者损失的，应当根据其过错程度，承担相应的侵权损害赔偿责任。 | 不得向他人提供个人信息。但是，经过处理无法识别特定个人且不能复原的除外。<br><br>网络运营者应当采取技术措施和其他必要措施，确保其收集的个人信息安全，防止信息泄露、毁损、丢失。在发生或者可能发生个人信息泄露、毁损、丢失的情况时，应当立即采取补救措施，按照规定及时告知用户并向有关主管部门报告。<br><br>**《最高人民法院关于适用〈中华人民共和国民法典〉时间效力的若干规定》**<br><br>第24条 侵权行为发生在民法典施行前，但是损害后果出现在民法典施行后的民事纠纷案件，适用民法典的规定。<br><br>**《最高人民法院关于适用〈中华人民共和国民法典〉侵权责任编的解释（一）》**<br><br>第26条 本解释自2024年9月27日起施行。<br><br>本解释施行后，人民法院尚未审结的一审、二审案件适用本解释。本解释施行前已经终审，当事人申请再审或者按照审判监督程序决定再审的，适用当时的法律、司法解释规定。 |

| 民法典侵权责任编 | 关联规定 |
| --- | --- |
|  | 《最高人民法院关于确定民事侵权精神损害赔偿责任若干问题的解释》(2020年修正)<br>第1条　因人身权益或者具有人身意义的特定物受到侵害，自然人或者其近亲属向人民法院提起诉讼请求精神损害赔偿的，人民法院应当依法予以受理。<br>第2条　非法使被监护人脱离监护，导致亲子关系或者近亲属间的亲属关系遭受严重损害，监护人向人民法院起诉请求赔偿精神损害的，人民法院应当依法予以受理。<br>第3条　死者的姓名、肖像、名誉、荣誉、隐私、遗体、遗骨等受到侵害，其近亲属向人民法院提起诉讼请求精神损害赔偿的，人民法院应当依法予以支持。<br>第4条　法人或者非法人组织以名誉权、荣誉权、名称权遭受侵害为由，向人民法院起诉请求精神损害赔偿的，人民法院不予支持。 |
| 第一千一百六十五条　【过错责任原则与过错推定责任】行为人因过错侵害他人民事权益造成损害的，应当承担侵权责任。 | 《律师法》(2017年修正)<br>第54条　律师违法执业或者因过错给当事人造成损失的，由其所在的律师事务所承 |

| 民法典侵权责任编 | 关联规定 |
|---|---|
| **依照法律规定推定行为人有过错，其不能证明自己没有过错的，应当承担侵权责任。**<br><br>**指引**：过错责任原则是侵权责任中最基本、最主要的归责原则。一般而言，过错侵权责任需具备违法行为、损害事实、因果关系和主观过错四个要件。违法行为，是指行为人实施的行为在客观上违反法律规定或违背公序良俗而造成他人损害的行为。损害是一种事实状态，是指因一定的行为或事件使某人受侵权法保护的权利或利益遭受某种不利益的影响。因果关系较复杂，需由法官根据个案具体实际情况，依一般社会经验决定。主观过错，是指侵权人在实施侵权行为时对于损害后果的主观心理状态，包括故意和过失。过错推定原则调整的是部分特殊侵权行为，与过错责任原则的主要区别体现在举证责任方式的不同。<br><br>**案例指引1**：《柳某诉张某莲、某物业公司健康权纠纷案》【最高人民法院发布"人民法院贯彻实施民法典典型案例（第二批）"之十四①】<br><br>案例要旨：某物业公司作为小区物业服务人，应在同意张某莲放置游乐设施后承担日常维护、管理和安全防范等义务。 | 担赔偿责任。律师事务所赔偿后，可以向有故意或者重大过失行为的律师追偿。<br><br>《保险法》（2015年修正）<br><br>**第128条** 保险经纪人因过错给投保人、被保险人造成损失的，依法承担赔偿责任。<br><br>《公证法》（2017年修正）<br><br>**第43条** 公证机构及其公证员因过错给当事人、公证事项的利害关系人造成损失的，由公证机构承担相应的赔偿责任；公证机构赔偿后，可以向有故意或者重大过失的公证员追偿。<br><br>当事人、公证事项的利害关系人与公证机构因赔偿发生争议的，可以向人民法院提起民事诉讼。<br><br>《电子签名法》（2019年修正）<br><br>**第27条** 电子签名人知悉电子签名制作数据已经失密或者可能已经失密未及时告知有关各方、并终止使用电子签名制作数据，未向电子认证服务 |

---

① 载中华人民共和国最高人民法院网站，https：//www.court.gov.cn/zixun/xiangqing/386521.html，2024年10月1日访问。

| 民法典侵权责任编 | 关联规定 |
| --- | --- |
| 某物业公司未及时有效清理、未设置警示标志，存在过错，致使滑梯脚垫湿滑，是导致事故发生的主要原因。柳某作为成年公民，未能及时查明路况，对损害的发生亦存在一定过错，依法可适当减轻某物业公司的赔偿责任。一审法院判决某物业公司赔偿柳某因本案事故所受损失的80%，共计12万余元。<br>**案例指引2：**《某建筑安装公司与张某、张某山申请诉中财产保全损害赔偿责任纠纷案》【《最高人民法院公报》2018年第9期】<br>案例要旨：由于当事人的法律知识、对案件事实的举证证明能力、对法律关系的分析判断能力各不相同，通常达不到司法裁判所要求的专业水平，因此当事人对诉争事实和权利义务的判断未必与人民法院的裁判结果一致。对当事人申请保全所应尽到的注意义务的要求不应过于苛责。如果仅以保全申请人的诉讼请求是否得到支持作为申请保全是否错误的依据，必然会对善意当事人依法通过诉讼保全程序维护自己权利造成妨碍，影响诉讼保全制度功能的发挥。而且侵权行为以过错责任为原则，无过错责任必须要有法律依据，但无过错责任中并不包含申请保全错误损害赔偿责任。因此，申请保全错误，须以申请人主观存在过错为要件，不能仅以申请人的诉讼请求未得到支持为充分条件。 | 提供者提供真实、完整和准确的信息，或者有其他过错，给电子签名依赖方、电子认证服务提供者造成损失的，承担赔偿责任。<br>**第28条** 电子签名人或者电子签名依赖方因依据电子认证服务提供者提供的电子签名认证服务从事民事活动遭受损失，电子认证服务提供者不能证明自己无过错的，承担赔偿责任。<br>**《最高人民法院关于适用〈中华人民共和国民法典〉侵权责任编的解释（一）》**<br>**第1条** 非法使被监护人脱离监护，监护人请求赔偿为恢复监护状态而支出的合理费用等财产损失的，人民法院应予支持。<br>**第18条** 承揽人在完成工作过程中造成第三人损害的，人民法院依照民法典第一千一百六十五条的规定认定承揽人的民事责任。<br>被侵权人合并请求定作人和承揽人承担侵权责任的，依照民法典第一千一百六十五条、第一千一百九十三条的规定，造成损害的承揽人承担侵 |

| 民法典侵权责任编 | 关联规定 |
| --- | --- |
| 案例指引3：《林某某诉某公交公司生命权、身体权、健康权纠纷案——乘客违反乘车规则受到损害，公交公司无过错的，不承担侵权责任》【人民法院案例库入库案例，入库编号：2024-07-2-001-003】<br><br>案例要旨：树立文明出行意识，是构建安全畅通、文明和谐交通环境的重要条件。在乘客违反乘车规则的情况下，公交公司若无过错，不应对乘客受到的损害承担侵权责任，而应由乘客对其违规行为自行担责。人民法院对违反上下客乘车规则的行为予以否定性评价，有利于发挥司法裁判的指引效果，引导公众自觉遵守交通规则，有效维护社会公共交通文明出行秩序。<br><br>案例指引4：《王某甲诉某老年公寓生命权纠纷案——老年人突发疾病，养老机构尽到救助义务的，不承担责任》【人民法院案例库入库案例，入库编号：2024-07-7-001-001】<br><br>案例要旨：在入住老人突发疾病的情况下，如果养老机构尽到了及时救助的义务，行为符合养老服务合同的约定，则养老机构不需要承担赔偿责任。<br><br>案例指引5：《王某诉某养老院生命权纠纷案——养老机构与第三人构成共同侵权，应承担连带责任》【人民法院案例库入库案例，入库编号：2024-07-7-001-002】 | 权人应承担的全部责任；定作人在定作、指示或者选任过错范围内与承揽人共同承担责任，但责任主体实际支付的赔偿费用总和不应超出被侵权人应受偿的损失数额。<br><br>定作人先行支付赔偿费用后，就超过自己相应责任的部分向承揽人追偿的，人民法院应予支持，但双方另有约定的除外。<br><br>**《最高人民法院关于审理旅游纠纷案件适用法律若干问题的规定》（2020年修正）**<br><br>**第8条** 旅游经营者、旅游辅助服务者对可能危及旅游者人身、财产安全的旅游项目未履行告知、警示义务，造成旅游者人身损害、财产损失，旅游者请求旅游经营者、旅游辅助服务者承担责任的，人民法院应予支持。<br><br>旅游者未按旅游经营者、旅游辅助服务者的要求提供与旅游活动相关的个人健康信息并履行如实告知义务，或者不听从旅游经营者、旅游辅助服务者的告知、警示，参加不适合自身条件的旅游活动，导致旅游过程中出现人身损害、财 |

| 民法典侵权责任编 | 关联规定 |
| --- | --- |
| 案例要旨：养老院作为专业的养老机构，对于入住的老人具有安全保护义务。对于存在安全隐患的设施设备，应积极采取措施进行防范、提示，并要求进行整改，不能采取漠视、放任的态度，否则因此导致入住老人遭受人身损害的，应承担相应的责任。养老机构及其经营者应提高安全防护意识，加强对安全隐患的整改，这既是经营者对自身的保护，更是社会责任的体现。<br><br>**案例指引 6**：《田某诉杨某生命权、健康权、身体权纠纷案——电梯内劝阻他人吸烟无过错，与吸烟人因心脏病突发死亡不存在法律上的因果关系，劝烟者不承担责任》【人民法院案例库入库案例，入库编号：2023-07-2-001-001】<br><br>案例要旨：1. 公民对他人在电梯间吸烟予以劝阻的行为是履行公民权利的正当行为，劝烟行为本身不会造成吸烟人死亡的后果，劝阻他人吸烟的公民不存在过错，与吸烟人因心脏病突发死亡的后果之间不存在法律上的因果关系，不应承担侵权责任。2.《侵权责任法》第24条①的适用前提是行为与损害结果之间有法律上的因果关系，且受害人和行为人对损害的发生都没有过错。劝阻他人吸烟的行为与吸烟人因心脏病突发死亡的后果之间不存在法律上的因果关系， | 产损失，旅游者请求旅游经营者、旅游辅助服务者承担责任的，人民法院不予支持。<br><br>第 17 条　旅游者在自行安排活动期间遭受人身损害、财产损失，旅游经营者未尽到必要的提示义务、救助义务，旅游者请求旅游经营者承担相应责任的，人民法院应予支持。<br><br>前款规定的自行安排活动期间，包括旅游经营者安排的在旅游行程中独立的自由活动期间、旅游者不参加旅游行程的活动期间以及旅游者经导游或者领队同意暂时离队的个人活动期间等。<br><br>**《最高人民法院关于审理涉及会计师事务所在审计业务活动中民事侵权赔偿案件的若干规定》**<br><br>第 4 条　会计师事务所因在审计业务活动中对外出具不实报告给利害关系人造成损失的，应当承担侵权赔偿责任，但其能够证明自己没有过错的除外。<br><br>会计师事务所在证明自己没有过错时，可以向人民法院提 |

---

① 注：对应《民法典》第一千一百八十六条，条文内容有修改。

| 民法典侵权责任编 | 关联规定 |
|---|---|
| 不具备适用《侵权责任法》第24条的基础。3.公民对吸烟人在电梯内吸烟予以劝阻合法正当，是自觉维护社会公共秩序和公共利益的行为，一审判决劝烟人分担损失，让正当行使劝阻吸烟权利的公民承担补偿责任，将会挫伤公民依法维护社会公共利益的积极性，既是对社会公共利益的损害，也与民法的立法宗旨相悖，不利于促进社会文明，不利于引导公众共同创造良好的公共环境。此种情况下，虽然一审被告未提出上诉，但基于一审判决适用法律错误，损害社会公共利益，二审依法应予改判驳回原告的诉讼请求。<br>**案例指引7：**《周某诉上海某有限公司生命权、健康权、身体权纠纷案——消费者体验VR游戏遭受人身损害时侵权责任的认定》【人民法院案例库入库案例，入库编号：2023-07-2-001-002】<br>案例要旨：身处VR环境中，玩家身体和意识的原有连接被打破，导致玩家大脑对身体的控制受到较大影响，较其在现实世界中玩游戏更加容易遭受人身损害。因此，经营者负有以积极行为防免危险、保护玩家人身安全的义务，即经营者应当事先询问玩家的身体状况，并告知其体验时的具体注意事项；当玩家体验时，经营者应当在现场派员工全程保护；经营者应当确保体验区域满足地面平整、可视可控、硬物软包等硬件安全要求。否则，经营者对消费者的人身损害存在过错，应当承担不作为侵权责任。 | 交与该案件相关的执业准则、规则以及审计工作底稿等。<br>**第7条** 会计师事务所能够证明存在以下情形之一的，不承担民事赔偿责任：<br>（一）已经遵守执业准则、规则确定的工作程序并保持必要的职业谨慎，但仍未能发现被审计的会计资料错误；<br>（二）审计业务所必须依赖的金融机构等单位提供虚假或者不实的证明文件，会计师事务所在保持必要的职业谨慎下仍未能发现其虚假或不实；<br>（三）已对被审计单位的舞弊迹象提出警告并在审计业务报告中予以指明；<br>（四）已经遵照验资程序进行审核并出具报告，但被验资单位在注册登记后抽逃资金；<br>（五）为登记时未出资或者未足额出资的出资人出具不实报告，但出资人在登记后已补足出资。 |

| 民法典侵权责任编 | 关联规定 |
| --- | --- |
| **案例指引 8**：《王某某诉段某某因申请财产保全损害责任纠纷案——民事诉讼财产保全损害赔偿责任的认定》【人民法院案例库入库案例，入库编号：2023-16-2-392-001】<br>案例要旨：在侵权责任法中，民事诉讼财产保全申请错误的侵权行为属于一般侵权行为，该侵权责任应适用过错责任原则。判断行为人应否承担财产保全申请错误损害赔偿责任时，应以侵权责任法规定的一般侵权行为的构成要件为准，综合考虑多种因素。行为人基于其已掌握的事实和证据提出诉讼请求并尽到一个普通人的合理注意义务后，即使法院最终判决没有支持其全部诉讼请求，也不能认定行为人的财产保全申请错误，不能要求行为人承担财产保全损害赔偿责任。<br>**案例指引 9**：《三亚某开发有限公司诉海南某房地产投资顾问有限公司申请财产保全损害责任纠纷案——申请保全系为了确保仲裁利益得到实现且保全行为适当的，不属于保全申请有错误》【人民法院案例库入库案例，入库编号：2023-16-2-392-002】<br>案例要旨：1. 保全申请有错误的，申请人应当赔偿被申请人因保全所遭受的损失。申请人申请保全系为了确保仲裁利益得到实现且保全行为适当的，不属于保全申请有错误。2. 被申请人未举证证明申请人申请保全错误并造成其损失的，应承担举证不能的后果。 | |

| 民法典侵权责任编 | 关联规定 |
| --- | --- |
| 第一千一百六十六条 【无过错责任】行为人造成他人民事权益损害，不论行为人有无过错，法律规定应当承担侵权责任的，依照其规定。<br><br>指引：无过错责任是指行为人的行为、其管理的人或者物损害了他人的民事权益，具备了法律规定的要件，不论行为人是否有过错，都要承担侵权责任的归责原则。无过错责任原则构成要件有三：一是违法行为；二是损害事实；三是违法行为与损害事实之间具有因果关系。适用无过错责任原则的侵权行为，只是强调无须以加害人有过错为要件，但并非绝对不考虑受害人过错。若受害人对损害的发生也有过错，则应根据具体情况减轻，甚至免除行为人的侵权责任。无过错责任原则的适用，必须以法律有具体规定为前提，只有法律明文规定的侵权行为类型方可适用无过错责任原则，主要包括产品责任、环境污染和生态破坏责任、高度危险责任、饲养动物损害责任。<br><br>案例指引：《安徽某种业股份有限公司与某汽车电器修理部侵害植物新品种权纠纷案》【最高人民法院发布2019年中国法院50件典型知识产权案例①】<br><br>案例要旨：植物新品种权调整的是授权品种繁殖材料的生产经营行为，认定某一行为是否侵犯他人享有的植物新品种权，不仅要看涉案繁殖材料是否与该 | 《民法典》<br>第1202条　因产品存在缺陷造成他人损害的，生产者应当承担侵权责任。<br><br>第1229条　因污染环境、破坏生态造成他人损害的，侵权人应当承担侵权责任。<br><br>第1236条　从事高度危险作业造成他人损害的，应当承担侵权责任。<br><br>第1245条　饲养的动物造成他人损害的，动物饲养人或者管理人应当承担侵权责任；但是，能够证明损害是因被侵权人故意或者重大过失造成的，可以不承担或者减轻责任。<br><br>《产品质量法》（2018年修正）<br>第41条　因产品存在缺陷造成人身、缺陷产品以外的其他财产（以下简称他人财产）损害的，生产者应当承担赔偿责任。<br><br>生产者能够证明有下列情形之一的，不承担赔偿责任：<br>（一）未将产品投入流通的；<br>（二）产品投入流通时，引 |

---

① 载中华人民共和国最高人民法院网站，https://www.court.gov.cn/zixun/xiangqing/226511.html，2024年10月1日访问。

| 民法典侵权责任编 | 关联规定 |
| --- | --- |
| 授权品种的特征、特性相同或者特征、特性的不同是因非遗传变异所致的，更要看生产经营繁殖材料的行为是否是经品种权人的许可而实施的。超出品种权人的许可范围及法律规定而实施的繁殖材料生产经营行为，均属于侵犯品种权人植物新品种权的行为。 | 起损害的缺陷尚不存在的；<br>（三）将产品投入流通时的科学技术水平尚不能发现缺陷的存在的。 |
| **第一千一百六十七条　【危及他人人身、财产安全的责任承担方式】**侵权行为危及他人人身、财产安全的，被侵权人有权请求侵权人承担停止侵害、排除妨碍、消除危险等侵权责任。<br>**指引**：随着经济社会的发展进步，侵权责任承担方式也不断丰富发展：责任承担方式不断向多元化、向更加注重预防型侵权责任发生的方向、向更加强调惩罚性赔偿责任的方向发展。适用停止侵害，以侵权行为或者其他违法行为正在进行或仍在延续中为条件；适用排除妨碍以妨碍不法性为条件，如果妨碍行为是正当行使权利，则行为人可以拒绝受害人的请求；适用消除危险以有危险状态存在为前提。<br>案例指引1：《某公司诉钟某排除妨害纠纷案——业主违法阻挠加装电梯施工应当依法承担赔偿责任》【人民法院案例库入库案例，入库编号：2024-07-2-039-002】<br>案例要旨：老旧小区加装电梯易引发邻里间矛盾，双方应本着和谐、友善的 | 《著作权法》（2020年修正）<br>第56条　著作权人或者与著作权有关的权利人有证据证明他人正在实施或者即将实施侵犯其权利、妨碍其实现权利的行为，如不及时制止将会使其合法权益受到难以弥补的损害的，可以在起诉前依法向人民法院申请采取财产保全、责令作出一定行为或者禁止作出一定行为等措施。<br>《专利法》（2020年修正）<br>第72条　专利权人或利害关系人有证据证明他人正在实施或者即将实施侵犯专利权、妨碍其实现权利的行为，如不及时制止将会使其合法权益受到难以弥补的损害的，可以在起诉前依法向人民法院申请采取财产保全、责令作出一定行为或者禁止作出一定行为的措施。 |

| 民法典侵权责任编 | 关联规定 |
| --- | --- |
| 原则相互沟通和协商。在加装电梯方案设计过程中，高低楼层业主可在充分协商后确定方案，尽可能从技术上减少或避免对低层业主的影响。在加装电梯方案的公示审批过程中，低层业主应当合理行使自己的异议权，在法定的批前公示时间内向相关行政部门提出主张，从而实质性解决加装电梯方案争议。在加装电梯方案无法从技术手段上避免影响且获得行政许可的情况下，低楼层业主应当通过协商补偿或者诉讼等方式合理主张权利。法院判决对低楼层业主擅自采取各种行为粗暴阻挠电梯施工作出否定性评价，倡导低楼层业主应采取合法合理的方式维护自身权利，而不是粗暴干涉甚至以置自己于危险境地的手段阻挠施工，对于构建和谐共处、团结互助的邻里关系具有积极引导意义。<br>案例指引 2：《周某诉江苏省某公路管理处环境污染责任纠纷案——道路管理者应对道路噪声污染承担侵权责任的判定》【人民法院案例库入库案例，入库编号：2024-11-2-377-005】<br>案例要旨：1. 道路噪声污染具有集中性、持续性等特征，对道路两侧居住者生活环境影响较大。此类案件的审理，应当综合道路噪声是否超过国家规定的环境噪声排放标准、危害的公共性、正常人所能忍受的必要限度等因素综合分析判断。道路的管理者，对在道路运营过程 | 《商标法》（2019 年修正）<br>第 65 条　商标注册人或者利害关系人有证据证明他人正在实施或者即将实施侵犯其注册商标专用权的行为，如不及时制止将会使其合法权益受到难以弥补的损害的，可以依法在起诉前向人民法院申请采取责令停止有关行为和财产保全的措施。<br>第 66 条　为制止侵权行为，在证据可能灭失或者以后难以取得的情况下，商标注册人或者利害关系人可以依法在起诉前向人民法院申请保全证据。<br>《民事诉讼法》（2023 年修正）<br>第 103 条　人民法院对于可能因当事人一方的行为或者其他原因，使判决难以执行或者造成当事人其他损害的案件，根据对方当事人的申请，可以裁定对其财产进行保全、责令其作出一定行为或者禁止其作出一定行为；当事人没有提出申请的，人民法院在必要时也可以裁定采取保全措施。<br>人民法院采取保全措施，可以责令申请人提供担保，申请人不提供担保的，裁定驳回申请 |

| 民法典侵权责任编 | 关联规定 |
|---|---|
| 中产生的噪声超标等问题，应当采取积极措施予以解决。2. 噪声污染会让人产生精神痛苦，此点已为公众所普遍认可，且具有科学的理论基础。因此，噪声明显超标构成污染的，虽受害人未出现明显的损害后果，也应当认定损害已经发生。在此基础上，根据一般日常经验法则，综合考量当地居民收入情况、房屋距离等因素，酌定一定数额的损害赔偿金具有正当性和合理性。 | 人民法院接受申请后，对情况紧急的，必须在四十八小时内作出裁定；裁定采取保全措施的，应当立即开始执行。 |
| **第一千一百六十八条　【共同侵权】** 二人以上共同实施侵权行为，造成他人损害的，应当承担连带责任。<br><br>**指引：** 共同侵权，是指数人共同不法侵害他人权益造成损害的行为。共同侵权行为构成要件如下：1. 侵权主体的复数性，即必须为两个以上的主体，可以是自然人，也可以是法人。2. 共同实施侵权行为。所谓"共同"包括共同故意实施、共同过失实施、数个行为相结合而实施。3. 侵权行为与损害后果间具有因果关系。4. 受害人具有损害，且损害具有不可分割性。司法实践中，要注意与民事诉讼中确定共同被告特别是追加被告的规则衔接问题，人民法院追加共同诉讼的当事人时，应当通知其他当事人。应当追加的原告，已明确表示放弃实体权利的，可不予追加。既不愿意参加诉讼，又不放弃实体权利的，仍应追加为共同原告，其不参加诉讼，不影响人民法院对案件的审理和依法作出判决。 | **《最高人民法院关于审理劳动争议案件适用法律问题的解释（一）》**<br>**第27条**　用人单位招用尚未解除劳动合同的劳动者，原用人单位与劳动者发生的劳动争议，可以列新的用人单位为第三人。<br>原用人单位以新的用人单位侵权为由提起诉讼的，可以列劳动者为第三人。<br>原用人单位以新的用人单位和劳动者共同侵权为由提起诉讼的，新的用人单位和劳动者列为共同被告。<br>**《最高人民法院关于审理旅游纠纷案件适用法律若干问题的规定》**（2020年修正）<br>**第14条**　旅游经营者准许他人挂靠其名下从事旅游业 |

| 民法典侵权责任编 | 关联规定 |
|---|---|
| **案例指引 1：**《湖南省益阳市人民检察院诉夏某安等 15 人生态破坏民事公益诉讼案》【最高人民法院第 176 号指导性案例】<br><br>案例要旨：夏某安等 15 人的非法采砂生态破坏行为，导致了洞庭湖生态系统的损害，具体包括丰富的鱼类、虾蟹类和螺蚌等软体动物生物资源的损失，并严重威胁洞庭湖河床的稳定性及防洪安全，破坏水生生物资源繁衍生存环境。为确保生态环境损害数额认定的科学性、全面性和合理性，人民法院委托具备资格的机构进行司法鉴定，通过对生态环境损害鉴定意见的司法审查，合理确定生态破坏行为所导致生态环境损害的赔偿数额。被告虽主张公共利益受损与其无关联，但本案各被告当庭陈述均认可实施了采砂行为，根据另案生效判决认定的事实及审理查明的事实，各被告实施的采砂行为非法，且鉴定意见书明确了采砂行为造成生态环境受损，故认定被告的采砂行为破坏了生态环境资源。各被告未提交反驳证据推翻案涉鉴定意见，经审查，对鉴定意见载明的各项损失及修复费用予以确认。夏某安等 15 人在各自参与非法采砂数量范围内构成共同侵权，应在各自参与非法采砂数量范围内承担连带赔偿生态环境修复费用的民事责任。 | 务，造成旅游者人身损害、财产损失，旅游者依据民法典第一千一百六十八条的规定请求旅游经营者与挂靠人承担连带责任的，人民法院应予支持。<br><br>**《最高人民法院关于审理侵害信息网络传播权民事纠纷案件适用法律若干问题的规定》（2020 年修正）**<br><br>第 4 条 有证据证明网络服务提供者与他人以分工合作等方式共同提供作品、表演、录音录像制品，构成共同侵权行为的，人民法院应当判令其承担连带责任。网络服务提供者能够证明其仅提供自动接入、自动传输、信息存储空间、搜索、链接、文件分享技术等网络服务，主张其不构成共同侵权行为的，人民法院应予支持。<br><br>**《最高人民法院关于审理生态环境侵权责任纠纷案件适用法律若干问题的解释》**<br><br>第 14 条 存在下列情形之一的，排污单位与第三方治理机构应当根据民法典第一千一百六十八条的规定承担连带责任： |

| 民法典侵权责任编 | 关联规定 |
| --- | --- |
| **案例指引 2**：《上海某餐饮公司诉上海某管理公司、某投资公司、王某仿冒纠纷案——公司负责人与公司构成共同侵权的认定》【人民法院案例库入库案例，入库编号：2024-09-2-173-001】<br><br>案例要旨：法人的法定代表人或者实际控制人明知法人实施的行为是侵权行为，且该法定代表人或者主要负责人自身积极参与侵权行为的实施，则该侵权行为既体现了法人的意志又体现了其法定代表人或者主要负责人的意志，可以认定该法定代表人或者主要负责人与法人共同实施了侵权行为，应依法承担共同侵权责任。 | （一）第三方治理机构按照排污单位的指示，违反污染防治相关规定排放污染物的；<br>（二）排污单位将明显存在缺陷的环保设施交由第三方治理机构运营，第三方治理机构利用该设施违反污染防治相关规定排放污染物的；<br>（三）排污单位以明显不合理的价格将污染物交由第三方治理机构处置，第三方治理机构违反污染防治相关规定排放污染物的。<br>（四）其他应当承担连带责任的情形。<br>**《最高人民法院关于审理使用人脸识别技术处理个人信息相关民事案件适用法律若干问题的规定》**<br>**第 7 条第 1 款**　多个信息处理者处理人脸信息侵害自然人人格权益，该自然人主张多个信息处理者按照过错程度和造成损害结果的大小承担侵权责任的，人民法院依法予以支持；符合民法典第一千一百六十八条、第一千一百六十九条第一款、第一千一百七十条、第一千一百七十一条等规定的相应情形，该自然人主张多个信息处理者承担连带责任的，人民法院依法予以支持。 |

| 民法典侵权责任编 | 关联规定 |
| --- | --- |
|  | 《最高人民法院关于审理网络消费纠纷案件适用法律若干问题的规定（一）》<br>第17条 直播间运营者知道或者应当知道经营者提供的商品不符合保障人身、财产安全的要求，或者有其他侵害消费者合法权益行为，仍为其推广，给消费者造成损害，消费者依据民法典第一千一百六十八条等规定主张直播间运营者与提供该商品的经营者承担连带责任的，人民法院应予支持。 |
| **第一千一百六十九条** 【教唆侵权、帮助侵权】教唆、帮助他人实施侵权行为的，应当与行为人承担连带责任。<br>　　教唆、帮助无民事行为能力人、限制民事行为能力人实施侵权行为的，应当承担侵权责任；该无民事行为能力人、限制民事行为能力人的监护人未尽到监护职责的，应当承担相应的责任。<br>　　**指引：** 教唆行为，是指通过言语对他人进行开导、说服或通过刺激、利诱等，促使被教唆人接受教唆人意图，进而实施某种加害行为；帮助行为，是指通过指示目标、提供工具或以言语激励等方式，从物质或精神上帮助实施加害行为。教唆行为人、帮助行为人与直接行为人的行为构成了整个共同侵权行为中不可分割的部分，以承担连带责任为原则。 | 《最高人民法院关于适用〈中华人民共和国民法典〉侵权责任编的解释（一）》<br>第11条 教唆、帮助无民事行为能力人、限制民事行为能力人实施侵权行为，教唆人、帮助人以其不知道且不应当知道行为人为无民事行为能力人、限制民事行为能力人为由，主张不承担侵权责任或者与行为人的监护人承担连带责任的，人民法院不予支持。<br>　　第12条 教唆、帮助无民事行为能力人、限制民事行为能力人实施侵权行为，被侵权人合并请求教唆人、帮助人以及监护人承担侵权责任的， |

| 民法典侵权责任编 | 关联规定 |
| --- | --- |
| 《民法典侵权编解释一》对教唆、帮助未成年人侵权的行为持严格否定立场，明确教唆人、帮助人承担责任不以明知被教唆人、被帮助人为无民事行为能力人、限制民事行为能力人为前提。需注意，本条第 1 款规定的教唆、帮助他人侵权中的连带责任，应限定在完全民事行为能力人范围内。若被教唆人或被帮助人为无民事行为能力人或限制民事行为能力人，按本条第 2 款以及《民法典侵权编解释一》第 12 条的规定，由教唆人、帮助人承担全部责任，未尽到监护职责的监护人在未尽到监护职责的范围内与教唆人、帮助人共同承担责任。<br>**案例指引 1：**《某黄金珠宝股份有限公司与田某民、某百货大楼（集团）有限责任公司侵害商标权及不正当竞争纠纷案》【最高人民法院发布 2021 年中国法院 50 件典型知识产权案例①】<br>**案例要旨：**对于注册商标与企业名称、字号之间的冲突，应当区分不同情况，按照诚实信用、保护在先权利、维护公平竞争和避免混淆等原则，依法处理。如果注册使用企业名称的行为本身缺乏正当性，不正当地将他人具有较高知名度的在先注册商标作为字号注册登记为企业名称，即使规范使用仍容易产生市场混淆的，可以按照不正当竞争行为处理。百货大楼方在经营者入场经营时 | 依照民法典第一千一百六十九条第二款的规定，教唆人、帮助人承担侵权人应承担的全部责任；监护人在未尽到监护职责的范围内与教唆人、帮助人共同承担责任，但责任主体实际支付的赔偿费用总和不应超出被侵权人应受偿的损失数额。<br>　　监护人先行支付赔偿费用后，就超过自己相应责任的部分向教唆人、帮助人追偿的，人民法院应予支持。<br>　　**第 13 条**　教唆、帮助无民事行为能力人、限制民事行为能力人实施侵权行为，被侵权人合并请求教唆人、帮助人与监护人以及受托履行监护职责的人承担侵权责任的，依照本解释第十条、第十二条的规定认定民事责任。<br>　　**《最高人民法院关于适用〈中华人民共和国反不正当竞争法〉若干问题的解释》**<br>　　**第 15 条**　故意为他人实施混淆行为提供仓储、运输、邮寄、印制、隐匿、经营场所等便利条件，当事人请求依据民法典第一千一百六十九条第一款予以认定的，人民法院应予支持。 |

---

① 载中华人民共和国最高人民法院网站，https：//www.court.gov.cn/zixun/xiangqing/355881.html，2024 年 10 月 1 日访问。

| 民法典侵权责任编 | 关联规定 |
| --- | --- |
| 未严格审查其经营资质和商标授权，涉诉后亦未要求其停止侵权，具有间接帮助田某民实施侵权行为的故意，应承担连带侵权责任。<br>**案例指引 2**：《某绿色发展基金会诉某网络有限公司、某环保有限公司大气污染责任纠纷案》【乾建军、夏祖银：《人民司法·案例》2021 年第 23 期】<br>案例要旨：网店售卖"年检神器"帮助尾气不合格的车辆规避年度检测，构成以弄虚作假的方式教唆或协助机动车车主实施大气污染行为，应当与环境侵权行为实施人机动车车主承担连带侵权责任。原告有权请求部分连带责任人承担全部赔偿责任；网络平台服务提供者未违反"通知—删除"义务或者不具有显而易见违法情形的，可排除网络平台服务提供者连带责任的适用。网络有限公司对于卖家在其平台销售的类似本案本身不属于禁售品，但产品可能用于违法目的的行为，应建立行之有效的检索及监管制度，有效履行网络运营服务商的法定职责，加强网络平台信息管理，为守护好蓝天碧水肩负起更多的社会责任。 | 《最高人民法院关于审理侵害信息网络传播权民事纠纷案件适用法律若干问题的规定》(2020 年修正)<br>第 7 条 网络服务提供者在提供网络服务时教唆或者帮助网络用户实施侵害信息网络传播权行为的，人民法院应当判令其承担侵权责任。<br>网络服务提供者以言语、推介技术支持、奖励积分等方式诱导、鼓励网络用户实施侵害信息网络传播权行为的，人民法院应当认定其构成教唆侵权行为。<br>网络服务提供者明知或者应知网络用户利用网络服务侵害信息网络传播权，未采取删除、屏蔽、断开链接等必要措施，或者提供技术支持等帮助行为的，人民法院应当认定其构成帮助侵权行为。<br>《最高人民法院关于审理侵犯专利权纠纷案件应用法律若干问题的解释（二）》(2020 年修正)<br>第 21 条 明知有关产品系专门用于实施专利的材料、设备、零部件、中间物等，未经专利权人许可，为生产经营 |

| 民法典侵权责任编 | 关联规定 |
| --- | --- |
|  | 目的将该产品提供给他人实施了侵犯专利权的行为，权利人主张该提供者的行为属于民法典第一千一百六十九条规定的帮助他人实施侵权行为的，人民法院应予支持。<br>　　明知有关产品、方法被授予专利权，未经专利权人许可，为生产经营目的积极诱导他人实施了侵犯专利权的行为，权利人主张该诱导者的行为属于民法典第一千一百六十九条规定的教唆他人实施侵权行为的，人民法院应予支持。<br>**《最高人民法院关于审理侵害植物新品种权纠纷案件具体应用法律问题的若干规定（二）》**<br>　　**第8条**　被诉侵权人知道或者应当知道他人实施侵害品种权的行为，仍然提供收购、存储、运输、以繁殖为目的的加工处理等服务或者提供相关证明材料等条件的，人民法院可以依据民法典第一千一百六十九条的规定认定为帮助他人实施侵权行为。<br>**《最高人民法院关于审理生态环境侵权责任纠纷案件适用法律若干问题的解释》**<br>　　**第10条**　为侵权人污染环 |

| 民法典侵权责任编 | 关联规定 |
| --- | --- |
|  | 境、破坏生态提供场地或者储存、运输等帮助，被侵权人根据民法典第一千一百六十九条的规定请求行为人与侵权人承担连带责任的，人民法院应予支持。 |
| **第一千一百七十条　【共同危险行为】** 二人以上实施危及他人人身、财产安全的行为，其中一人或者数人的行为造成他人损害，能够确定具体侵权人的，由侵权人承担责任；不能确定具体侵权人的，行为人承担连带责任。<br>**指引**：共同危险行为，是指没有意思联络的二人以上实施了危及他人人身、财产安全的行为。他人的合法权益受到损害后，若能确认具体侵权人，则由侵权人承担责任；若不能查明具体侵权人，法律为保护被侵权人的利益，规定数个行为人承担连带责任。<br>案例指引1：《张某诉北京某公司、四川某公司等生命权、身体权、健康权纠纷案——丧失行政救济的工伤受害人有权向共同危险行为中的部分侵权人主张全部民事赔偿》【人民法院案例库入库案例，入库编号：2023-16-2-001-001】<br>案例要旨：由于民法和劳动法从人身损害和社会保险的角度对工伤事故加以规范，从而使工伤事故具有民事侵权赔偿和社会保险赔偿双重性质。基于此，工伤的劳动者就存在两个请求权：一个是基于工伤保险关系而享有的工伤保险待遇请求权；另一个是基于人身损害而享有 | 《最高人民法院关于审理道路交通事故损害赔偿案件适用法律若干问题的解释》（2020年修正）<br>第10条　多辆机动车发生交通事故造成第三人损害，当事人请求多个侵权人承担赔偿责任的，人民法院应当区分不同情况，依照民法典第一千一百七十条、第一千一百七十一条、第一千一百七十二条的规定，确定侵权人承担连带责任或者按份责任。<br>《最高人民法院关于充分发挥审判职能作用切实维护公共安全的若干意见》<br>8.依法妥善审理与重大责任事故有关的赔偿案件。对当事人因重大责任事故遭受人身、财产损失而提起诉讼要求赔偿的，应当依法及时受理，保障当事人诉权。对两人以上实施危及他人人身、财产安全的行为，其中一人或者数人的行为造成他人损害，能够确定具体责任人的，由责任人承担 |

| 民法典侵权责任编 | 关联规定 |
| --- | --- |
| 的民事侵权损害赔偿请求权。二者不具有相互排斥性，生命健康权属于法律优先保护的法益，具有一定的优先性，在失去行政救济途径后，依法主张民事赔偿并不违反法律禁止性规定。无论是依据《侵权责任法》第13条还是《民法典》第178条的规定，受害人均有权向部分侵权人主张权利，可要求部分或所有的连带责任人承担全部赔偿责任。<br>**案例指引2**：《林某诉某道路工程有限公司、某路桥建设集团有限公司等地面施工损害责任纠纷案》【最高人民法院中国应用法学研究所编：《人民法院案例选》2015年第1辑（总第91辑），人民法院出版社2015年版，第46页】<br>案例要旨：两个道路施工主体在施工过程中造成受害人的电缆损坏，若无法确定具体的侵权行为系哪个主体实施的，两个实施共同危险行为造成受害人损失的主体应承担连带赔偿责任。<br>**案例指引3**：《许某、吴某与某实业发展有限公司、某船舶物资贸易有限公司违反安全保障义务责任纠纷案》【周诚友：《人民司法·案例》2018年第8期】<br>案例要旨：港口企业在日常经营过程中，会给进入港口码头作业范围的其他人带来一定的风险隐患，作为港口企业的实际经营人，最有能力通过采取一定的防范措施，降低港口作业设施设备的安全风险。如港口企业未尽到相关法律、法规及行政规章等规定的安全生产防范义务，则应对进入港口经营范围的经营业务相对人和非经营业务相对人承担侵权责任。 | 赔偿责任，不能确定具体责任人的，由行为人承担连带责任。被告人因重大责任事故既承担刑事、行政责任，又承担民事责任的，其财产应当优先承担民事责任。原告因重大责任事故遭受损失而无法及时履行赡养、抚养等义务，申请先予执行的，应当依法支持。 |

| 民法典侵权责任编 | 关联规定 |
| --- | --- |
| **第一千一百七十一条** 【分别侵权的连带责任】二人以上分别实施侵权行为造成同一损害，每个人的侵权行为都足以造成全部损害的，行为人承担连带责任。<br><br>指引：二人以上且行为人之间不具有主观上的关联性，分别实施侵权行为，造成同一损害后果，若每个人的行为都足以造成全部损害，此处的"足以"不是指每个侵权行为都实际上造成了全部损害，而是指在没有其他侵权行为共同作用的情况下，独立的单个侵权行为也有可能造成全部损害。按照本条规定，此时数个行为人应承担连带责任。<br><br>案例指引1：《山东省济南市人民检察院诉济南某肿瘤医院有限公司、济南市某人民医院、某医院环境污染民事公益诉讼案——侵权行为对环境公共安全造成损害危险的，国家规定的机关或者法律规定的组织可以提起预防性环境污染民事公益诉讼》【人民法院案例库入库案例，入库编号：2023-11-2-466-024】<br><br>案例要旨：1.侵权行为，虽未造成现实损害，但对环境公共安全造成损害危险的，国家规定的机关或者法律规定的组织可以提起预防性环境污染民事公益诉讼。人民法院可以采取禁止令保全措施给予救济，及时制止损害的发生或继续扩大。对于具有严重危害环境公共安 | 《最高人民法院关于审理道路交通事故损害赔偿案件适用法律若干问题的解释》(2020年修正)<br><br>第10条 多辆机动车发生交通事故造成第三人损害，当事人请求多个侵权人承担赔偿责任的，人民法院应当区分不同情况，依照民法典第一千一百七十条、第一千一百七十一条、第一千一百七十二条的规定，确定侵权人承担连带责任或者按份责任。<br><br>《最高人民法院关于审理船舶油污损害赔偿纠纷案件若干问题的规定》(2020年修正)<br><br>第3条 两艘或者两艘以上船舶泄漏油类造成油污损害，受损害人请求各泄漏油船舶所有人承担赔偿责任，按照泄漏油数量及泄漏油类对环境的危害性等因素能够合理分开各自造成的损害，由各泄漏油船舶所有人分别承担责任；不能合理分开各自造成的损害，各泄漏油船舶所有人承担连带责任。但泄漏油船舶所有人依法免予承担责任的除外。 |

| 民法典侵权责任编 | 关联规定 |
| --- | --- |
| 全危险情形的，人民法院可以裁定先予执行。2. 不作为侵权是侵权行为的一种特殊形式。侵权人分别实施不作为侵权行为，造成同一危险，且每一个人实施的不作为侵权行为，都足以造成危险发生的，各侵权人应当对消除危险承担连带责任。<br><br>**案例指引 2**：《曾某诉彭某、某财产保险股份有限公司成都市蜀都支公司机动车交通事故责任纠纷案》【最高人民法院发布四起侵权典型案例①】<br><br>案例要旨：二人以上分别实施侵权行为造成同一损害，每个人的侵权行为都足以造成全部损害的，行为人承担连带责任。连带责任对外是一个整体责任，连带责任中的每个人都有义务对被侵权人承担全部责任。被请求承担全部责任的连带责任人，不得以自己的过错程度等为由主张只承担自己内部责任份额内的责任。在其他肇事者逃逸的情况下，应当由另一肇事者承担所有侵权人应当承担的全部责任。<br><br>**案例指引 3**：《梁某某诉某佳经济发展有限公司、某海鲜大酒楼人格权纠纷案》【《最高人民法院公报》2021 年第 1 期】<br><br>案例要旨：劳动者就业，不因民族、种族、性别等不同而受歧视。妇女享有与男子平等的就业权利。在录用职工时， | 各泄漏油船舶所有人对受损害人承担连带责任的，相互之间根据各自责任大小确定相应的赔偿数额；难以确定责任大小的，平均承担赔偿责任。泄漏油船舶所有人支付超出自己应赔偿的数额，有权向其他泄漏油船舶所有人追偿。<br><br>《最高人民法院关于审理生态环境侵权责任纠纷案件适用法律若干问题的解释》<br><br>**第 5 条** 两个以上侵权人分别污染环境、破坏生态造成同一损害，每一个侵权人的行为都足以造成全部损害，被侵权人根据民法典第一千一百七十一条的规定请求侵权人承担连带责任的，人民法院应予支持。<br><br>**第 7 条** 两个以上侵权人分别污染环境、破坏生态，部分侵权人的行为足以造成全部损害，部分侵权人的行为只造成部分损害，被侵权人请求足以造成全部损害的侵权人对全部损害承担责任，并与其他侵权人就共同造成的损害部分承担连带责任的，人民法院应予支持。 |

---

① 载中华人民共和国最高人民法院网站，https://www.court.gov.cn/zixun/xiangqing/8320.html，2024 年 10 月 1 日访问。

| 民法典侵权责任编 | 关联规定 |
| --- | --- |
| 除国家规定的不适合妇女的工种或者岗位外，不得以性别为由拒绝录用妇女或者提高对妇女的录用标准。两被告无论在发布招聘广告中抑或实际招聘过程中，均一直未对梁某某的能力是否满足岗位要求进行审查，而是直接以梁某某的性别为由多次拒绝梁某某应聘，拒绝给予梁某某平等的面试机会，已经构成了对女性应聘者的区别及排斥，侵犯了梁某某的平等就业权，均已构成对梁某某的性别歧视，属于共同侵权，应对梁某某的损失承担连带责任。 | 被侵权人依照前款规定请求足以造成全部损害的侵权人与其他侵权人承担责任的，受偿范围应以侵权行为造成的全部损害为限。 |
| **第一千一百七十二条　【分别侵权的按份责任】** 二人以上分别实施侵权行为造成同一损害，能够确定责任大小的，各自承担相应的责任；难以确定责任大小的，平均承担责任。<br><br>**指引**：分别侵权中的按份责任，是指二人以上且行为人之间不具有主观上的关联性，分别实施侵权行为，造成同一损害后果，能够确定责任大小的，按责任大小确定责任份额，难以确定责任大小的，各行为人平均承担责任。在处理数人实施侵权行为的具体案件时，首先应分析是否满足《民法典》第1168条共同侵权的构成要件。如果不符合，再分析是否满足《民法典》第1171条分别侵权连带责任的构成要件。仍不符合的，再分析是否适用本条即第1172条规定的分别侵权按份责任的要件。 | 《最高人民法院关于审理道路交通事故损害赔偿案件适用法律若干问题的解释》（2020年修正）<br><br>第10条　多辆机动车发生交通事故造成第三人损害，当事人请求多个侵权人承担赔偿责任的，人民法院应当区分不同情况，依照民法典第一千一百七十条、第一千一百七十一条、第一千一百七十二条的规定，确定侵权人承担连带责任或者按份责任。<br><br>《最高人民法院关于审理生态环境侵权责任纠纷案件适用法律若干问题的解释》<br><br>第6条　两个以上侵权人分别污染环境、破坏生态，每 |

| 民法典侵权责任编 | 关联规定 |
| --- | --- |
| **案例指引 1：**《胡某某、王某某诉德某餐厅、蒋某某等生命权纠纷案》【最高人民法院第 227 号指导性案例】<br><br>案例要旨：1. 经营者违反法律规定向未成年人售酒并供其饮用，因经营者的过错行为导致未成年人饮酒后遭受人身损害的风险增加，并造成损害后果的，应当认定违法售酒行为与未成年人饮酒后发生的人身损害存在因果关系，经营者依法应当承担相应的侵权责任。2. 经营者违反法律规定向未成年人售酒并供其饮用、同饮者或者共同从事危险活动者未尽到相应提醒和照顾义务，对该未成年人造成同一损害后果的，应当按照过错程度、原因力大小等因素承担相应的按份赔偿责任。遭受人身损害的未成年人及其监护人对同一损害的发生存在过错的，按照《民法典》第 1173 条的规定，可以减轻侵权人的责任。<br><br>**案例指引 2：**《赵某与某酒店管理有限公司、某物业管理有限公司财产损害赔偿纠纷案》【《最高人民法院公报》2019 年第 5 期】<br><br>案例要旨：涉案责任人在不同时期的数个行为密切结合致使火灾发生，侵权行为、致害原因前后接继而非叠加，责任人对火灾的发生均有重大过失，但没有共同故意或者共同过失，应各自承担相应的责任。物业服务企业依法或依约在物业管理区域内负有安全防范义务， | 一个侵权人的行为都不足以造成全部损害，被侵权人根据民法典第一千一百七十二条的规定请求侵权人承担责任的，人民法院应予支持。<br><br>侵权人主张其污染环境、破坏生态行为不足以造成全部损害的，应当承担相应举证责任。<br><br>**《最高人民法院关于审理船舶油污损害赔偿纠纷案件若干问题的规定》（2020 年修正）**<br><br>第 3 条　两艘或者两艘以上船舶泄漏油类造成油污损害，受损害人请求各泄漏油船舶所有人承担赔偿责任，按照泄漏油数量及泄漏油类对环境的危害性等因素能够合理分开各自造成的损害，由各泄漏油船舶所有人分别承担责任；不能合理分开各自造成的损害，各泄漏油船舶所有人承担连带责任。但泄漏油船舶所有人依法免予承担责任的除外。<br><br>各泄漏油船舶所有人对受损害人承担连带责任的，相互之间根据各自责任大小确定相应的赔偿数额；难以确定责任 |

| 民法典侵权责任编 | 关联规定 |
| --- | --- |
| 应协助做好安全事故、隐患等的防范、制止或救助工作。第三人原因致损，物业服务企业未尽到专业管理人的谨慎注意义务的，应在其能够预见和防范的范围内承担相应的补充责任。<br>**案例指引3：《某农业开发有限公司诉某盐化有限公司、某钻井大队环境污染责任纠纷案》【人民法院服务保障新时代生态文明建设典型案例①】**<br>案例要旨：公司与钻井大队签订合同钻井施工，其间公司自有井管道发生泄漏、钻井大队在施工过程中产生含盐特征污水，分别实施了环境污染行为，导致包含农业公司在内的农业基地受到含盐特征污染物的污染。本案系无意思联络数人环境侵权案件。在存在无意思联络多个污染行为导致同一损害后果的情况下，分析各污染行为与损害后果的原因力大小是审理的难点。本案中，两处污染源、先后三次污染行为排放的污染物在受损土壤中渗透、迁移、扩散，共同结合造成同一不可分的损害后果，由此可推知单一污染行为尚不足以造成本案全部损害后果，应由各侵权人承担按份赔偿责任。本案判决结合受污染地域区位、受损环境检测数据、自然科学知识进行分析，合理确定污染行为所占原因力的大小，对于此类环境侵权案件的 | 大小的，平均承担赔偿责任。泄漏油船舶所有人支付超出自己应赔偿的数额，有权向其他泄漏油船舶所有人追偿。 |

---

① 载中华人民共和国最高人民法院网站，https://www.court.gov.cn/zixun/xiangqing/99812.html，2024年10月1日访问。

| 民法典侵权责任编 | 关联规定 |
|---|---|
| 审理具有较好的示范作用。因环境污染不仅会导致被侵权人的财产损失，也会直接对环境造成不良影响，本案在判令侵权人赔偿损失的同时承担生态环境修复责任，体现了环境侵权救济中以修复生态环境为中心的司法理念，具有较好的示范意义。 | |
| **第一千一百七十三条　【与有过错】**被侵权人对同一损害的发生或者扩大有过错的，可以减轻侵权人的责任。<br><br>指引：过失相抵，是指被侵权人对损害的发生也有过错的情况下，侵权人可以被侵权人的过错为由进行抗辩，以减轻自己的侵权责任。但是，法律明确针对特定的无过错责任类型规定了特殊免责事由的，不适用本条规则。例如《民法典》第1237条规定的民用核设施或者运入运出核设施的核材料发生核事故造成他人损害的，民用核设施的营运单位能够证明损害是因战争、武装冲突、暴乱等情形或者受害人故意造成的，不承担责任。即使损害是由受害人的过失哪怕是重大过失造成的，此时也不能减轻民用核设施经营人的责任。<br><br>案例指引1：《荣某诉王某、某财产保险股份有限公司江阴支公司机动车交通事故责任纠纷案》【最高人民法院第24号指导性案例】<br><br>案例要旨：交通事故的受害人没有过错，其体质状况对损害后果的影响不属于可以减轻侵权人责任的法定情形。 | 《水污染防治法》（2017年修正）<br><br>第96条　因水污染受到损害的当事人，有权要求排污方排除危害和赔偿损失。<br><br>由于不可抗力造成水污染损害的，排污方不承担赔偿责任；法律另有规定的除外。<br><br>水污染损害是由受害人故意造成的，排污方不承担赔偿责任。水污染损害是由受害人重大过失造成的，可以减轻排污方的赔偿责任。<br><br>水污染损害是由第三人造成的，排污方承担赔偿责任后，有权向第三人追偿。<br><br>《民用航空法》（2021年修正）<br><br>第161条　依照本章规定应当承担责任的人证明损害是完全由于受害人或者其受雇人、代理人的过错造成的，免除其赔偿责任；应当承担责任的人证明损害是部分由于受害 |

| 民法典侵权责任编 | 关联规定 |
| --- | --- |
| 案例指引 2：《孙某某诉罗某、刘某某、某保险公司机动车交通事故责任纠纷案——因自身严重疾病对损害后果有一定影响不减轻侵权人赔偿责任》【人民法院案例库入库案例，入库编号：2023-16-2-374-012】<br><br>案例要旨：1. 最高人民法院第 24 号指导性案例明确的是道路交通事故损害的过错归责原则，与本案案情类似，应予参照适用，不能仅因案情的个别差异而不予参照适用。审理中有意见认为，最高人民法院第 24 号指导性案例与本案的案情不同，指导性案例是受害人的个人体质状况（骨质疏松）有参与度，本案是受害人自身严重疾病（脑梗塞、高血压）有参与度，故本案应考虑参与度问题。实际上在因果关系理论与实务中，一般将受害人身体原因这一介入因素统称为受害人"特殊体质"。"特殊体质"一般包含：体质状况，如骨质疏松、蛋壳脑袋等；严重疾病，如高血压、血友病等；残障情况，如身体、智力残疾等。其实就医学角度而言，骨质疏松、蛋壳脑袋、智力残疾等也可以认为是一种疾病。因此，在一般案件中作"体质"与"疾病"的区分并不严谨。该指导案例确认了"蛋壳脑袋规则"。"蛋壳脑袋理论"是英美侵权法中关于人身损害赔偿责任的一项著名规则。该规则认为，一个对他人犯有过失的人，不应计较受害人的个人 | 人或者其受雇人、代理人的过错造成的，相应减轻其赔偿责任。但是，损害是由于受害人的受雇人、代理人的过错造成时，受害人证明其受雇人、代理人的行为超出其所授权的范围的，不免除或者不减轻应当承担责任的人的赔偿责任。<br><br>一人对另一人的死亡或者伤害提起诉讼，请求赔偿时，损害是该另一人或者其受雇人、代理人的过错造成的，适用前款规定。<br><br>《道路交通安全法》（2021 年修正）<br><br>第 76 条　机动车发生交通事故造成人身伤亡、财产损失的，由保险公司在机动车第三者责任强制保险责任限额范围内予以赔偿；不足的部分，按照下列规定承担赔偿责任：<br><br>（一）机动车之间发生交通事故的，由有过错的一方承担赔偿责任；双方都有过错的，按照各自过错的比例分担责任。<br><br>（二）机动车与非机动车驾驶人、行人之间发生交通事故，非机动车驾驶人、行人没有过错的，由机动车一方承担 |

| 民法典侵权责任编 | 关联规定 |
|---|---|
| 特质，尽管受害人的这种个人特质增加了他遭受损害的可能性和程度；对于一个因受害人的头骨破裂而引起的损害赔偿请求，受害人的头骨异常易于破裂不能成为抗辩的理由，即侵权人不能以此作为减少应承担的损害赔偿金的理由。根据该指导性案例裁判要旨及理由说明可知，其参照的正是"蛋壳脑袋规则"，即虽有受害人特殊体质介入，导致损害后果扩大，但侵权人也应就全部的损害后果负责。2.本案不适用原因力的责任分配。侵权责任法的归责可以分为责任构成和责任分配两个阶段。在责任构成阶段，考察的重点是各个要件的有无，缺乏任何一个要件都意味着对责任的否定，是一个"全有或全无"的阶段。而在责任分配阶段，考察的重点是各个要件的强度，进而综合决定责任的大小，这是一个"或多或少"的阶段。就"原因力"这个概念而言，其作为一个强度概念，则不属于责任构成阶段，而是责任分配中的一个因素。责任构成阶段没有原因力而只有原因，因此因果关系的"因"在一般侵权中必须是法律上认可的过错行为，而被侵权人的特殊体质不能被理解为是一种法律意义上的过错。而原因力是责任分配阶段的概念，这里的"因"就可以是任何参与责任分配的因素，因此，特殊体质也可以是这里的"因"。责任分配阶段因为是法官综合考虑 | 赔偿责任；有证据证明非机动车驾驶人、行人有过错的，根据过错程度适当减轻机动车一方的赔偿责任；机动车一方没有过错的，承担不超过百分之十的赔偿责任。交通事故的损失是由非机动车驾驶人、行人故意碰撞机动车造成的，机动车一方不承担赔偿责任。<br><br>**《最高人民法院关于审理铁路运输人身损害赔偿纠纷案件适用法律若干问题的解释》（2021年修正）**<br><br>**第6条** 因受害人的过错行为造成人身损害，依照法律规定应当由铁路运输企业承担赔偿责任的，根据受害人的过错程度可以适当减轻铁路运输企业的赔偿责任，并按照以下情形分别处理：<br><br>（一）铁路运输企业未充分履行安全防护、警示等义务，铁路运输企业承担事故主要责任的，应当在全部损害的百分之九十至百分之六十之间承担赔偿责任；铁路运输企业承担事故同等责任的，应当在全部损害的百分之六十至百分之五十之间承担赔偿责任；铁路运输企业承担事故次要责任 |

| 民法典侵权责任编 | 关联规定 |
| --- | --- |
| 决定的阶段，可以出现不考虑特殊体质和考虑特殊体质两种情况。是否考虑受害人特殊体质对损害的原因力必须结合侵权人的过错程度、受害人自身的过错程度、侵权人行为的社会价值及其风险等因素综合考量。故该指导性案例应当是综合考量了机动车拥有可以分散风险的保险、违章行为不具有社会价值、受害人没有过错等多种因素，进而认为不应考虑特殊体质的结果。当案件没有这些因素的时候，受害人的特殊体质又会被理解为可以减轻侵权人责任的原因力，如医疗损害赔偿案件。<br><br>**案例指引3**：《孟某诉某采油厂环境污染责任纠纷案：——生态环境侵权责任纠纷中被侵权人存在重大过失的，可以减轻侵权人责任》【人民法院案例库入库案例，入库编号：2024-11-2-377-008】<br><br>案例要旨：生态环境侵权责任纠纷中，被侵权人对同一污染环境、破坏生态行为造成损害的发生或者扩大有过错的，可以减轻侵权人的责任。<br><br>**案例指引4**：《林某某诉某公交公司生命权、身体权、健康权纠纷案——乘客违反乘车规则受到损害，公交公司无过错的，不承担侵权责任》【人民法院案例库入库案例，入库编号：2024-07-2-001-003】<br><br>案例要旨：树立文明出行意识，是构 | 的，应当在全部损害的百分之四十至百分之十之间承担赔偿责任；<br><br>（二）铁路运输企业已充分履行安全防护、警示等义务，受害人仍施以过错行为的，铁路运输企业应当在全部损害的百分之十以内承担赔偿责任。<br><br>铁路运输企业已充分履行安全防护、警示等义务，受害人不听从值守人员劝阻强行通过铁路平交道口、人行过道，或者明知危险后果仍然无视警示规定沿铁路线路纵向行走、坐卧故意造成人身损害的，铁路运输企业不承担赔偿责任，但是有证据证明并非受害人故意造成损害的除外。<br><br>**第7条** 铁路运输造成无民事行为能力人人身损害的，铁路运输企业应当承担赔偿责任；监护人有过错的，按照过错程度减轻铁路运输企业的赔偿责任。<br><br>铁路运输造成限制民事行为能力人人身损害的，铁路运输企业应当承担赔偿责任；监护人或者受害人自身有过错的，按照过错程度减轻铁路运输企业的赔偿责任。 |

| 民法典侵权责任编 | 关联规定 |
| --- | --- |
| 建安全畅通、文明和谐交通环境的重要条件。在乘客违反乘车规则的情况下，公交公司若无过错，不应对乘客受到的损害承担侵权责任，而应由乘客对其违规行为自行担责。人民法院对违反上下客乘车规则的行为予以否定性评价，有利于发挥司法裁判的指引效果，引导公众自觉遵守交通规则，有效维护社会公共交通文明出行秩序。<br>**案例指引5：《黄万某等诉某医院医疗损害赔偿案》【李颖：《人民司法·案例》2010年第16期】**<br>案例要旨：医疗机构的注意义务不仅涵盖技术上的不断学习和研究，也包括对患者精神上的关怀和心理上的安慰。医疗机构在护理过程中未能体察患者情绪变动，管理不严，未尽合理的注意义务导致患者自杀，双方构成混合过错，应根据过失相抵的基本原理，在各自的过错及原因力范围内承担医疗损害责任。 | **《最高人民法院关于审理船舶碰撞和触碰案件财产损害赔偿的规定》（2020年修正）**<br>一、请求人可以请求赔偿对船舶碰撞或者触碰所造成的财产损失，船舶碰撞或者触碰后相继发生的有关费用和损失，为避免或者减少损害而产生的合理费用和损失，以及预期可得利益的损失。<br>因请求人的过错造成的损失或者使损失扩大的部分，不予赔偿。<br>**《最高人民法院关于审理旅游纠纷案件适用法律若干问题的规定》（2020年修正）**<br>第8条　旅游经营者、旅游辅助服务者对可能危及旅游者人身、财产安全的旅游项目未履行告知、警示义务，造成旅游者人身损害、财产损失，旅游者请求旅游经营者、旅游辅助服务者承担责任的，人民法院应予支持。<br>旅游者未按旅游经营者、旅游辅助服务者的要求提供与旅游活动相关的个人健康信息并履行如实告知义务，或者不听从旅游经营者、旅游辅助服务者的告知、警示，参加不适合 |

| 民法典侵权责任编 | 关联规定 |
| --- | --- |
|  | 自身条件的旅游活动，导致旅游过程中出现人身损害、财产损失，旅游者请求旅游经营者、旅游辅助服务者承担责任的，人民法院不予支持。<br><br>**第18条** 旅游者在旅游行程中未经导游或者领队许可，故意脱离团队，遭受人身损害、财产损失，请求旅游经营者赔偿损失的，人民法院不予支持。<br><br>**第19条第3项** 旅游经营者或者旅游辅助服务者为旅游者代管的行李物品损毁、灭失，旅游者请求赔偿损失的，人民法院应予支持，但下列情形除外：<br>……<br>（三）损失是由于旅游者的过错造成的；<br>…… |
| **第一千一百七十四条** 【受害人故意】损害是因受害人故意造成的，行为人不承担责任。<br><br>指引：受害人故意是指受害人明知自己的行为会发生损害自己的后果，而希望或放任此种结果发生的主观心理状态。受害人对损害的发生或扩大的主观故意，说明受害人的这一故意行为是损害发生或扩大的唯一原因，从而应使加 | 《水污染防治法》（2017年修正）<br><br>**第96条** 因水污染受到损害的当事人，有权要求排污方排除危害和赔偿损失。<br><br>由于不可抗力造成水污染损害的，排污方不承担赔偿责任；法律另有规定的除外。<br><br>水污染损害是由受害人故 |

| 民法典侵权责任编 | 关联规定 |
| --- | --- |
| 害人对该损害或者扩大的损害免责。故法律将受害人故意作为一项法定免责事由。<br>**案例指引**：《钱某诉某美容工作室、龙某生命权、身体权、健康权纠纷案——未成年人同意文身不能构成侵权免责事由》【人民法院案例库入库案例，入库编号：2024-14-2-001-004】<br>案例要旨：未成年人为无民事行为能力人或者限制民事行为能力人，由于其智力发育尚不成熟、社会经验尚不充足，民法上对其独立实施民事法律行为进行了一定的限制，即只能独立实施使其纯获利益的民事法律行为。文身实质上是在人体皮肤上刻字或者图案，属于对身体的侵入式动作，具有易感染、难复原、就业受限、易被标签化等特质。给未成年人文身，不仅影响未成年人身体健康，还可能使未成年人在入学、参军、就业等过程中受阻，侵害未成年人的健康权、发展权、受保护权以及社会参与权等多项权利。因此，经营者在提供文身服务时，应当对顾客的年龄身份尽到审慎注意义务。本案审理法院作出由经营者依法返还文身价款，并依法承担侵权损害赔偿责任的裁判结果，对规范商家经营，保障未成年人合法权益、呵护未成年人健康成长具有重要意义。 | 意造成的，排污方不承担赔偿责任。水污染损害是由受害人重大过失造成的，可以减轻排污方的赔偿责任。<br>水污染损害是由第三人造成的，排污方承担赔偿责任后，有权向第三人追偿。<br>**《道路交通安全法》**（2021年修正）<br>第76条　机动车发生交通事故造成人身伤亡、财产损失的，由保险公司在机动车第三者责任强制保险责任限额范围内予以赔偿；不足的部分，按照下列规定承担赔偿责任：<br>（一）机动车之间发生交通事故的，由有过错的一方承担赔偿责任；双方都有过错的，按照各自过错的比例分担责任。<br>（二）机动车与非机动车驾驶人、行人之间发生交通事故，非机动车驾驶人、行人没有过错的，由机动车一方承担赔偿责任；有证据证明非机动车驾驶人、行人有过错的，根据过错程度适当减轻机动车一方的赔偿责任；机动车一方没有过错的，承担不超过百分之十的赔偿责任。 |

| 民法典侵权责任编 | 关联规定 |
| --- | --- |
|  | 交通事故的损失是由非机动车驾驶人、行人故意碰撞机动车造成的，机动车一方不承担赔偿责任。<br>**《机动车交通事故责任强制保险条例》（2019年修订）**<br>**第21条** 被保险机动车发生道路交通事故造成本车人员、被保险人以外的受害人人身伤亡、财产损失的，由保险公司依法在机动车交通事故责任强制保险责任限额范围内予以赔偿。<br>道路交通事故的损失是由受害人故意造成的，保险公司不予赔偿。<br>**《最高人民法院关于审理铁路运输人身损害赔偿纠纷案件适用法律若干问题的解释》（2021年修正）**<br>**第5条** 铁路行车事故及其他铁路运营事故造成人身损害，有下列情形之一的，铁路运输企业不承担赔偿责任：<br>（一）不可抗力造成的；<br>（二）受害人故意以卧轨、碰撞等方式造成的；<br>（三）法律规定铁路运输企业不承担赔偿责任的其他情形造成的。 |

| 民法典侵权责任编 | 关联规定 |
| --- | --- |
| 第一千一百七十五条 【第三人过错】损害是因第三人造成的，第三人应当承担侵权责任。<br><br>指引：第三人的过错行为与侵权人的侵权行为不构成共同侵权，其责任后果是免除或减轻加害人责任。第三人过错作为免责事由，其结果并非都是当然的免责，如果第三人过错与行为人的行为相结合而致损害，则为减轻责任。关于第三人过错的判断标准，应遵循以客观标准为主、以主观标准为辅的原则，即对于第三人过失的情形，应当按照客观标准的做法处理，但对于第三人故意的情形，仍应当坚持主观标准来判断。<br><br>案例指引1：《白某某诉某局集团有限公司、某某旅行社有限公司、第三人邢某违反安全保障义务责任纠纷案——未尽安保义务导致第三人介入的侵权案件裁判方法》【人民法院案例库入库案例，入库编号：2024-07-2-370-001】<br><br>案例要旨：当受害人在车站等公共场所因第三人的行为受到损害的，如第三人能够证明其行为系因安全保障义务主体未尽到安全保障义务所造成，可以认定该第三人不具有过错，不承担侵权责任。车站等公共场所的经营者、旅游服务机构等群众性活动组织者，未尽到安全保障义务，造成他人损害的，受害人要求经营者或组织者依照《民法典》第1198条第1款的规定承担侵权责任的，人 | 《电力法》（2018年修正）<br>第60条 因电力运行事故给用户或者第三人造成损害的，电力企业应当依法承担赔偿责任。<br><br>电力运行事故由下列原因之一造成的，电力企业不承担赔偿责任：<br>（一）不可抗力；<br>（二）用户自身的过错。<br><br>因用户或者第三人的过错给电力企业或者其他用户造成损害的，该用户或者第三人应当依法承担赔偿责任。<br><br>《海洋环境保护法》（2023年修正）<br>第114条 对污染海洋环境、破坏海洋生态，造成他人损害的，依照《中华人民共和国民法典》等法律的规定承担民事责任。<br><br>对污染海洋环境、破坏海洋生态，给国家造成重大损失的，由依照本法规定行使海洋环境监督管理权的部门代表国家对责任者提出损害赔偿要求。<br><br>前款规定的部门不提起诉讼的，人民检察院可以向人民法院提起诉讼。前款规定的部门 |

| 民法典侵权责任编 | 关联规定 |
| --- | --- |
| 民法院应予支持。人民法院在处理第三人介入的安全保障义务案件中，应当依照法律规定在具体的场景中认定过错及因果关系，对第三人及安全保障义务人责任进行正确认定，实现司法裁判的法律效果和社会效果的统一。<br><br>**案例指引 2：**《某财产保险股份有限公司广州市分公司诉某高速公路有限公司保险人代位求偿权纠纷案》【国家法官学院、中国人民大学法学院编：《中国审判案例要览(2014 年商事审判案例卷)》，中国人民大学出版社 2016 年版，第 289 页】<br><br>案例要旨：高速公路经营企业应当保证高速公路路面平整，设施完善；高速公路及其附属设施遭受损坏时，高速公路经营企业应当采取设施设置警告标志，并予以修复，使车辆畅通。高速公路经营企业未尽到此项义务造成事故，保险公司赔偿当事人损失的，保险公司有权代位求偿。按照生活常识分析，高速公路的障碍物不会瞬间出现在机动车近前，若驾驶人高度注意行车安全，保持对视线范围内路况的充分观察，尽早发现道路异常情况，以较为安全的方式做出应对处理，应可减轻事故损害甚至避免事故发生。但鉴于高速公路属于高效封闭的交通设施，在高速公路正常运营中，驾驶人对高速公路设施环境处于完好、安全状态具有正当信赖，本案中，根据交警部门的事故认定书，被保险人 | 提起诉讼的，人民检察院可以支持起诉。<br><br>**《最高人民法院关于审理铁路运输人身损害赔偿纠纷案件适用法律若干问题的解释》（2021 年修正）**<br><br>**第 9 条** 在非铁路运输企业实行监护的铁路无人看守道口发生事故造成人身损害的，由铁路运输企业按照本解释的有关规定承担赔偿责任。道口管理单位有过错的，铁路运输企业对赔偿权利人承担赔偿责任后，有权向道口管理单位追偿。<br><br>**第 10 条** 对于铁路桥梁、涵洞等设施负有管理、维护等职责的单位，因未尽职责使该铁路桥梁、涵洞等设施不能正常使用，导致行人、车辆穿越铁路线路造成人身损害的，铁路运输企业按照本解释有关规定承担赔偿责任后，有权向该单位追偿。<br><br>**第 12 条** 在专用铁路及铁路专用线上因运输造成人身损害，依法应当由肇事工具或者设备的所有人、使用人或者管理人承担赔偿责任的，适用本解释。 |

| 民法典侵权责任编 | 关联规定 |
|---|---|
| 发生事故的原因是没有发现地上的轮胎及措施不当，可证明被保险人在驾驶方面存在过失，应适当减轻北环高速公路有限公司的违约责任。因此，综合双方的责任，被告作为高速公路管理者，未尽到保障行车安全的义务，承担被保险人损失的80%为宜。 | |
| **第一千一百七十六条　【自甘风险】**自愿参加具有一定风险的文体活动，因其他参加者的行为受到损害的，受害人不得请求其他参加者承担侵权责任；但是，其他参加者对损害的发生有故意或者重大过失的除外。<br>活动组织者的责任适用本法第一千一百九十八条至第一千二百零一条的规定。<br>指引：自甘风险又称自愿承受危险，是指受害人自愿承担可能性的损害而将自己置于危险环境或场合，造成损害的行为人不承担责任。自甘风险与自愿承担损害不同，自愿承担损害又称受害人同意，是指受害人自愿同意他人对其人身或财产施加某种损害。本条第1款是关于自甘冒险免责或减责的情形，第2款是对有关活动组织者、学校及幼儿园等承担相应责任的规定。<br>案例指引1：《宋某祯诉周某身体权纠纷案》【最高人民法院发布人民法院贯彻实施民法典典型案例（第一批)①】 | 《最高人民法院关于适用〈中华人民共和国民法典〉时间效力的若干规定》<br>第16条　民法典施行前，受害人自愿参加具有一定风险的文体活动受到损害引起的民事纠纷案件，适用民法典第一千一百七十六条的规定。<br>《最高人民法院关于为促进消费提供司法服务和保障的意见》<br>13.妥善处理医疗健康服务和体育消费纠纷。依法审理医疗损害责任纠纷案件，积极保护患者等各方当事人的合法权益。依法惩处涉医违法犯罪，严惩"医闹"，维护正常医疗秩序，构建和谐医患关系。积极引导医疗机构等主体增加高质量的医疗、养生保健、康复、健康旅游等服务， |

---

① 载中华人民共和国最高人民法院网站，https://www.court.gov.cn/zixun/xiangqing/347181.html，2024年10月1日访问。

| 民法典侵权责任编 | 关联规定 |
| --- | --- |
| 案例要旨：受害人在羽毛球比赛中被羽毛球击中右眼，引发民事纠纷案件。人民法院适用"自甘冒险"规则，明确判决对损害发生无故意、无重大过失的文体活动参加者，不承担赔偿责任，亮明了拒绝"和稀泥"的司法态度，宣示了冒险者须对自己行为负责的规则，不仅弘扬了社会主义核心价值观，而且促进了文体活动的健康有序发展。<br><br>**案例指引2：《某设备公司与某刀模公司等侵权责任纠纷案》【最高人民法院发布涉体育纠纷民事典型案例①】**<br><br>案例要旨：双方当事人在明知竞技比赛风险性的前提下自愿报名参加，在比赛中因对方行为遭受损害产生的争议应当适用自甘风险规则审查认定双方当事人的责任。一方当事人在未尽注意义务导致触碰，但其在竞赛中是为了比赛的要求，当时的行动属于判断失误，亦不能认为其对碰撞事故的发生存在故意或者重大过失，双方当事人应当各自承担事故造成的损失。体育赛事竞技过程中产生的民事损害赔偿责任适用《民法典》第1176条规定的自甘风险规则。致害人违反竞赛规则造成损害并不必然承担赔偿责任，人民法院应当结合竞技项目的固有风险、竞赛实况、犯规动作意图、 | 助力推进健康中国建设。准确适用自甘风险等民事法律制度，妥善处理体育消费中产生的各类纠纷，促进群众体育消费，助力实施全民健身战略。 |

---

① 载中华人民共和国最高人民法院网站，https://www.court.gov.cn/zixun/xiangqing/404172.html，2024年10月1日访问。

| 民法典侵权责任编 | 关联规定 |
|---|---|
| 运动员技术等因素综合认定致害人对损害的发生是否有故意或者重大过失，进而确定致害人的民事责任。本案裁判对于人民法院积极发挥促进竞技体育发展作用、推动体育赛事活动规范有序发展、实现体育法弘扬中华体育精神及发展体育运动等立法目的，具有积极意义。<br>**案例指引 3**：《吴某某诉张某某、李某、某某青少年体育俱乐部、某财产保险股份有限公司北京市分公司生命权、身体权、健康权纠纷一案——"自甘风险"规则在未成年人体育运动中的适用》【人民法院案例库入库案例，入库编号：2023-14-2-001-002】<br>　　案例要旨：1."自甘风险"的认定。所谓"自甘风险"，是指"被害人原可以预见损害之发生而又自愿冒损害发生之危险，而损害结果不幸发生"的情形。随着社会的不断发展，为增强体质、促进健康，未成年人参加对抗型体育运动培训已成为普遍现象。如跆拳道这类对抗型体育运动，其训练、比赛本身即存在一定的受伤害风险性，参与者处在不确定的危险之中，参与过程中出现的"正当危险"后果在一定程度上应当是被允许或容忍的。在《民法典》颁布之前，未成年人在诸如跆拳道对打训练的体育活动中受伤，能否要求对练者或参加者、训练或培训场馆以及组织者承担赔偿责任，各地司法实践处理不一。《民法典》明确了"自甘风险"规则后，给此类纠纷 | |

| 民法典侵权责任编 | 关联规定 |
| --- | --- |
| 处理提供了法律依据，使相关各方主体的责任承担更加公平合理，责任范围更加清晰明了。2."自甘风险"的责任承担应综合考虑各方面因素加以确定。"自甘风险"作为一项抗辩事由，通常会产生减轻或免除加害人赔偿责任的后果。对应到未成年人参与者，要充分考虑"加害者"和"受害者"参与体育活动的年龄、意愿、心智、训练经验、运动经历、受伤原因、主观过错等因素。同时，对于组织者或培训机构，尤其要充分考虑其资质、场地条件、教练员专业水平、对抗训练安排的合理性、安全保障义务、主客观过错、伤害发生后的应急处理等因素。综合以上，人民法院应当结合实际、公平合理地确定各方责任承担范围及比例。"自甘风险"规则的妥善适用，既可合理分配责任，也可实现对损害结果的预防，在裁判规范、行为导向上都具有积极意义，亦是践行社会主义核心价值观的有力体现。<br>**案例指引4：**《曾某甲诉曾某乙、某发型店生命权、身体权、健康权纠纷——适用"自甘风险"规则时受害人是否自愿参加活动、其他参加者是否具有故意或者重大过失的认定》【人民法院案例库入库案例，入库编号：2023-07-2-001-004】<br>案例要旨：对于因参加文体活动导致的人身损害，其他参加者以自甘风险规则主张免责的，应当综合审查文体活动 | |

| 民法典侵权责任编 | 关联规定 |
| --- | --- |
| 是否具有一定风险、受害人是否自愿参加、导致受害人人身损害的其他参加者是否具有故意或者重大过失等因素。受害人经行为人反复邀请后选择参加文体活动的，只要邀请行为不存在胁迫等违背受害人意愿的情形，就应当认定受害人属于自愿参加文体活动。文体活动的参加者在活动中因其他参加者的动作导致人身损害的，应审查判断该行为是否属于该类活动中的正常行为，致害行为符合该类活动的一般特征，且受害人未能举证证明行为人在活动中存在故意或者重大过失情形的，不应认定行为人的行为具有过错或者重大过失。<br>**案例指引 5：《张某诉韦某生命权、身体权、健康权纠纷案——适用民法典"自甘风险"但书条款认定体育比赛中的犯规行为应综合考量各项因素》【人民法院案例库入库案例，入库编号：2023-07-2-001-005】**<br>　　案例要旨：竞技性体育比赛中，参赛者的违体犯规行为致其他参赛者人身损害的，能否适用"自甘风险"规则主张免责，应当着重审查其犯规行为是否构成侵权法上的故意或者重大过失。违反比赛规则可作为判断行为人是否存在故意或者重大过失的重要参考因素，但不能将体育竞技中的犯规简单地等同于侵权法上的故意或者重大过失。参赛者的犯规行为是为了进行正常防守而非针对其他参赛者人身的，应当综合考虑涉案 | |

| 民法典侵权责任编 | 关联规定 |
| --- | --- |
| 体育活动的对抗性程度、体育比赛的具体规格等因素，结合促进体育运动发展的目的考量，认定参赛者的犯规行为是否构成重大过失或者故意。<br>**案例指引 6：**《蔡某某诉龚某甲、龚某乙、崔某生命权、身体权、健康权纠纷案——文体活动中"自甘风险"规则的适用入库编号》【人民法院案例库入库案例，入库编号：2023-16-2-001-006】<br>　　案例要旨：足球运动属于具有一定风险的文体活动范围。自愿参加具有一定风险的文体活动，因其他参加者的行为受到损害的，属于"自甘风险"，受害人不得请求其他参加者承担侵权责任；但是，其他参加者对损害的发生有故意或者重大过失的除外。 | |
| **第一千一百七十七条　【自力救济】**<br>合法权益受到侵害，情况紧迫且不能及时获得国家机关保护，不立即采取措施将使其合法权益受到难以弥补的损害的，受害人可以在保护自己合法权益的必要范围内采取扣留侵权人的财物等合理措施；但是，应当立即请求有关国家机关处理。<br>　　受害人采取的措施不当造成他人损害的，应当承担侵权责任。<br>　　**指引：**自助行为学理上也称自力救济，是指权利人为保护自己的权利，在紧迫而又不能及时请求公权力救助时，自行对他人财产或人身进行约束、扣押等措施。一方面，要承认自助行为存在的 | 《最高人民法院关于适用〈中华人民共和国民法典〉时间效力的若干规定》<br>　　**第 17 条**　民法典施行前，受害人为保护自己合法权益采取扣留侵权人的财物等措施引起的民事纠纷案件，适用民法典第一千一百七十七条的规定。 |

| 民法典侵权责任编 | 关联规定 |
| --- | --- |
| 必要性；另一方面，要严格限定自助行为的适用条件。自助行为即使具备合法性，也不能持续存在，权利人必须"及时请求有关国家机关处理"，否则应依法承担相应的侵权责任。"及时"的认定并没有较为明确的规定，应结合社会日常生活经验法则进行判断。<br><br>**案例指引**：《谷某、杜某某诉南通某超市生命权纠纷案——公共场所经营者安全保障义务的认定》【人民法院案例库入库案例，入库编号：2024-18-2-001-001】<br><br>**案例要旨**：公共场所的经营者为制止不当行为，在合理范围和限度内对行为人采取必要的阻拦措施，属于合法的自助行为。行为人被阻拦后因自身疾病倒地猝死，经营者及时报警求助，已尽安全保障义务，死者近亲属主张经营者承担赔偿责任的，人民法院不予支持。 | |
| **第一千一百七十八条** 【特别规定优先适用】本法和其他法律对不承担责任或者减轻责任的情形另有规定的，依照其规定。<br><br>**指引**：有关侵权责任法律规定的适用，要遵循特别法优先适用、一般法补充适用的基本规则。特别法中有减责、免责或违法阻却事由相关规定的，理应适用。《民法典》总则编、人格权编相关部分规定的免责和减责事由对有关侵权责任纠纷同样适用。 | 《邮政法》（2015年修正）<br>**第48条** 因下列原因之一造成的给据邮件损失，邮政企业不承担赔偿责任：<br>（一）不可抗力，但因不可抗力造成的保价的给据邮件的损失除外；<br>（二）所寄物品本身的自然性质或者合理损耗；<br>（三）寄件人、收件人的过错。 |

| 民法典侵权责任编 | 关联规定 |
| --- | --- |
|  | 《民用航空法》(2021年修正)<br>第126条　旅客、行李或者货物在航空运输中因延误造成的损失,承运人应当承担责任;但是,承运人证明本人或者其受雇人、代理人为了避免损失的发生,已经采取一切必要措施或者不可能采取此种措施的,不承担责任。<br>《最高人民法院关于审理铁路运输人身损害赔偿纠纷案件适用法律若干问题的解释》(2021年修正)<br>第5条　铁路行车事故及其他铁路运营事故造成人身损害,有下列情形之一的,铁路运输企业不承担赔偿责任:<br>(一)不可抗力造成的;<br>(二)受害人故意以卧轨、碰撞等方式造成的;<br>(三)法律规定铁路运输企业不承担赔偿责任的其他情形造成的。 |
| 第二章　损害赔偿 | |
| 第一千一百七十九条　【人身损害赔偿范围】侵害他人造成人身损害的,应当赔偿医疗费、护理费、交通费、营养费、住院伙食补助费等为治疗和康复 | 《产品质量法》(2018年修正)<br>第44条　因产品存在缺陷造成受害人人身伤害的,侵害人 |

| 民法典侵权责任编 | 关联规定 |
| --- | --- |
| 支出的合理费用，以及因误工减少的收入。造成残疾的，还应当赔偿辅助器具费和残疾赔偿金；造成死亡的，还应当赔偿丧葬费和死亡赔偿金。<br><br>**指引**：人身损害赔偿是指行为人侵犯他人的生命健康权益造成致伤、致残、致死等后果，承担金钱赔偿责任的一种民事法律救济制度。侵害他人造成人身损害的，需要赔偿受害人因受害实际支出的费用以及实际减少的收入等可以用交换价值计算的损失，而且实践中并不仅限于这些赔偿项目，只要是因为治疗和康复所支出的所有合理费用，一般均可纳入一般赔偿的范围。残疾辅助器具费，是指受害人因残疾而造成身体功能全部或者部分丧失后需要配置补偿功能的残疾辅助器具如假肢及其零部件、助听器、助视器等的费用。需注意，在非法使被监护人脱离监护同时造成被监护人死亡的情况下，《民法典侵权编解释一》第3条支持在人身损害赔偿案件中合并主张赔偿人身损害和寻亲费用。<br><br>**案例指引1**：《尹某诉颜某健康权、身体权纠纷案》【《最高人民法院公报》2019年第3期】<br><br>案例要旨：侵犯他人生命健康权，情节严重会构成刑事案件。刑事案件的受害人因犯罪行为受到身体伤害，未提起刑事附带民事诉讼，而是另行提起民事 | 应当赔偿医疗费、治疗期间的护理费、因误工减少的收入等费用；造成残疾的，还应当支付残疾者生活自助具费、生活补助费、残疾赔偿金以及由其扶养的人所必需的生活费等费用；造成受害人死亡的，并应当支付丧葬费、死亡赔偿金以及由死者生前扶养的人所必需的生活费等费用。<br><br>因产品存在缺陷造成受害人财产损失的，侵害人应当恢复原状或者折价赔偿。受害人因此遭受其他重大损失的，侵害人应当赔偿损失。<br><br>《消费者权益保护法》（2013年修正）<br><br>**第49条** 经营者提供商品或者服务，造成消费者或者其他受害人人身伤害的，应当赔偿医疗费、护理费、交通费等为治疗和康复支出的合理费用，以及因误工减少的收入。造成残疾的，还应当赔偿残疾生活辅助具费和残疾赔偿金。<br><br>造成死亡的，还应当赔偿丧葬费和死亡赔偿金。<br><br>《国家赔偿法》（2012年修正）<br><br>**第34条** 侵犯公民生命健 |

| 民法典侵权责任编 | 关联规定 |
| --- | --- |
| 侵权诉讼的，法院应支持医疗费、住院伙食补助费、交通费、营养费、护理费等费用。关于残疾赔偿金是否属于物质损失范畴的问题，刑事诉讼法及司法解释没有明确规定。刑事案件受害人因犯罪行为造成残疾的，今后的生活和工作必然受到影响，导致劳动能力下降，造成生活成本增加，进而变相地减少物质收入，故残疾赔偿金应属于物质损失的范畴，应予赔偿。<br>**案例指引 2：《范某、俞某、高某诉某建设发展有限公司、黄某提供劳务者受害责任纠纷案》《最高人民法院公报》2021 年第 10 期】**<br>案例要旨：被保险人因第三者的行为而发生死亡、伤残或者疾病等保险事故的，保险人向被保险人或者受益人给付保险金后，不享有向第三者追偿的权利，但被保险人或者受益人仍有权向第三者请求赔偿。由于被保险人的生命、健康遭到损害，其损失无法用金钱衡量或弥补，被保险人或受益人可获得双重赔偿，此时不适用财产保险中的损失填补原则。本案中，范某在为被上诉人黄某提供劳务的过程中受伤后死亡，其继承人有权依据意外伤害保险向保险公司主张保险金，也有权请求范某的雇主黄某承担雇主赔偿责任。但保险公司给付保险金后，不享有向雇主黄某的追偿权。 | 康权的，赔偿金按照下列规定计算：<br>（一）造成身体伤害的，应当支付医疗费、护理费，以及赔偿因误工减少的收入。减少的收入每日的赔偿金按照国家上年度职工日平均工资计算，最高额为国家上年度职工年平均工资的五倍；<br>（二）造成部分或者全部丧失劳动能力的，应当支付医疗费、护理费、残疾生活辅助具费、康复费等因残疾而增加的必要支出和继续治疗所必需的费用，以及残疾赔偿金。残疾赔偿金根据丧失劳动能力的程度，按照国家规定的伤残等级确定，最高不超过国家上年度职工年平均工资的二十倍。造成全部丧失劳动能力的，对其扶养的无劳动能力的人，还应当支付生活费；<br>（三）造成死亡的，应当支付死亡赔偿金、丧葬费，总额为国家上年度职工年平均工资的二十倍。对死者生前扶养的无劳动能力的人，还应当支付生活费。<br>前款第二项、第三项规定的生活费的发放标准，参照当 |

| 民法典侵权责任编 | 关联规定 |
| --- | --- |
| 案例指引 3：《杜某辉、黎某诉杜某兰生命权、身体权、健康权纠纷案——鱼塘经营者未设置安全防护措施造成死亡事故发生的应在其过错范围内承担相应侵权责任》【人民法院案例库入库案例，入库编号：2023-16-2-001-003】<br><br>案例要旨：鱼塘的经营者作为实际使用人和管理人，对鱼塘的管理存在瑕疵，对鱼塘存在的安全隐患未尽安全提醒义务，未设置安全警示标志，未对鱼塘尽到安全保障义务，存在过错，应在过错范围内对死亡事故承担相应的赔偿责任。<br><br>案例指引 4：《杨某某诉李某某、某公司等健康权纠纷案——达到法定退休年龄人员误工费的认定》【人民法院案例库入库案例，入库编号：2023-07-2-001-003】<br><br>案例要旨：1. 法定退休年龄的划定不是禁止有劳动能力的劳动者继续劳动，而是出于保护劳动者身体健康的目的，使其慎重继续从事工作。我国法律法规未对劳动者的年龄上限进行限制，只要公民年满十六周岁直至死亡，都具有行使劳动和获取劳动报酬的权利，达到法定退休年龄的劳动者的劳动和劳动所得受法律保护。2. "误工费"是受害人因受到人身损害到痊愈这段时间内因劳动能力的暂时丧失或减少导致无法从事正常工作的实际收入损失。该项费用的请求 | 地最低生活保障标准执行。被扶养的人是未成年人的，生活费给付至十八周岁止；其他无劳动能力的人，生活费给付至死亡时止。<br><br>《最高人民法院关于适用〈中华人民共和国民法典〉侵权责任编的解释（一）》<br><br>第 3 条 非法使被监护人脱离监护，被监护人在脱离监护期间死亡，作为近亲属的监护人既请求赔偿人身损害，又请求赔偿监护关系受侵害产生的损失的，人民法院依法予以支持。<br><br>《最高人民法院关于审理人身损害赔偿案件适用法律若干问题的解释》（2022 年修正）<br><br>第 6 条 医疗费根据医疗机构出具的医药费、住院费等收款凭证，结合病历和诊断证明等相关证据确定。赔偿义务人对治疗的必要性和合理性有异议的，应当承担相应的举证责任。<br><br>医疗费的赔偿数额，按照一审法庭辩论终结前实际发生的数额确定。器官功能恢复训练所必要的康复费、适当的整 |

| 民法典侵权责任编 | 关联规定 |
| --- | --- |
| 权基础在于，受害人因遭受损害而无法从事工作，导致无法得到预期工作收益，这种财产增益损失均是基于受害者受伤影响从事劳动而客观存在的，与受害者年龄无涉。达到法定退休年龄人员受害的，其误工费赔偿请求是否应予支持与其年龄无关，只要具备人身损害赔偿要件、具有误工的事实和收入减少的事实就应予以支持。<br><br>**案例指引5**：《胡某树诉某保险公司、蓝某平等生命权、身体权、健康权纠纷案——交通事故赔偿协议履行后，基于侵权责任产生的权利义务已终结》【人民法院案例库入库案例，入库编号：2023-16-2-001-008】<br><br>案例要旨：关于交通事故一次性赔偿协议效力的司法认定问题，即赔偿权利人与赔偿义务人按双方达成的交通事故赔偿协议履行完毕后，赔偿权利人是否可以再次要求承保赔偿义务人车辆的保险公司赔偿差额部分的损失问题。对此，应考虑赔偿数额、受损害方对伤残等级认识、签订协议时的紧迫程度等因素综合加以认定。需要注意的是，并不是赔偿协议约定的赔偿数额与法律规定不一致即属可撤销。一般只有在赔偿权利人经后续检查发现伤势较重，对自身伤情认识有重大误解，受害程度超出赔偿权利人订立协议时的合理预计范围，所支付的赔偿费用远远低于当事人因此 | 容费以及其他后续治疗费，赔偿权利人可以待实际发生后另行起诉。但根据医疗证明或者鉴定结论确定必然发生的费用，可以与已经发生的医疗费一并予以赔偿。<br><br>**第7条** 误工费根据受害人的误工时间和收入状况确定。<br><br>误工时间根据受害人接受治疗的医疗机构出具的证明确定。受害人因伤致残持续误工的，误工时间可以计算至定残日前一天。受害人有固定收入的，误工费按照实际减少的收入计算。受害人无固定收入的，按照其最近三年的平均收入计算；受害人不能举证证明其最近三年的平均收入状况的，可以参照受诉法院所在地相同或者相近行业上一年度职工的平均工资计算。<br><br>**第12条** 残疾赔偿金根据受害人丧失劳动能力程度或者伤残等级，按照受诉法院所在地上一年度城镇居民人均可支配收入或者农村居民人均纯收入标准，自定残之日起按二十年计算。但六十周岁以上的，年龄每增加一岁减少一年； |

| 民法典侵权责任编 | 关联规定 |
| --- | --- |
| 造成的损失，在赔偿权利人遭受重大损失的情况下，才可认为该赔偿协议显失公平符合可撤销情形，此时赔偿权利人要求赔偿义务人或者承保赔偿义务人车辆的保险公司赔偿差额损失部分不违反诚实信用原则，应当予以支持。除此之外，即便赔偿的数额与法律规定有些许出入，也是当事人对自己民事实体权利的处分，各方当事人应当受赔偿协议的约束，不得出尔反尔，赔偿义务人履行赔偿责任后赔偿权利人不得再次起诉要求赔偿。 | 七十五周岁以上的，按五年计算。<br>受害人因伤致残但实际收入没有减少，或者伤残等级较轻但造成职业妨害严重影响其劳动就业的，可以对残疾赔偿金作相应调整。<br>**第13条** 残疾辅助器具费按照普通适用器具的合理费用标准计算。伤情有特殊需要的，可以参照辅助器具配制机构的意见确定相应的合理费用标准。辅助器具的更换周期和赔偿期限参照配制机构的意见确定。<br>**第14条** 丧葬费按照受诉法院所在地上一年度职工月平均工资标准，以六个月总额计算。<br>**第15条** 死亡赔偿金按照受诉法院所在地上一年度城镇居民人均可支配收入或者农村居民人均纯收入标准，按二十年计算。但六十周岁以上的，年龄每增加一岁减少一年；七十五周岁以上的，按五年计算。<br>《最高人民法院关于审理道路交通事故损害赔偿案件适用法律若干问题的解释》(2020年修正)<br>**第11条** 道路交通安全法 |

| 民法典侵权责任编 | 关联规定 |
| --- | --- |
| | 第七十六条规定的"人身伤亡",是指机动车发生交通事故侵害被侵权人的生命权、身体权、健康权等人身权益所造成的损害,包括民法典第一千一百七十九条和第一千一百八十三条规定的各项损害。<br>道路交通安全法第七十六条规定的"财产损失",是指因机动车发生交通事故侵害被侵权人的财产权益所造成的损失。 |
| **第一千一百八十条**　【以相同数额确定死亡赔偿金】因同一侵权行为造成多人死亡的,可以以相同数额确定死亡赔偿金。<br>**指引**:规定统一的死亡赔偿金赔偿标准,有助于避免"同命不同价"。值得注意的是,法条用的是"可以"而不是"必须"或"应当"。在加快推动城镇化的进程中,特别是在党中央提出建立健全城乡融合发展体制机制和政策体系的大背景下,统一城乡死亡赔偿金、残疾赔偿金的标准是大势所趋,也是践行社会主义核心价值观精神的体现。结合中央有关政策精神和当前经济社会实际情况,对于同一侵权行为造成多人残疾的,残疾赔偿金也可参照本条规定按照同一标准进行赔偿。但对于医疗费、护理费等合理费用支出,以及丧葬费支出,其在性质上属于实际已经造成的损失部分,应按实际损失计算。 | 《最高人民法院关于深入推进社会主义核心价值观融入裁判文书释法说理的指导意见》<br>四、下列案件的裁判文书,应当强化运用社会主义核心价值观释法说理:<br>(一)涉及国家利益、重大公共利益,社会广泛关注的案件;<br>(二)涉及疫情防控、抢险救灾、英烈保护、见义勇为、正当防卫、紧急避险、助人为乐等,可能引发社会道德评价的案件;<br>(三)涉及老年人、妇女、儿童、残疾人等弱势群体以及特殊群体保护,诉讼各方存在较大争议且可能引发社会广泛关注的案件; |

| 民法典侵权责任编 | 关联规定 |
| --- | --- |
| **案例指引 1**：《周某与戴某、张某机动车交通事故责任纠纷案》【最高人民法院民事审判第一庭编：《民事审判指导与参考》2019 年第 4 辑（总第 80 辑），人民法院出版社 2020 年版，第 156 页】<br>案例要旨：损害发生时受害人的户籍已依地方政策由农村转为城镇，无论受害人在户籍转变后是否仍享有农村承包土地并从事农业生产，均应按照城镇居民赔偿标准计算"农转城"人员的死亡赔偿金和残疾赔偿金。<br>**案例指引 2**：《吴某某等 14 人诉启某有限公司、倪某某海上人身损害责任纠纷案》【最高人民法院关于船员权益保护典型案例①】<br>案例要旨：多名受害人在同一侵权事件中死亡，应适用同一标准进行赔偿。本案中，因船舶碰撞事故导致 14 名船员遇难，其中 1 人为城镇户籍，根据本条规定，结合中央提出的改革人身损害赔偿制度、统一城乡居民赔偿标准的精神，法院最终判决支持 13 名农村户籍遇难船员家属关于按照城镇标准计算死亡赔偿金的主张。本案在海事审判领域探索人身损害赔偿标准的统一，有利于进一步推进权利平等、以人为本的裁判理念。 | （四）涉及公序良俗、风俗习惯、权利平等、民族宗教等，诉讼各方存在较大争议且可能引发社会广泛关注的案件；<br>（五）涉及新情况、新问题，需要对法律规定、司法政策等进行深入阐释，引领社会风尚、树立价值导向的案件；<br>（六）其他应当强化运用社会主义核心价值观释法说理的案件。 |
| **第一千一百八十一条** 【被侵权人死亡时请求权主体的确定】被侵权人死亡的，其近亲属有权请求侵权人承担侵权 | 《国家赔偿法》（2012 年修正）<br>第 6 条 受害的公民、法人 |

---

① 载中华人民共和国最高人民法院网站，https：//www.court.gov.cn/zixun/xiangqing/238191.html，2024 年 10 月 1 日访问。

| 民法典侵权责任编 | 关联规定 |
| --- | --- |
| 责任。被侵权人为组织，该组织分立、合并的，承继权利的组织有权请求侵权人承担侵权责任。<br>　　被侵权人死亡的，支付被侵权人医疗费、丧葬费等合理费用的人有权请求侵权人赔偿费用，但是侵权人已经支付该费用的除外。<br>　　**指引：** 对自然人作为被侵权人而言，被侵权人死亡时，请求权主体一般为近亲属。依照《民法典》第1045条的规定，民法意义上的近亲属包括配偶、父母、子女、兄弟姐妹、祖父母、外祖父母、孙子女、外孙子女。在被侵权人死亡情形下，如果支付被侵权人医疗费、丧葬费等侵权赔偿费用的人不是侵权人，而是其他人，其在支付上述费用后即与侵权人之间形成了债权债务关系，形成了对侵权人的债权，有权向侵权人主张偿还。<br>　　**案例指引1：**《张某某、钟某诉王某某、某租赁公司、某公司海上和通海水域人身损害责任纠纷案——叔侄关系不属于近亲属范围无权向侵权人主张赔偿》【人民法院案例库入库案例，入库编号：2023-10-2-200-004】<br>　　案例要旨：关于叔侄关系是否属于近亲属的范围问题。《最高人民法院关于审理人身损害赔偿案件适用法律若干问题的解释》（法释〔2020〕17号）第1条第1款、第2款规定："因生命、健康、身体遭受侵害，赔偿权利人起诉请求赔偿义务人赔偿财产损失和精神损害的，人民法院应予受理。本条所称'赔偿 | 和其他组织有权要求赔偿。<br>　　受害的公民死亡，其继承人和其他有扶养关系的亲属有权要求赔偿。<br>　　受害的法人或者其他组织终止的，其权利承受人有权要求赔偿。<br>　　**《最高人民法院关于确定民事侵权精神损害赔偿责任若干问题的解释》（2020年修正）**<br>　　**第3条** 死者的姓名、肖像、名誉、荣誉、隐私、遗体、遗骨等受到侵害，其近亲属向人民法院提起诉讼请求精神损害赔偿的，人民法院应当依法予以支持。<br>　　**《最高人民法院关于审理道路交通事故损害赔偿案件适用法律若干问题的解释》（2020年修正）**<br>　　**第23条** 被侵权人因道路交通事故死亡，无近亲属或者近亲属不明，未经法律授权的机关或者有关组织向人民法院起诉主张死亡赔偿金的，人民法院不予受理。<br>　　侵权人以已向未经法律授权的机关或者有关组织支付死亡赔偿金为理由，请求保险公司在交强险责任限额范围内予以赔偿的，人民法院不予支持。 |

| 民法典侵权责任编 | 关联规定 |
|---|---|
| 权利人',是指因侵权行为或者其他致害原因直接遭受人身损害的受害人、依法由受害人承担扶养义务的被扶养人以及死亡受害人的近亲属。"亲属包括配偶、血亲和姻亲。配偶、父母、子女、兄弟姐妹、祖父母、外祖父母、孙子女、外孙子女为近亲属。<br>**案例指引 2**：《线某甲与线某乙、线某丙等共有纠纷案》【最高人民法院审判监督庭编：《审判监督指导》2018 年第 4 辑（总第 66 辑），人民法院出版社 2019 年版，第 105 页】<br>案例要旨：死亡赔偿金与其他物质损失并列，其性质属于财产损害赔偿，属于因侵权行为造成受害人的近亲属收入减少的损失赔偿，死亡赔偿金的赔偿对象不是死者本人，不是死者本人的遗产；侵权致死的案件中，只有死者的近亲属才拥有精神损害赔偿的请求权，最终获得精神损害抚慰金的是死者的近亲属，故精神损害抚慰金也不是死者的遗产。 | 被侵权人因道路交通事故死亡，无近亲属或者近亲属不明，支付被侵权人医疗费、丧葬费等合理费用的单位或者个人，请求保险公司在交强险责任限额范围内予以赔偿的，人民法院应予支持。<br>**《最高人民法院关于侵权行为导致流浪乞讨人员死亡，无赔偿权利人或者赔偿权利人不明的，民政部门能否提起民事诉讼的复函》**<br>流浪乞讨人员因侵权行为导致死亡，无赔偿权利人或者赔偿权利人不明，在法律未明确授权的情况下，民政部门向人民法院提起民事诉讼的，人民法院不予受理。已经受理的，驳回起诉。 |
| **第一千一百八十二条** 【侵害他人人身权益造成财产损失的赔偿计算方式】<br>侵害他人人身权益造成财产损失的，按照被侵权人因此受到的损失或者侵权人因此获得的利益赔偿；被侵权人因此受到的损失以及侵权人因此获得的利益难以确定，被侵权人和侵权人就赔偿数额协商不一致，向人民法院提起诉讼的，由人民法院根据实际情况确定赔偿数额。<br>**指引**：侵害他人人身权益造成的财产损害，既可能是直接损失，也可能是间接 | 《专利法》（2020 年修正）<br>**第 71 条** 侵犯专利权的赔偿数额按照权利人因被侵权所受到的实际损失或者侵权人因侵权所获得的利益确定；权利人的损失或者侵权人获得的利益难以确定的，参照该专利许可使用费的倍数合理确定。对故意侵犯专利权，情节严重的，可以在按照上述方法确定数额的一倍以上五倍以下确定赔偿数额。 |

| 民法典侵权责任编 | 关联规定 |
|---|---|
| 损失，也会涉及纯粹经济损失。侵害他人生命、健康、身体等权益造成的财产损失的赔偿范围，一般包括积极的财产损失（直接损失）和可得利益的损失（间接损失）。实践中存在不同观点的主要是侵害他人名誉权、荣誉权、姓名权、肖像权和隐私权等非物质性人身权益造成的财产损失如何赔偿的问题。有观点认为，侵害他人非物质性人身权应按照其实际损害赔偿；也有观点认为可将侵权人的获利情况作为司法实践中确定赔偿数额的重要因素。本条在总结以往实践、综合有关方面意见的基础上将"所获利益标准"提升到与所受损失并列的高度。当损失与获利均难以确定时，由双方协商确定；协商不成时由法院根据侵权人过错程度、具体侵权行为与方式、造成的后果与影响等实际情况确定。<br><br>**案例指引 1**：《刘某诉孟某姓名权纠纷案》【国家法官学院、中国人民大学法学院编：《中国审判案例要览（2014 年民事审判案例卷）》，中国人民大学出版社 2016 年版，第 135 页】<br><br>案例要旨：行为人以假冒方式使用他人姓名，在工商行政管理部门办理以他人姓名为经营者的个体工商户的，构成对他人姓名权的侵犯。被侵权人有权要求行为人停止侵权、赔礼道歉、消除不利影响。被侵权人因行为人侵犯其姓名权受到的损失以及行为人因此获得的利益均难以确定的，法院可根据实际情况确定赔偿数额。 | 权利人的损失、侵权人获得的利益和专利许可使用费均难以确定的，人民法院可以根据专利权的类型、侵权行为的性质和情节等因素，确定给予三万元以上五百万元以下的赔偿。<br><br>赔偿数额还应当包括权利人为制止侵权行为所支付的合理开支。<br><br>人民法院为确定赔偿数额，在权利人已经尽力举证，而与侵权行为相关的账簿、资料主要由侵权人掌握的情况下，可以责令侵权人提供与侵权行为相关的账簿、资料；侵权人不提供或者提供虚假的账簿、资料的，人民法院可以参考权利人的主张和提供的证据判定赔偿数额。<br><br>《著作权法》（2020 年修正）<br><br>**第 54 条** 侵犯著作权或者与著作权有关的权利的，侵权人应当按照权利人因此受到的实际损失或者侵权人的违法所得给予赔偿；权利人的实际损失或者侵权人的违法所得难以计算的，可以参照该权利使用费给予赔偿。对故意侵犯著作权或者与著作权有关的权利，情节严重的，可以在按照上述 |

| 民法典侵权责任编 | 关联规定 |
| --- | --- |
| 案例指引 2：《周某诉某建材公司肖像权、姓名权纠纷案》【最高人民法院中国应用法学研究所编：《人民法院案例选》2019 年第 10 辑（总第 140 辑），人民法院出版社 2020 年版，第 3 页】<br><br>案例要旨：某建材公司未经周某同意使用周某肖像和姓名的行为已经侵犯了周某的肖像权和姓名权，应依法承担相应的侵权责任。鉴于某建材公司庭审中提出在收到周某的律师函之后，已经停止了侵权行为，周某亦认可在本案诉讼之时，未发现某建材公司仍存在侵权行为，故周某要求某建材公司立即停止侵害的主张，依据不足，不予支持。周某的财产损失或某建材公司因侵权获得的利益难以确定，双方就赔偿数额亦未能协商一致，根据案件实际情况，酌情认定赔偿数额为 58 万元。根据周某的职业身份、知名度、肖像许可使用情况，某建材公司的侵权行为持续时间、主观过错程度、涉案侵权广告范围、网站公开程度、杂志发行量及可能造成的影响等情节，确定财产性损害赔偿 50 万元。结合周某为制止涉案侵权行为的诉讼成本、案件标的额、判赔额、案件复杂程度、律师工作量、相关律师收费标准等因素，确定合理费用支出 8 万元。某建材公司侵害周某肖像权、姓名权的行为造成人格权权能中包含经济性利益的部分受损，但并未达到严重精神损害的程度，故对周某要求精神损害赔偿 1 元的诉讼请求不予支持。周某要求某建材公司在其官网、指定杂志上刊登致歉声明的该部分主张，予以支持。 | 方法确定数额的一倍以上五倍以下给予赔偿。<br><br>权利人的实际损失、侵权人的违法所得、权利使用费难以计算的，由人民法院根据侵权行为的情节，判决给予五百元以上五百万元以下的赔偿。<br><br>赔偿数额还应当包括权利人为制止侵权行为所支付的合理开支。<br><br>人民法院为确定赔偿数额，在权利人已经尽了必要举证责任，而与侵权行为相关的账簿、资料等主要由侵权人掌握的，可以责令侵权人提供与侵权行为相关的账簿、资料等；侵权人不提供，或者提供虚假的账簿、资料等的，人民法院可以参考权利人的主张和提供的证据确定赔偿数额。<br><br>人民法院审理著作权纠纷案件，应权利人请求，对侵权复制品，除特殊情况外，责令销毁；对主要用于制造侵权复制品的材料、工具、设备等，责令销毁，且不予补偿；或者在特殊情况下，责令禁止前述材料、工具、设备等进入商业渠道，且不予补偿。 |

| 民法典侵权责任编 | 关联规定 |
| --- | --- |
|  | 《最高人民法院关于审理利用信息网络侵害人身权益民事纠纷案件适用法律若干问题的规定》(2020年修正)<br><br>第11条 网络用户或者网络服务提供者侵害他人人身权益,造成财产损失或者严重精神损害,被侵权人依据民法典第一千一百八十二条和第一千一百八十三条的规定,请求其承担赔偿责任的,人民法院应予支持。<br><br>第12条 被侵权人为制止侵权行为所支付的合理开支,可以认定为民法典第一千一百八十二条规定的财产损失。合理开支包括被侵权人或者委托代理人对侵权行为进行调查、取证的合理费用。人民法院根据当事人的请求和具体案情,可以将符合国家有关部门规定的律师费用计算在赔偿范围内。<br><br>被侵权人因人身权益受侵害造成的财产损失以及侵权人因此获得的利益难以确定的,人民法院可以根据具体案情在50万元以下的范围内确定赔偿数额。 |

| 民法典侵权责任编 | 关联规定 |
| --- | --- |
|  | 《最高人民法院关于审理使用人脸识别技术处理个人信息相关民事案件适用法律若干问题的规定》
第8条　信息处理者处理人脸信息侵害自然人人格权益造成财产损失，该自然人依据民法典第一千一百八十二条主张财产损害赔偿的，人民法院依法予以支持。
　　自然人为制止侵权行为所支付的合理开支，可以认定为民法典第一千一百八十二条规定的财产损失。合理开支包括该自然人或者委托代理人对侵权行为进行调查、取证的合理费用。人民法院根据当事人的请求和具体案情，可以将合理的律师费用计算在赔偿范围内。
《最高人民法院关于确定民事侵权精神损害赔偿责任若干问题的解释》（2020年修正)
　　第5条　精神损害的赔偿数额根据以下因素确定：
　　（一）侵权人的过错程度，但是法律另有规定的除外；
　　（二）侵权行为的目的、方式、场合等具体情节；
　　（三）侵权行为所造成的后果； |

| 民法典侵权责任编 | 关联规定 |
|---|---|
|  | （四）侵权人的获利情况；<br>（五）侵权人承担责任的经济能力；<br>（六）受理诉讼法院所在地的平均生活水平。 |
| 第一千一百八十三条　【精神损害赔偿】侵害自然人人身权益造成严重精神损害的，被侵权人有权请求精神损害赔偿。<br>　　因故意或者重大过失侵害自然人具有人身意义的特定物造成严重精神损害的，被侵权人有权请求精神损害赔偿。<br>　　指引：精神损害赔偿的基本条件包括：(1) 侵害的是他人的人身权益。侵害财产权益原则上不在精神损害赔偿的范围之内，例外情形由本条第 2 款规定。(2) 须造成被侵权人严重精神损害，"严重"的认定，应采取容忍限度理论，即超出了社会一般人的容忍限度。(3) 侵害行为与精神损害后果有因果关系。(4) 精神损害赔偿的适用要符合其他有关侵权责任构成的相应要件。需注意，在本条第 2 款规定的侵害特定物品的精神损害赔偿时，则要以侵权人有"故意和重大过失"为限，侵权人仅有"一般过错"则不用承担精神损害赔偿的责任。值得注意的是，《民法典侵权编解释一》第 2 条明确了非法使被监护人脱离监护造成严重精神损害的可主张精神损害赔偿。如何认定非法使被监护人脱离监护造成严重精神损害，实践中可综合脱离监 | 《国家赔偿法》（2012 年修正）<br>　　第 35 条　有本法第三条或者第十七条规定情形之一，致人精神损害的，应当在侵权行为影响的范围内，为受害人消除影响，恢复名誉，赔礼道歉；造成严重后果的，应当支付相应的精神损害抚慰金。<br>《消费者权益保护法》（2013 年修正）<br>　　第 51 条　经营者有侮辱诽谤、搜查身体、侵犯人身自由等侵害消费者或者其他受害人人身权益的行为，造成严重精神损害的，受害人可以要求精神损害赔偿。<br>《最高人民法院关于适用〈中华人民共和国民法典〉侵权责任编的解释（一）》<br>　　第 2 条　非法使被监护人脱离监护，导致父母子女关系或者其他近亲属关系受到严重损害的，应当认定为民法典第一千一百八十三条第一款规定的严重精神损害。 |

| 民法典侵权责任编 | 关联规定 |
| --- | --- |
| 护的时间、使近亲属出现精神疾患等因素予以认定。<br><br>案例指引1：《果某诉张某某等人、某商贸公司身体权、健康权纠纷案——实施性侵的未成年人未被追究刑事责任的，其监护人及相关宾馆经营者侵权责任的认定规则》【人民法院案例库入库案例，入库编号：2024-14-2-001-005】<br><br>案例要旨：1. 对于未达刑事责任年龄的未成年人实施性侵行为的，虽然依法不承担刑事责任，但不能免除其及监护人的民事责任。受害人因此遭受严重精神损害并提起民事诉讼主张精神损害赔偿的，人民法院依法予以支持。2. 宾馆经营者应严格履行保护未成年人的法律义务和主体责任，通过规范入住程序，严格落实身份核验、登记、报告制度等，履行安全保障义务。因未尽到安全保障义务导致受害人在经营场所遭受性侵的，宾馆经营者依法应当承担补充赔偿责任。<br><br>案例指引2：《楼某某诉杜某峰肖像权纠纷案——盗用未成年人肖像图片并在信息网络中炮制话题引发舆情的，可认定对未成年人造成严重精神损害》【人民法院案例库入库案例，入库编号：2024-14-2-004-001】<br><br>案例要旨：未经许可使用未成年人的肖像图片，在信息网络中以杜撰事实、散布造谣等方式炮制话题，引发网络舆情等不良社会影响，可认定构成对未成年人的严重精神损害。未成年人及其监护 | 《最高人民法院关于确定民事侵权精神损害赔偿责任若干问题的解释》（2020年修正）<br><br>第1条　因人身权益或者具有人身意义的特定物受到侵害，自然人或者其近亲属向人民法院提起诉讼请求精神损害赔偿的，人民法院应当依法予以受理。<br><br>第2条　非法使被监护人脱离监护，导致亲子关系或者近亲属间的亲属关系遭受严重损害，监护人向人民法院起诉请求赔偿精神损害的，人民法院应当依法予以受理。<br><br>第3条　死者的姓名、肖像、名誉、荣誉、隐私、遗体、遗骨等受到侵害，其近亲属向人民法院提起诉讼请求精神损害赔偿的，人民法院应当依法予以支持。<br><br>第4条　法人或者非法人组织以名誉权、荣誉权、名称权遭受侵害为由，向人民法院起诉请求精神损害赔偿的，人民法院不予支持。<br><br>《最高人民法院关于审理利用信息网络侵害人身权益民事纠纷案件适用法律若干问题的规定》（2020年修正） |

| 民法典侵权责任编 | 关联规定 |
| --- | --- |
| 人依据《民法典》第1183条要求行为人承担精神损害赔偿责任的，人民法院依法予以支持。<br>**案例指引3：**《徐某与宋某、刘某侵害名誉权民事纠纷案》【最高人民法院公布八起利用网络侵害人身权益典型案例①】<br>　　案例要旨：在公开博客这样的自媒体中表达，与通过广播、电视、报刊等方式表达一样，都应当遵守国家的法律法规，不得侵犯他人的合法权益。博客开设者应当对博客内容承担法律责任。利用互联网和其他媒体侵犯他人名誉权，法院根据其行为的主观过错、侵权手段的恶劣程度、侵权结果等因素，判处较高数额的精神损害抚慰金。<br>**案例指引4：**《汪某诉某超市有限公司光谷分公司名誉权纠纷案》【最高人民法院发布人民法院维护消费者权益典型案例②】<br>　　案例要旨：公民的人格尊严受法律保护。消费者购物没有偷窃行为却被写入"窃嫌姓名"中，侵犯了公民的人格尊严，客观上造成一定范围内对受害人社会评价的降低，侵犯名誉权。虽未遭受经济损失，但因人格受到侮辱并遭受严重精神损害的，可以依法要求销售者书面赔礼道歉并在营业场所张贴道歉函，并承担精神损害赔偿责任。 | 　　**第11条**　网络用户或者网络服务提供者侵害他人人身权益，造成财产损失或者严重精神损害，被侵权人依据民法典第一千一百八十二条和第一千一百八十三条的规定，请求其承担赔偿责任的，人民法院应予支持。 |

---

① 载中华人民共和国最高人民法院网站，https://www.court.gov.cn/zixun/xiangqing/6750.html，2024年10月1日访问。
② 载中华人民共和国最高人民法院网站，https://www.court.gov.cn/zixun/xiangqing/6216.html，2024年10月1日访问。

| 民法典侵权责任编 | 关联规定 |
| --- | --- |
| **第一千一百八十四条** 【财产损失的计算】侵害他人财产的，财产损失按照损失发生时的市场价格或者其他合理方式计算。<br>**指引：**按照损失发生时的市场价格计算的方法，也被称为差额计算法。本条规定以财产损失发生时的市场价格确认财产损失，是考虑到该时间点较其他时间点而言，容易掌握与固定。其他时间点如起诉之日、判决生效之日等均有不确定性，不利于对同一类型财产损失进行计算。本条另规定了"或者其他合理方式计算"的损失确定方法。当价格波动较大时，为使被侵权人得到充分救济，法院可以其他合理方式确定损失。<br>**案例指引 1：**《某科学研究院某水产研究所、某水产科技有限公司与某水产设备科技有限公司、原审被告姜某、李某、颉某、某科技有限公司财产损害赔偿纠纷案》【《最高人民法院知识产权法庭裁判要旨（2020）摘要》①】<br>**案例要旨：**专利申请权或者专利权权属存在争议期间，专利申请人或者登记的专利权人基于诚实信用原则，负有积极获得专利授权或者使已经获得授权的专利权维持有效的善良管理义务。专利申请人或者登记的专利权人无正当理由未尽善良管理义务，致使权利终止或者 | 《著作权法》（2020 年修正）<br>**第 54 条** 侵犯著作权或者与著作权有关的权利的，侵权人应当按照权利人因此受到的实际损失或者侵权人的违法所得给予赔偿；权利人的实际损失或者侵权人的违法所得难以计算的，可以参照该权利使用费给予赔偿。对故意侵犯著作权或者与著作权有关的权利，情节严重的，可以在按照上述方法确定数额的一倍以上五倍以下给予赔偿。<br>权利人的实际损失、侵权人的违法所得、权利使用费难以计算的，由人民法院根据侵权行为的情节，判决给予五百元以上五百万元以下的赔偿。<br>赔偿数额还应当包括权利人为制止侵权行为所支付的合理开支。<br>人民法院为确定赔偿数额，在权利人已经尽了必要举证责任，而与侵权行为相关的账簿、资料等主要由侵权人掌握的，可以责令侵权人提供与侵权行为相关的账簿、资料等； |

---

① 载最高人民法院知识产权法庭网站，https://enipc.court.gov.cn/zh-cn/news/view-1068.html，2024 年 10 月 1 日访问。

| 民法典侵权责任编 | 关联规定 |
| --- | --- |
| 丧失，损害真正权利人合法权益的，构成对他人财产权的侵害，应当承担赔偿经济损失的民事责任。<br>**案例指引2：**《重庆市荣昌区梁某国水产养殖场诉重庆某泉农牧有限公司水污染责任纠纷案——水污染责任纠纷中因果关系及损失金额的认定》【人民法院案例库入库案例，入库编号：2023-11-2-377-004】<br>案例要旨：1.关于水污染责任纠纷中侵权人侵权责任的认定。由于水污染具有间接性、长期性、潜伏性、滞后性等特点，其造成的环境损害是动态的、系统性的，并非简单的、一次性的短期过程。认定水污染责任纠纷中侵权人是否应当承担侵权责任，可以根据鉴定意见或专业人员意见，综合考虑侵权人是否具有明确的排污行为、污染物传输路径是否具有合理性、监测提取的污染物因子是否与被侵权人的损害后果具有牵连性等因素，并结合双方举证责任分配予以认定。2.关于水污染责任纠纷案件审理中对于鉴定结论的司法审查。对水污染的鉴定结论进行司法审查时，应当遵循逻辑性、合理性、科学常识和经验法则的审查标准，结合专家意见及具体案情来进行审查判断。因被侵权人向鉴定人提交的证明自身损失的证据不完整，鉴定人系根据其自身专业经验通过理论模型进行推算得出鉴定意见，其中对被侵权人经营期间应当投入的生产成本未予 | 侵权人不提供，或者提供虚假的账簿、资料等的，人民法院可以参考权利人的主张和提供的证据确定赔偿数额。<br>人民法院审理著作权纠纷案件，应权利人请求，对侵权复制品，除特殊情况外，责令销毁；对主要用于制造侵权复制品的材料、工具、设备等，责令销毁，且不予补偿；或者在特殊情况下，责令禁止前述材料、工具、设备等进入商业渠道，且不予补偿。<br>《专利法》（2020年修正）<br>**第71条** 侵犯专利权的赔偿数额按照权利人因被侵权所受到的实际损失或者侵权人因侵权所获得的利益确定；权利人的损失或者侵权人获得的利益难以确定的，参照该专利许可使用费的倍数合理确定。对故意侵犯专利权，情节严重的，可以在按照上述方法确定数额的一倍以上五倍以下确定赔偿数额。<br>权利人的损失、侵权人获得的利益和专利许可使用费均难以确定的，人民法院可以根据专利权的类型、侵权行为的性质和情节等因素，确定给予三万元以上五百万元以下的赔偿。 |

| 民法典侵权责任编 | 关联规定 |
| --- | --- |
| 确定，且与市场估价相差悬殊的，可以认定鉴定意见确定的损失金额与被侵权人实际损失不符，对鉴定意见中超出实际损失的部分不应予以采信。3. 关于水污染责任纠纷中被侵权人实际损失的认定。水污染责任纠纷中，在被侵权人的客观损失难以查清，也无法采信鉴定意见的情况下，可结合专家意见，根据被侵权人的经营面积、同类规模经营主体的平均产值，考虑扣除经营成本支出、经营收益等因素，酌情确定其损失金额。<br><br>案例指引3：《上海某服装公司诉上海某贸易公司、王某质押合同纠纷案——质押财产损害赔偿中"市场价格"的认定标准》【人民法院案例库入库案例，入库编号：2023-08-2-106-002】<br>案例要旨：损害他人质押财产的，财产损失按照损失发生时的市场价格或者其他合理方式计算。损失发生时的市场价格难以确定的，人民法院可以在参照委托评估价格、相关行业价格、当事人协商价格、类案价格的基础上，综合考虑具体案件情中的实际损失、交易习惯、质押物属性、当事人过错等因素，依据诚信原则、公平原则合理确定质押财产的市场价格。<br>案例指引4：《钱某诉某英、某粮食储备有限公司某粮油批发中心等交通事故赔偿案》【国家法官学院、中国人民大学法学院编：《中国审判案例要览（2012年民事审判案例卷）》，中国人民大学出版社2014年版，第369页】 | 赔偿数额还应当包括权利人为制止侵权行为所支付的合理开支。<br><br>人民法院为确定赔偿数额，在权利人已经尽力举证，而与侵权行为相关的账簿、资料主要由侵权人掌握的情况下，可以责令侵权人提供与侵权行为相关的账簿、资料；侵权人不提供或者提供虚假的账簿、资料的，人民法院可以参考权利人的主张和提供的证据判定赔偿数额。<br><br>《商标法》（2019年修正）<br>第63条 侵犯商标专用权的赔偿数额，按照权利人因被侵权所受到的实际损失确定；实际损失难以确定的，可以按照侵权人因侵权所获得的利益确定；权利人的损失或者侵权人获得的利益难以确定的，参照该商标许可使用费的倍数合理确定。对恶意侵犯商标专用权，情节严重的，可以在按照上述方法确定数额的一倍以上五倍以下确定赔偿数额。赔偿数额应当包括权利人为制止侵权行为所支付的合理开支。<br><br>人民法院为确定赔偿数额，在权利人已经尽力举证，而与侵权行为相关的账簿、资 |

| 民法典侵权责任编 | 关联规定 |
| --- | --- |
| 案例要旨：车辆作为普通物品，其主要功能在于发挥汽车的使用价值，并无其他特殊的诸如纪念、珍藏等价值，因此对该财产的损失判断应以使用价值为基本标准。车辆的"贬值损失"是一种间接损失，是车辆修复后该车价值与未遭受损害前的价值比较后的贬值费，它包括当事人对汽车修复后的价值与发生事故前的价值跌落的心理评价，也就是说它并非必然会产生的损失，也不属于直接存在或将来必然发生的损失。因此，交通事故造成的汽车贬值不属于赔偿范围。 | 料主要由侵权人掌握的情况下，可以责令侵权人提供与侵权行为相关的账簿、资料；侵权人不提供或者提供虚假的账簿、资料的，人民法院可以参考权利人的主张和提供的证据判定赔偿数额。<br><br>权利人因被侵权所受到的实际损失、侵权人因侵权所获得的利益、注册商标许可使用费难以确定的，由人民法院根据侵权行为的情节判决给予五百万元以下的赔偿。<br><br>人民法院审理商标纠纷案件，应权利人请求，对属于假冒注册商标的商品，除特殊情况外，责令销毁；对主要用于制造假冒注册商标的商品的材料、工具，责令销毁，且不予补偿；或者在特殊情况下，责令禁止前述材料、工具进入商业渠道，且不予补偿。<br><br>假冒注册商标的商品不得在仅去除假冒注册商标后进入商业渠道。<br><br>《最高人民法院关于审理道路交通事故损害赔偿案件适用法律若干问题的解释》(2020年修正)<br><br>第11条 道路交通安全法第七十六条规定的"人身伤 |

| 民法典侵权责任编 | 关联规定 |
| --- | --- |
| | 亡",是指机动车发生交通事故侵害被侵权人的生命权、身体权、健康权等人身权益所造成的损害,包括民法典第一千一百七十九条和第一千一百八十三条规定的各项损害。<br>道路交通安全法第七十六条规定的"财产损失",是指因机动车发生交通事故侵害被侵权人的财产权益所造成的损失。<br>**第12条** 因道路交通事故造成下列财产损失,当事人请求侵权人赔偿的,人民法院应予支持:<br>(一)维修被损坏车辆所支出的费用、车辆所载物品的损失、车辆施救费用;<br>(二)因车辆灭失或者无法修复,为购买交通事故发生时与被损坏车辆价值相当的车辆重置费用;<br>(三)依法从事货物运输、旅客运输等经营性活动的车辆,因无法从事相应经营活动所产生的合理停运损失;<br>(四)非经营性车辆因无法继续使用,所产生的通常替代性交通工具的合理费用。 |

| 民法典侵权责任编 | 关联规定 |
| --- | --- |
| 第一千一百八十五条 【故意侵害知识产权的惩罚性赔偿责任】故意侵害他人知识产权，情节严重的，被侵权人有权请求相应的惩罚性赔偿。<br>**指引**：《民法典》关于侵害知识产权惩罚性赔偿的规定，为知识产权部门法继续细化规定惩罚性赔偿制度提供一般规则和上位支撑，也为各个知识产权部门法统一协调规定惩罚性赔偿构成要件、避免条文冲突提供了基本遵循。侵害知识产权适用惩罚性赔偿须符合以下条件：1. 主观状态为故意，"过失"甚至"重大过失"的侵权行为一般不能适用。2. 情节严重。明确情节严重这一要件，有利于防止惩罚性赔偿过度滥用，且与商标法的规定相吻合，也为后续的惩罚性赔偿规则细化提供了依据，预留了空间。<br>**案例指引 1**：《金某海诉郑东新区白沙镇某五金机电劳保建材经营部等侵害发明专利权纠纷案——侵权和解后再次销售相同侵权产品的惩罚性赔偿责任》【人民法院案例库入库案例，入库编号：2023-13-2-160-032】<br>**案例要旨**：侵权人与专利权利人就有关销售侵权产品行为的纠纷达成和解后，再次销售相同侵权产品的，可以认定其构成故意侵权且情节严重；专利权利人请求适用惩罚性赔偿，并主张参照在先和解协议约定的赔偿数额作为计算基础的，人民法院可以依法予以支持。 | 《反不正当竞争法》（2019 年修正）<br>**第 17 条第 3 款** 因不正当竞争行为受到损害的经营者的赔偿数额，按照其因被侵权所受到的实际损失确定；实际损失难以计算的，按照侵权人因侵权所获得的利益确定。经营者恶意实施侵犯商业秘密行为，情节严重的，可以在按照上述方法确定数额的一倍以上五倍以下确定赔偿数额。赔偿数额还应当包括经营者为制止侵权行为所支付的合理开支。<br>**第 17 条第 4 款** 经营者违反本法第六条、第九条规定，权利人因被侵权所受到的实际损失、侵权人因侵权所获得的利益难以确定的，由人民法院根据侵权行为的情节判决给予权利人五百万元以下的赔偿。<br>《著作权法》（2020 年修正）<br>**第 54 条第 1 款** 侵犯著作权或者与著作权有关的权利的，侵权人应当按照权利人因此受到的实际损失或者侵权人的违法所得给予赔偿；权利人的实际损失或者侵权人的违法所得难以计算的，可以参照该权利使用费给予赔偿。对故意 |

| 民法典侵权责任编 | 关联规定 |
|---|---|
| **案例指引 2**：《某公司与某运动器材有限公司侵害商标权纠纷案》【最高人民法院公布 2019 年中国法院 10 大知识产权案件①】<br>案例要旨：行为人使用他人的注册商标在展览会、微信商城等中以多种方式进行实际销售牟利，侵害了他人的商标权，在被侵权人对行为人提起的诉讼中，双方签订和解协议，行为人承诺不再从事侵权活动，但此后仍重复侵害他人商标权的，可适用三倍惩罚性赔偿标准。<br>**案例指引 3**：《某咨询有限公司与某管理咨询有限公司侵害商业秘密纠纷案》【最高人民法院发布 2019 年中国法院 50 件典型知识产权案例②】<br>案例要旨：两名侵权人买卖权利人商业秘密，通过非法交易从中牟利，共同实施侵犯权利人商业秘密的不正当竞争行为，主观恶意明显，法院可对两名侵权人适用惩罚性赔偿标准，即以两名侵权人买卖权利人商业秘密交易金额作为其因侵权所获利益，并以此为基数，确定两名侵权人连带赔偿权利人三倍的经济损失及其他合理费用。 | 侵犯著作权或者与著作权有关的权利，情节严重的，可以在按照上述方法确定数额的一倍以上五倍以下给予赔偿。<br>《**专利法**》（2020 年修正）<br>第 71 条第 1 款　侵犯专利权的赔偿数额按照权利人因被侵权所受到的实际损失或者侵权人因侵权所获得的利益确定；权利人的损失或者侵权人获得的利益难以确定的，参照该专利许可使用费的倍数合理确定。对故意侵犯专利权，情节严重的，可以在按照上述方法确定数额的一倍以上五倍以下确定赔偿数额。<br>《**商标法**》（2019 年修正）<br>第 63 条第 1 款　侵犯商标专用权的赔偿数额，按照权利人因被侵权所受到的实际损失确定；实际损失难以确定的，可以按照侵权人因侵权所获得的利益确定；权利人的损失或者侵权人获得的利益难以确定的，参照该商标许可使用费的倍数合理确定。对恶意侵犯商标专用权，情节严重的，可以在按照上述方 |

---

① 载中华人民共和国最高人民法院网站，https：//www.court.gov.cn/zixun/xiangqing/226511.html，2024 年 10 月 1 日访问。

② 载中华人民共和国最高人民法院网站，https：//www.court.gov.cn/zixun/xiangqing/226511.html，2024 年 10 月 1 日访问。

| 民法典侵权责任编 | 关联规定 |
|---|---|
|  | 法确定数额的一倍以上五倍以下确定赔偿数额。赔偿数额应当包括权利人为制止侵权行为所支付的合理开支。<br>**《最高人民法院关于审理涉及计算机网络域名民事纠纷案件适用法律若干问题的解释》**（2020年修正）<br>第7条 人民法院认定域名注册、使用等行为构成侵权或者不正当竞争的，可以判令被告停止侵权、注销域名，或者依原告的请求判令由原告注册使用该域名；给权利人造成实际损害的，可以判令被告赔偿损失。<br>侵权人故意侵权且情节严重，原告有权向人民法院请求惩罚性赔偿。<br>**《最高人民法院关于审理侵害知识产权民事案件适用惩罚性赔偿的解释》**<br>第1条 原告主张被告故意侵害其依法享有的知识产权且情节严重，请求判令被告承担惩罚性赔偿责任的，人民法院应当依法审查处理。<br>本解释所称故意，包括商标法第六十三条第一款和反不正当竞争法第十七条第三款规定的恶意。<br>第5条 人民法院确定惩罚性赔偿数额时，应当分别依 |

| 民法典侵权责任编 | 关联规定 |
| --- | --- |
|  | 照相关法律，以原告实际损失数额、被告违法所得数额或者因侵权所获得的利益作为计算基数。该基数不包括原告为制止侵权所支付的合理开支；法律另有规定的，依照其规定。<br>　　前款所称实际损失数额、违法所得数额、因侵权所获得的利益均难以计算的，人民法院依法参照该权利许可使用费的倍数合理确定，并以此作为惩罚性赔偿数额的计算基数。<br>　　人民法院依法责令被告提供其掌握的与侵权行为相关的账簿、资料，被告无正当理由拒不提供或者提供虚假账簿、资料的，人民法院可以参考原告的主张和证据确定惩罚性赔偿数额的计算基数。构成民事诉讼法第一百一十一条规定情形的，依法追究法律责任。 |
| 第一千一百八十六条　【公平分担损失】受害人和行为人对损害的发生都没有过错的，依照法律的规定由双方分担损失。<br>　　指引：侵权责任中的公平责任原则是民法公平原则的必然引申，其既不同于过错责任，也有别于无过错责任。民法典并未将其作为侵权责任的归责原则放在侵权责任编一般规定章中，而是放在了第二章"损害赔偿"部分作为侵权责任补充适用的规则。适用公平责任需满 | 《民法典》<br>　　第182条　因紧急避险造成损害的，由引起险情发生的人承担民事责任。<br>　　危险由自然原因引起的，紧急避险人不承担民事责任，可以给予适当补偿。<br>　　紧急避险采取措施不当或者超过必要的限度，造成不应有的损害的，紧急避险人应当承担适当的民事责任。 |

| 民法典侵权责任编 | 关联规定 |
| --- | --- |
| 足如下条件：1.受害人和行为人对损害的发生都没有过错。2.需为法律规定的适用公平责任的情形。3.双方当事人行为需与损害后果发生具有一定因果关系。<br>**案例指引 1**：《田某诉杨某生命权、健康权、身体权纠纷案——电梯内劝阻他人吸烟无过错，与吸烟人因心脏病突发死亡不存在法律上的因果关系，劝烟者不承担责任》【人民法院案例库入库案例，入库编号：2023-07-2-001-001】<br>案例要旨：公民对吸烟人在电梯内吸烟予以劝阻合法正当，是自觉维护社会公共秩序和公共利益的行为，一审判令劝烟人分担损失，让正当行使劝阻吸烟权利的公民承担补偿责任，将会挫伤公民依法维护社会公共利益的积极性，既是对社会公共利益的损害，也与民法的立法宗旨相悖，不利于促进社会文明，不利于引导公众共同创造良好的公共环境。此种情况下，虽然一审被告未提出上诉，但基于一审判决适用法律错误，损害社会公共利益，二审依法应予改判驳回原告的诉讼请求。<br>**案例指引 2**：《黎某明诉大埔县某学校、大埔县某医院教育机构医疗损害责任纠纷案——在基于同一侵权事实的两个侵权责任案件中，当事人对前诉案件责任划分比例未提出异议，而在后诉案件中提出异议的，不应调整》【人民法院案例库入库案例，入库编号：2023-16-2-376-003】<br>案例要旨：在学生和学校均无过错的 | **第 1190 条** 完全民事行为能力人对自己的行为暂时没有意识或者失去控制造成他人损害有过错的，应当承担侵权责任；没有过错的，根据行为人的经济状况对受害人适当补偿。<br>完全民事行为能力人因醉酒、滥用麻醉药品或者精神药品对自己的行为暂时没有意识或者失去控制造成他人损害的，应当承担侵权责任。<br>**第 1254 条** 禁止从建筑物中抛掷物品。从建筑物中抛掷物品或者从建筑物上坠落的物品造成他人损害的，由侵权人依法承担侵权责任；经调查难以确定具体侵权人的，除能够证明自己不是侵权人的外，由可能加害的建筑物使用人给予补偿。可能加害的建筑物使用人补偿后，有权向侵权人追偿。<br>物业服务企业等建筑物管理人应当采取必要的安全保障措施防止前款规定情形的发生；未采取必要的安全保障措施的，应当依法承担未履行安全保障义务的侵权责任。<br>发生本条第一款规定的情形的，公安等机关应当依法及时调查，查清责任人。 |

| 民法典侵权责任编 | 关联规定 |
| --- | --- |
| 情况下，适用公平责任妥善解决校园体育伤害赔偿问题，系对未成年人的特殊优先保护。《民法典》第1186条规定，受害人和行为人对损害的发生都没有过错的，依照法律的规定由双方分担损失。所谓公平责任，也称衡平责任或者公平分担损失，是指在受害人和行为人对损害的发生都没有过错的情形下，根据实际情况由双方公平地分担损失。根据本条的规定，受害人和行为人对损害的发生都没有过错的，可以根据实际情况，由双方分担损失。这里的"实际情况"，主要包括以下两种情况：一是受害人受到的损害程度。损害应当达到相当的程度，如果不分担损失将使受害人遭受比较严重的损失，并且有悖于法律的公平理念，客观上需要通过一定的方式予以适当的弥补；如果损害是微不足道的，则没有必要分担损失。二是当事人的经济状况。当事人的经济状况，主要是指当事人的经济实力和负担能力。"分担损失"不是"平均承担"，经济实力、负担能力强的，应当多分担一些；经济实力、负担能力差的，可以少分担一些。从某种意义上讲，校园体育伤害具有偶发性和难以预防的特征，因体育伤害引发的诉讼和纠纷，触动的不仅仅是学生的安全利益，也触动着学校安全管理的敏感神经。因此，法院审理此类案件要依法特殊、优先保护未成年人权益，还要充分考虑个案的特殊情况，将校方责任控制在合理限度之内，以实现学生及学校的双重保障。 | **《慈善法》**<br>**第119条** 慈善服务过程中，因慈善组织或者志愿者过错造成受益人、第三人损害的，慈善组织依法承担赔偿责任；损害是由志愿者故意或者重大过失造成的，慈善组织可以向其追偿。<br>志愿者在参与慈善服务过程中，因慈善组织过错受到损害的，慈善组织依法承担赔偿责任；损害是由不可抗力造成的，慈善组织应当给予适当补偿。 |

| 民法典侵权责任编 | 关联规定 |
| --- | --- |
| 案例指引3：《解某、周某兰等诉周某邹、某物流有限公司等机动车交通事故责任纠纷案》【最高人民法院中国应用法学研究所编：《人民法院案例选》2018年第5辑（总第123辑），人民法院出版社2018年版，第39页】<br><br>　　案例要旨：周某海因交通事故导致死亡，而该交通事故是因周某邹驾驶的重型自卸货车左前轮胎在行驶过程中突然爆胎而引起，因此，无论从事故的成因层面，还是本案周某海死亡造成的损害后果的层面，周某邹都不存在过错。又因交警部门认定事故属于"交通意外事故，各方当事人均无责任"，故受害人周某海和行为人周某邹在本起交通事故中均无过错。货运机动车单方发生交通意外事故时致该车好意同乘人员受伤害，因机动车驾驶人与受害人均无过错，受害人或其近亲属要求机动车驾驶人或所有权人赔偿损失，应适用公平责任原则由机动车驾驶人或所有权人适当补偿损失。 | |
| **第一千一百八十七条　【赔偿费用的支付方式】**损害发生后，当事人可以协商赔偿费用的支付方式。协商不一致的，赔偿费用应当一次性支付；一次性支付确有困难的，可以分期支付，但是被侵权人有权请求提供相应的担保。<br><br>　　**指引**：侵权损害赔偿费用支付方式，首先应由当事人双方协商，协商不成时原则上应当一次性支付。若一次性支付确 | 《最高人民法院关于审理人身损害赔偿案件适用法律若干问题的解释》（2022年修正）<br><br>　　第20条　赔偿义务人请求以定期金方式给付残疾赔偿金、辅助器具费的，应当提供相应的担保。人民法院可以根据赔偿义务人的给付能力和提 |

| 民法典侵权责任编 | 关联规定 |
| --- | --- |
| 有困难，可分期支付，采用分期支付方式的，被侵权人有权请求提供相应的担保。关于担保的具体要求，要符合担保的相关规定，同时要受到本条规定的"相应"的限制。这里的"相应"应当理解为确定担保数额时，侵权人提供担保的数额能够与分期给付数额相对应或尊重当事人的意思自治。 | 供担保的情况，确定以定期金方式给付相关费用。但是，一审法庭辩论终结前已经发生的费用、死亡赔偿金以及精神损害抚慰金，应当一次性给付。<br>第21条 人民法院应当在法律文书中明确定期金的给付时间、方式以及每期给付标准。执行期间有关统计数据发生变化的，给付金额应当适时进行相应调整。<br>定期金按照赔偿权利人的实际生存年限给付，不受本解释有关赔偿期限的限制。<br>《医疗事故处理条例》<br>第52条 医疗事故赔偿费用，实行一次性结算，由承担医疗事故责任的医疗机构支付。 |
| 第三章　责任主体的特殊规定 | |
| 　　**第一千一百八十八条　【监护人责任】**无民事行为能力人、限制民事行为能力人造成他人损害的，由监护人承担侵权责任。监护人尽到监护职责的，可以减轻其侵权责任。<br>　　有财产的无民事行为能力人、限制民事行为能力人造成他人损害的，从本人财产中支付赔偿费用；不足部分，由监护人赔偿。<br>　　**指引：**我国规定的监护人责任是典型的替代责任，即为他人的侵权行为负责 | 《民法典》<br>　　第31条　对监护人的确定有争议的，由被监护人住所地的居民委员会、村民委员会或者民政部门指定监护人，有关当事人对指定不服的，可以向人民法院申请指定监护人；有关当事人也可以直接向人民法院申请指定监护人。<br>　　居民委员会、村民委员会、民政部门或者人民法院应 |

| 民法典侵权责任编 | 关联规定 |
|---|---|
| 的责任。无论监护人是否尽到监护责任，监护人都应承担侵权责任。但对实施加害行为的无民事行为能力人或者限制民事行为能力人，监护人尽到监护职责的，可减轻责任。无民事行为能力或者限制民事行为能力的行为人自己有财产的，应先从其财产中支付赔偿金，监护人仅对不足的部分承担责任。实际上，在非近亲属担任监护人且被监护人本人有财产的情况下，完全由监护人担责可能导致非近亲属不愿担任监护人。为此，《民法典侵权编解释一》第5条进一步规定法院应在判决中明确"赔偿费用可以先从被监护人财产中支付，不足部分由监护人支付"。此外，就实践中出现的其他监护责任问题，新出台的《民法典侵权编解释一》通过多个条文作了明确与细化。<br><br>**案例指引1：**《陈某诉马某、火某等侵权责任纠纷案》【最高人民法院少年法庭指导小组编：《中国少年司法》2016年第4辑（总第30辑），人民法院出版社2017年版，第118页】<br><br>**案例要旨：**校园欺凌往往给被欺凌者心理造成严重伤害，甚至形成精神类疾病需要治疗。在众多校园欺凌事件中，由于被欺凌者性格懦弱，很少有人会主动发声。本案中，原告陈某在遭受欺凌后，及时将此事告诉家长，并在家长的正确指导下，运用法律维护自身合法权益，法院依法开庭审理此案，这无疑 | 当尊重被监护人的真实意愿，按照最有利于被监护人的原则在依法具有监护资格的人中指定监护人。<br><br>依据本条第一款规定指定监护人前，被监护人的人身权利、财产权利以及其他合法权益处于无人保护状态的，由被监护人住所地的居民委员会、村民委员会、法律规定的有关组织或者民政部门担任临时监护人。<br><br>监护人被指定后，不得擅自变更；擅自变更的，不免除被指定的监护人的责任。<br><br>**《精神卫生法》**（2018年修正）<br><br>**第79条** 医疗机构出具的诊断结论表明精神障碍患者应当住院治疗而其监护人拒绝，致使患者造成他人人身、财产损害的，或者患者有其他造成他人人身、财产损害情形的，其监护人依法承担民事责任。<br><br>**《老年人权益保障法》**（2018年修正）<br><br>**第26条** 具备完全民事行为能力的老年人，可以在近亲属或者其他与自己关系密切、愿意承担监护责任的个人、 |

| 民法典侵权责任编 | 关联规定 |
| --- | --- |
| 对施暴者形成了有力的震慑作用。法院依法判决三被告法定代理人赔偿原告医疗费等相关损失，对被告人起到了惩罚警示作用。本案判决有力地打击了校园欺凌行为，为校园欺凌的受害方提供了司法保障。<br>　　案例指引 2：《王某山、王某山家人诉某商场管理人违反安全保障义务责任纠纷案》【最高人民法院少年法庭指导小组编：《中国少年司法》2019 年第 2 辑（总第 40 辑），人民法院出版社 2019 年版，第 137 页】<br>　　案例要旨：王某山（男，7 岁）跟父亲去某商场购物，在上扶梯的时候，王某山在商场扶梯上来回跑，爸爸没有对其予以制止，电梯旁边也没有商场管理人员对电梯使用予以管理维护。王某山在跑的过程中不慎摔倒，因自动扶梯缺齿形成缝隙，王某山的左手食指、中指和无名指卡在自动扶梯的缝隙中。随着自动扶梯的滚动，王某山卡在电梯中的三根手指被生生碾断，虽经过救治但最终仍造成了终身残疾。活泼好动是这一年龄段男孩的天性，家长应提高警惕，加强看护，但监护人未能恪尽监护责任，应对损害的发生承担一定责任。 | 组织中协商确定自己的监护人。监护人在老年人丧失或者部分丧失民事行为能力时，依法承担监护责任。<br>　　老年人未事先确定监护人的，其丧失或者部分丧失民事行为能力时，依照有关法律的规定确定监护人。<br>　　《未成年人保护法》（2024 年修正）<br>　　第 7 条　未成年人的父母或者其他监护人依法对未成年人承担监护职责。国家采取措施指导、支持、帮助和监督未成年人的父母或者其他监护人履行监护职责。<br>　　《最高人民法院关于适用〈中华人民共和国民法典〉侵权责任编的解释（一）》<br>　　第 4 条　无民事行为能力人、限制民事行为能力人造成他人损害，被侵权人请求监护人承担侵权责任，或者合并请求监护人和受托履行监护职责的人承担侵权责任的，人民法院应当将无民事行为能力人、限制民事行为能力人列为共同被告。<br>　　第 5 条　无民事行为能力人、限制民事行为能力人造成他人损害，被侵权人请求监护 |

| 民法典侵权责任编 | 关联规定 |
| --- | --- |
|  | 人承担侵权人应承担的全部责任的,人民法院应予支持,并在判决中明确,赔偿费用可以先从被监护人财产中支付,不足部分由监护人支付。<br>监护人抗辩主张承担补充责任,或者被侵权人、监护人主张人民法院判令有财产的无民事行为能力人、限制民事行为能力人承担赔偿责任的,人民法院不予支持。<br>从被监护人财产中支付赔偿费用的,应当保留被监护人所必需的生活费和完成义务教育所必需的费用。<br>**第6条** 行为人在侵权行为发生时不满十八周岁,被诉时已满十八周岁的,被侵权人请求原监护人承担侵权人应承担的全部责任的,人民法院应予支持,并在判决中明确,赔偿费用可以先从被监护人财产中支付,不足部分由监护人支付。<br>前款规定情形,被侵权人仅起诉行为人的,人民法院应当向原告释明申请追加原监护人为共同被告。<br>**第7条** 未成年子女造成他人损害,被侵权人请求父母共同承担侵权责任的,人民法 |

| 民法典侵权责任编 | 关联规定 |
| --- | --- |
|  | 院依照民法典第二十七条第一款、第一千零六十八条以及第一千一百八十八条的规定予以支持。
**第8条** 夫妻离婚后，未成年子女造成他人损害，被侵权人请求离异夫妻共同承担侵权责任的，人民法院依照民法典第一千零六十八条、第一千零八十四条以及第一千一百八十八条的规定予以支持。一方以未与该子女共同生活为由主张不承担或者少承担责任的，人民法院不予支持。
离异夫妻之间的责任份额，可以由双方协议确定；协议不成的，人民法院可以根据双方履行监护职责的约定和实际履行情况等确定。实际承担责任超过自己责任份额的一方向另一方追偿的，人民法院应予支持。
**第9条** 未成年子女造成他人损害的，依照民法典第一千零七十二条第二款的规定，未与该子女形成抚养教育关系的继父或者继母不承担监护人的侵权责任，由该子女的生父母依照本解释第八条的规定承担侵权责任。 |

| 民法典侵权责任编 | 关联规定 |
| --- | --- |
| **第一千一百八十九条** 【委托监护时监护人的责任】无民事行为能力人、限制民事行为能力人造成他人损害，监护人将监护职责委托给他人的，监护人应当承担侵权责任；受托人有过错的，承担相应的责任。<br><br>**指引**：委托监护，实质上是一种以监护人和受托监护人为主体，以监护职责的代为行使为主要内容的委托合同。关于受托监护人的过错，因被监护人实施"加害行为"之时的情况千差万别，很难作出一般性规定，只能根据个案的情况，综合受害人的人身财产权益、被监护人的自身特点、健康自由发展空间、受托监护人履行成本等因素综合判断。需注意的是，关于受托人承担责任应否限定于有偿受托的问题。《民法典侵权编解释一》认为这不利于保障被侵权人充分受偿，不符合强化监护职责履行的立法精神，最终未予采纳。实践中，可综合过错情况，合理界定情谊行为与无偿受托的区别等来妥善认定无偿受托人的责任。关于受托人的过错认定，应综合被侵权人的人身财产权益，被监护人的年龄、性格和过往表现等自身特点，健康自由发展空间，教育义务履行情况，受托人的履行成本等因素进行认定。此外，委托监护下的共同承担责任，并非指两个以上的责任主体根据各自过错大小按份承担相应的责任，而是指一个责任主体在过错比例范围内承担的责任，与 | 《未成年人保护法》（2024年修正）<br><br>**第22条** 未成年人的父母或者其他监护人因外出务工等原因在一定期限内不能完全履行监护职责的，应当委托具有照护能力的完全民事行为能力人代为照护；无正当理由的，不得委托他人代为照护。<br><br>未成年人的父母或者其他监护人在确定被委托人时，应当综合考虑其道德品质、家庭状况、身心健康状况、与未成年人生活情感上的联系等情况，并听取有表达意愿能力未成年人的意见。<br><br>具有下列情形之一的，不得作为被委托人：<br><br>（一）曾实施性侵害、虐待、遗弃、拐卖、暴力伤害等违法犯罪行为；<br><br>（二）有吸毒、酗酒、赌博等恶习；<br><br>（三）曾拒不履行或者长期怠于履行监护、照护职责；<br><br>（四）其他不适宜担任被委托人的情形。<br><br>**第23条** 未成年人的父母或者其他监护人应当及时将委托照护情况书面告知未成年人所在学校、幼儿园和实际居 |

| 民法典侵权责任编 | 关联规定 |
| --- | --- |
| 另一个承担全部责任的主体所承担的责任部分重合。具体执行中需根据各个责任主体的责任范围和责任财产情况，协调处理执行数额。<br>**案例指引**：《王某诉睢某露、某午托人身损害赔偿案》【《人民法院报》2007年11月16日第5版】<br>**案例要旨**：监护人基于被监护人的合法权益，在不违背法律规定的前提下，将监护职责委托他人行使，被监护人人身受到伤害，临时监护人应当承担损害赔偿责任。<br>本案中，王某等人的父母和某午托约定从周日至周五下午，由某午托负责受托学生上学和放学的接送，进行封闭式管理。这样，王某的监护人就和某午托之间形成了委托监护关系，通过这种委托关系，王某的父母将本应由其承担的部分监护责任在一定的时段转移给了某午托。某午托作为王某的临时监护人，便负有保护王某人身、财产和其他合法权益的责任和义务，确保王某人身不受侵害。因某午托的老师在接到王某后没有尽到充分的保护义务，造成王某的身体受到伤害，属于监护管理不力，因此，也应当承担相应的过错赔偿责任。 | 住地的居民委员会、村民委员会，加强和未成年人所在学校、幼儿园的沟通；与未成年人、被委托人至少每周联系和交流一次，了解未成年人的生活、学习、心理等情况，并给予未成年人亲情关爱。<br>未成年人的父母或者其他监护人接到被委托人、居民委员会、村民委员会、学校、幼儿园等关于未成年人心理、行为异常的通知后，应当及时采取干预措施。<br>**《最高人民法院关于适用〈中华人民共和国民法典〉侵权责任编的解释（一）》**<br>**第4条** 无民事行为能力人、限制民事行为能力人造成他人损害，被侵权人请求监护人承担侵权责任，或者合并请求监护人和受托履行监护职责的人承担侵权责任的，人民法院应当将无民事行为能力人、限制民事行为能力人列为共同被告。<br>**第10条** 无民事行为能力人、限制民事行为能力人造成他人损害，被侵权人合并请求监护人和受托履行监护职责的人承担侵权责任的，依照民法典第一千一百八十九条的规 |

| 民法典侵权责任编 | 关联规定 |
| --- | --- |
|  | 定,监护人承担侵权人应承担的全部责任;受托人在过错范围内与监护人共同承担责任,但责任主体实际支付的赔偿费用总和不应超出被侵权人应受偿的损失数额。<br>　　监护人承担责任后向受托人追偿的,人民法院可以参照民法典第九百二十九条的规定处理。<br>　　仅有一般过失的无偿受托人承担责任后向监护人追偿的,人民法院应予支持。<br>　　**第13条**　教唆、帮助无民事行为能力人、限制民事行为能力人实施侵权行为,被侵权人合并请求教唆人、帮助人与监护人以及受托履行监护职责的人承担侵权责任的,依照本解释第十条、第十二条的规定认定民事责任。 |
| **第一千一百九十条**　【暂时丧失意识后的侵权责任】完全民事行为能力人对自己的行为暂时没有意识或者失去控制造成他人损害有过错的,应当承担侵权责任;没有过错的,根据行为人的经济状况对受害人适当补偿。<br>　　完全民事行为能力人因醉酒、滥用麻醉药品或者精神药品对自己的行为暂时没有意识或者失去控制造成他人损害的,应当承担侵权责任。 | **《治安管理处罚法》**(2012年修正)<br>　　**第15条**　醉酒的人违反治安管理的,应当给予处罚。<br>　　醉酒的人在醉酒状态中,对本人有危险或者对他人的人身、财产或者公共安全有威胁的,应当对其采取保护性措施约束至酒醒。 |

| 民法典侵权责任编 | 关联规定 |
| --- | --- |
| 指引：导致完全民事行为能力人丧失意识的情况比较复杂，本条根据不同情形作了规定：1.完全民事行为能力人对自己的行为暂时没有意识或者失去控制存在过错，应承担侵权责任。这里的"过错"，是指明知某种行为会导致对自己的行为暂时没有意识或者失去控制，仍然追求或者放任自己的行为，第2款中醉酒、滥用麻醉药品或精神药品，是对此情形的具体描述，这种情形属过错侵权责任。2.完全民事行为能力人对自己的行为暂时没有意识或者失去控制没有过错（如驾车途中突发心脏病），但造成了他人损害，从公平的角度考虑，应根据行为人的经济状况对受害人予以适当补偿。此时为"补偿责任"而非"赔偿责任"。 | |
| **第一千一百九十一条**【用人单位责任和劳务派遣单位、劳务用工单位责任】用人单位的工作人员因执行工作任务造成他人损害的，由用人单位承担侵权责任。用人单位承担侵权责任后，可以向有故意或者重大过失的工作人员追偿。<br>劳务派遣期间，被派遣的工作人员因执行工作任务造成他人损害的，由接受劳务派遣的用工单位承担侵权责任；劳务派遣单位有过错的，承担相应的责任。<br>指引：用人单位责任有以下特点：1.是无过错责任，有利于减少或避免用 | 《公证法》（2017年修正）<br>**第43条** 公证机构及其公证员因过错给当事人、公证事项的利害关系人造成损失的，由公证机构承担相应的赔偿责任；公证机构赔偿后，可以向有故意或者重大过失的公证员追偿。<br>当事人、公证事项的利害关系人与公证机构因赔偿发生争议，可以向人民法院提起民事诉讼。<br>《律师法》（2017年修正）<br>**第54条** 律师违法执业或 |

| 民法典侵权责任编 | 关联规定 |
| --- | --- |
| 人单位侵权行为的发生，促进用人单位提高技术及管理水平，切实保护受害人的合法权益，使受害人的损害赔偿请求权更容易实现。2. 损害结果系由用人单位工作人员因执行工作任务导致。3. 用人单位承担侵权责任后，对因故意或者重大过失造成损害的工作人员有追偿权。需注意，按照《民法典侵权编解释一》第 15 条的规定，《民法典》第 1191 条第 1 款规定的用人单位责任情形，不仅适用于其劳动者，也包括与其不存在劳动关系但执行其工作任务的其他人员，个体工商户的从业人员也在适用范围内。关于劳务派遣责任，由于劳务派遣关系中"用人"与"用工"发生分离，劳务用工单位承担无过错责任，劳务派遣单位承担过错责任，且其过错主要为不当选任、培训等方面的过错。《民法典侵权编解释一》第 16 条对此作了进一步明确。另，关于工作人员犯罪时用人单位如何承担民事责任，《民法典侵权编解释一》第 17 条进行了明确。<br><br>**案例指引：**《某科技有限公司诉崔某生命权、健康权、身体权纠纷案》【最高人民法院中国应用法学研究所编：《人民法院案例选》2019 年第 4 辑（总第 134 辑），人民法院出版社 2019 年版，第 11 页】<br><br>**案例要旨：**在外卖平台注册的骑手有着"众包骑手""外包骑手"与"平台骑手"的不同身份，其中"众包骑手"与外卖平台成立劳务关系，在执行配送任务过程中造成第三人损害应当由外卖平 | 者因过错给当事人造成损失的，由其所在的律师事务所承担赔偿责任。律师事务所赔偿后，可以向有故意或者重大过失行为的律师追偿。<br><br>**《国家赔偿法》（2012 年修正）**<br><br>**第 21 条** 行使侦查、检察、审判职权的机关以及看守所、监狱管理机关及其工作人员在行使职权时侵犯公民、法人和其他组织的合法权益造成损害的，该机关为赔偿义务机关。<br><br>对公民采取拘留措施，依照本法的规定应当给予国家赔偿的，作出拘留决定的机关为赔偿义务机关。<br><br>对公民采取逮捕措施后决定撤销案件、不起诉或者判决宣告无罪的，作出逮捕决定的机关为赔偿义务机关。<br><br>再审改判无罪的，作出原生效判决的人民法院为赔偿义务机关。二审改判无罪，以及二审发回重审后作无罪处理的，作出一审有罪判决的人民法院为赔偿义务机关。<br><br>**《最高人民法院关于适用〈中华人民共和国民法典〉侵权责任编的解释（一）》**<br><br>**第 15 条** 与用人单位形成 |

| 民法典侵权责任编 | 关联规定 |
|---|---|
| 台承担责任,"外包骑手"的侵权责任应当由第三方配送公司承担。本案的争议焦点为科技公司是否属于本起事故的赔偿责任主体。依据在案事实,第一,科技公司主张与供应链管理有限公司签订了《合作协议》,后者又与网络公司签订了《合作协议》,故邵某应属网络公司的员工,但并未提供劳动合同等相关证据加以佐证,故难以认定邵某事发时系为网络公司提供服务;第二,某外卖平台系科技公司推出的网络交易服务平台。依照科技公司与案外人供应链管理有限公司签订的《合作协议》,物流人员具有统一的对外形象,邵某事发时身穿某外卖平台的服装、配备印有"某外卖平台"字样的送餐箱,正从事外卖相关活动。因此,邵某已经具备为"某外卖平台"即科技公司服务的外观表征。有基于此,崔某依据外观表征,足以认为邵某系科技公司的员工,而科技公司则并未举证证明邵某系为他人提供劳动或者劳务,故应当承担相应责任。 | 劳动关系的工作人员、执行用人单位工作任务的其他人员,因执行工作任务造成他人损害,被侵权人依照民法典第一千一百九十一条第一款的规定,请求用人单位承担侵权责任的,人民法院应予支持。<br><br>个体工商户的从业人员因执行工作任务造成他人损害的,适用民法典第一千一百九十一条第一款的规定认定民事责任。<br><br>**第16条** 劳务派遣期间,被派遣的工作人员因执行工作任务造成他人损害,被侵权人合并请求劳务派遣单位与接受劳务派遣的用工单位承担侵权责任的,依照民法典第一千一百九十一条第二款的规定,接受劳务派遣的用工单位承担侵权人应承担的全部责任;劳务派遣单位在不当选派工作人员、未依法履行培训义务等过错范围内,与接受劳务派遣的用工单位共同承担责任,但责任主体实际支付的赔偿费用总和不应超出被侵权人应受偿的损失数额。<br><br>劳务派遣单位先行支付赔偿费用后,就超过自己相应责任的部分向接受劳务派遣的用 |

| 民法典侵权责任编 | 关联规定 |
| --- | --- |
|  | 工单位追偿的，人民法院应予支持，但双方另有约定的除外。<br>　　**第 17 条**　工作人员在执行工作任务中实施的违法行为造成他人损害，构成自然人犯罪的，工作人员承担刑事责任不影响用人单位依法承担民事责任。依照民法典第一千一百九十一条规定用人单位应当承担侵权责任的，在刑事案件中已完成的追缴、退赔可以在民事判决书中明确并扣减，也可以在执行程序中予以扣减。<br>　　**《最高人民法院关于审理期货纠纷案件若干问题的规定》（2020 年修正）**<br>　　**第 8 条**　期货公司的从业人员在本公司经营范围内从事期货交易行为产生的民事责任，由其所在的期货公司承担。 |
| **第一千一百九十二条**　【**个人劳务关系中的侵权责任**】个人之间形成劳务关系，提供劳务一方因劳务造成他人损害的，由接受劳务一方承担侵权责任。接受劳务一方承担侵权责任后，可以向有故意或者重大过失的提供劳务一方追偿。提供劳务一方因劳务受到损害的，根据双方各自的过错承担相应的责任。<br>　　提供劳务期间，因第三人的行为造成提供劳务一方损害的，提供劳务一方有权请求第三人承担侵权责任，也有权请 | **《最高人民法院关于审理人身损害赔偿案件适用法律若干问题的解释》（2022 年修正）**<br>　　**第 4 条**　无偿提供劳务的帮工人，在从事帮工活动中致人损害的，被帮工人应当承担赔偿责任。被帮工人承担赔偿责任后向有故意或者重大过失的帮工人追偿的，人民法院应予支持。被帮工人明确拒绝帮工的，不承担赔偿责任。 |

| 民法典侵权责任编 | 关联规定 |
| --- | --- |
| 求接受劳务一方给予补偿。接受劳务一方补偿后，可以向第三人追偿。<br>**指引**：劳务关系是指提供劳务一方为接受劳务一方提供劳务服务，由接受劳务一方按照约定支付报酬而建立的一种民事权利义务关系。劳务关系的建立可以采取书面形式，也可以采取口头或者其他形式。个人劳务关系中的侵权责任，包括提供劳务一方因提供劳务造成他人损害、自己损害和提供劳务一方在劳务期间遭受第三人侵害三种情形。本条与第1191条本质上都是关于雇主侵权责任的规定。需注意，本条中"接受劳务一方"仅指自然人，个体工商户、合伙的雇员因工作发生的纠纷，按照用人单位的规定处理。此外，接受劳务一方对提供劳务一方造成他人损害承担赔偿责任的，前提是提供劳务一方的行为是因劳务产生；如果提供劳务一方的行为纯属个人的行为，与劳务无关，那么接受劳务一方无须承担责任。<br>**案例指引1**：《周某诉某公司、陈某提供劳务者受害责任纠纷案——劳务人员根据劳务接受方安排在第三方处作业时受伤赔偿责任的认定》【人民法院案例库入库案例，入库编号：2024-07-2-368-001】<br>案例要旨：劳务人员根据劳务接受方安排在第三方处作业时受伤赔偿责任的认定，应综合考虑劳务接受方、作业场地提供方及劳务人员的过错及与损害的因果关系的大小来确定各自的赔偿责任 | 第5条　无偿提供劳务的帮工人因帮工活动遭受人身损害的，根据帮工人和被帮工人各自的过错承担相应的责任；被帮工人明确拒绝帮工的，被帮工人不承担赔偿责任，但可以在受益范围内予以适当补偿。<br>　　帮工人在帮工活动中因第三人的行为遭受人身损害的，有权请求第三人承担赔偿责任，也有权请求被帮工人予以适当补偿。被帮工人补偿后，可以向第三人追偿。 |

| 民法典侵权责任编 | 关联规定 |
| --- | --- |
| 比例。其中，接受劳务行为的一方，负有提供合适的作业工具及监督、管理以及制止存在安全隐患行为的发生之义务。若疏于安全管理，应承担相应的赔偿责任。作业场地提供方负有审慎的安全注意义务，应对进入其作业区域的外来人员进行相应的安全教育，消除存在的安全隐患，并采取有效的防护措施避免事故的发生。若其未对作业区域采取有效安全防护措施，致使事故发生，应承担相应的赔偿责任。提供劳务人员疏于注意作业中存在的安全隐患，存在过错的应承担相应的责任。<br>**案例指引2**：《翟某某诉宋某某海上人身损害责任纠纷案——接受劳务一方为提供劳务一方投保人身意外伤害保险的，能否免除接受劳务一方应承担的侵权赔偿责任》【人民法院案例库入库案例，入库编号：2024-10-2-200-001】<br>案例要旨：在个人劳务关系中，接受劳务一方对提供劳务一方在受雇期间遭受的人身损害应承担相应的侵权赔偿责任。接受劳务一方为提供劳务一方购买商业性人身意外伤害保险的，可以将自身风险部分或全部转嫁给保险公司，但上述购买保险的行为不能成为接受劳务一方依据法律规定承担相应侵权责任的阻却事由，提供劳务一方选择向接受劳务一方主张权利的，人民法院应当予以审理。如果存在保险理赔不足以弥补提供劳务一方实际损失的情形的，提供劳务一方有权向接受劳务一方主张赔偿。 | |

| 民法典侵权责任编 | 关联规定 |
| --- | --- |
| **案例指引 3**：《白某贵、王某与胡某机动车交通事故责任纠纷案》【最高人民法院审判监督庭编：《审判监督指导》2018 年第 4 辑（总第 66 辑），人民法院出版社 2019 年版，第 151 页】<br>　　**案例要旨**：本案中，县公安交通警察大队作出的《道路交通事故认定书》认定何某承担次要责任，包某承担主要责任，白某无责任。但是，该认定书是对事故发生当时的责任认定。纵观整个事故的发生，白某明知同乘的胡某、包某二人均无机动车驾驶证，仍然放任包某驾驶案涉车辆，对事故的发生存有过错，其应当对白某贵、王某主张的损失酌情承担 30% 的责任。其余 70% 的责任，因胡某与包某之间存在雇佣关系，胡某作为雇主应当依据本条规定，为其雇用的包某因劳务对他人造成的损害承担赔偿责任。 | |
| **第一千一百九十三条　【承揽关系中的侵权责任】** 承揽人在完成工作过程中造成第三人损害或者自己损害的，定作人不承担侵权责任。但是，定作人对定作、指示或者选任有过错的，应当承担相应的责任。<br>　　**指引**：承揽关系中，定作人原则上不承担侵权责任，只有在定作人对定作、指示或选任有过错的情况下，才承担与过错相适应的侵权责任。可以说，定作人责任系过错责任。承揽合同的劳动者所交付的标的是劳动的成果，但劳务合同的劳动者交付的标的是劳动本身，定作人与承揽人间并不存在劳务关系。 | 《最高人民法院关于适用〈中华人民共和国民法典〉侵权责任编的解释（一）》<br>　　**第 18 条**　承揽人在完成工作过程中造成第三人损害的，人民法院依照民法典第一千一百六十五条的规定认定承揽人的民事责任。<br>　　被侵权人合并请求定作人和承揽人承担侵权责任的，依照民法典第一千一百六十五条、第一千一百九十三条的规定，造成损害的承揽人承担侵权人应承担的全部责任；定作 |

| 民法典侵权责任编 | 关联规定 |
|---|---|
| 《民法典侵权编解释一》第18条进一步就承揽人根据定作或指示完成工作过程中造成他人损害的不同侵权责任作了规定。<br><br>案例指引：《赵某等诉某起重机集团有限公司等生命权案》【国家法官学院、中国人民大学法学院编：《中国审判案例要览（2014年民事审判案例卷）》，中国人民大学出版社2016年版，第116页】<br><br>案例要旨：承揽人在完成工作过程中对第三人造成损害或者造成自身损害的，定作人不承担赔偿责任。但定作人对定作、指示或者选任有过失的，应当承担相应的赔偿责任。 | 人在定作、指示或者选任过错范围内与承揽人共同承担责任，但责任主体实际支付的赔偿费用总和不应超出被侵权人应受偿的损失数额。<br><br>定作人先行支付赔偿费用后，就超过自己相应责任的部分向承揽人追偿的，人民法院应予支持，但双方另有约定的除外。 |
| **第一千一百九十四条【网络侵权责任】** 网络用户、网络服务提供者利用网络侵害他人民事权益的，应当承担侵权责任。法律另有规定的，依照其规定。<br><br>指引：网络侵权，是指发生在互联网上的各种侵害他人民事权益的行为，包括网络用户侵权责任和网络服务提供者侵权责任。网络用户利用网络侵害他人民事权益的类型主要包括侵害人格权、侵害财产利益、侵害知识产权三大类。"网络服务提供者"包括网络技术服务提供者和网络内容服务提供者。技术服务提供者，主要指提供接入、缓存、信息存储空间、搜索以及链接等服务类型的网络主体，其不直接向网络用户提供信息。内容服务提供者，是指主动向网络用户提供内容的网络主体，其应当对所上传内容的真实性与合法性负责。 | 《消费者权益保护法》（2013年修正）<br><br>**第44条** 消费者通过网络交易平台购买商品或者接受服务，其合法权益受到损害的，可以向销售者或者服务者要求赔偿。网络交易平台提供者不能提供销售者或者服务者的真实名称、地址和有效联系方式的，消费者也可以向网络交易平台提供者要求赔偿；网络交易平台提供者作出更有利于消费者的承诺的，应当履行承诺。网络交易平台提供者赔偿后，有权向销售者或者服务者追偿。<br><br>网络交易平台提供者明知或者应知销售者或者服务者利 |

| 民法典侵权责任编 | 关联规定 |
| --- | --- |
| **案例指引1**：《宋某诉广州某计算机系统有限公司、叶某网络侵权责任纠纷案——网络主播引导、放任网络用户侵害他人名誉权的处理》【人民法院案例库入库案例，入库编号：2024-18-2-369-002】<br><br>案例要旨：网络主播在提供网络表演及视听节目服务过程中，引导、放任众多网络用户在直播间内谩骂、侮辱他人，致使他人名誉权遭受侵害的，网络主播应当依法承担侵权责任。<br><br>**案例指引2**：《杭州市滨江区人民检察院诉杨某鹏等网络侵权责任纠纷民事公益诉讼案——组织、操纵"网络水军"实施"流量造假"等行为的定性》【人民法院案例库入库案例，入库编号：2024-18-2-369-003】<br><br>案例要旨：《网络安全法》第12条第2款规定："任何个人和组织……不得利用网络……编造、传播虚假信息扰乱经济秩序和社会秩序……"行为人以营利为目的，组织、操纵"网络水军"进行"转评赞""直发""投诉举报删帖"等活动，属于流量造假和干预信息呈现的行为，应当认定为利用网络传播虚假信息的违法行为。针对侵害包括众多消费者合法权益在内的社会公共利益的上述行为，检察机关依照法定程序提起民事公益诉讼并请求判令行为人承担相应民事责任的，人民法院依法予以支持。 | 用其平台侵害消费者合法权益，未采取必要措施的，依法与该销售者或者服务者承担连带责任。<br><br>《最高人民法院关于审理食品药品纠纷案件适用法律若干问题的规定》(2020年修正)<br><br>**第9条** 消费者通过网络交易第三方平台购买食品、药品遭受损害，网络交易第三方平台提供者不能提供食品、药品的生产者或者销售者的真实名称、地址与有效联系方式，消费者请求网络交易第三方平台提供者承担责任的，人民法院应予支持。<br><br>网络交易第三方平台提供者承担赔偿责任后，向生产者或者销售者行使追偿权的，人民法院应予支持。<br><br>网络交易第三方平台提供者知道或者应当知道食品、药品的生产者、销售者利用其平台侵害消费者合法权益，未采取必要措施，给消费者造成损害，消费者要求其与生产者、销售者承担连带责任的，人民法院应予支持。<br><br>《最高人民法院关于审理侵害信息网络传播权民事纠纷 |

| 民法典侵权责任编 | 关联规定 |
| --- | --- |
| 案例指引3：《某科技股份有限公司诉某数码科技有限公司、某广告有限公司侵害发明专利权纠纷》【最高人民法院2021年中国法院50件典型知识产权案例①】<br>　　案例要旨：对被诉侵权产品采取的必要措施应当审慎合理，转通知是电子商务平台经营者承担的最低义务，转通知后是否还需要进一步采取必要措施，仍需要进一步结合通知内容作出判断。本案中，阿里巴巴公司虽然履行了转通知义务，但并不能因此证明其采取了必要措施。删除、断开链接是必要措施的一种，采取何种必要措施，与网络服务的类型、权利的性质以及侵权行为等因素相关。电子商务平台经营者负有网络治理的经营者责任，针对不同的情况应采取相应的必要措施，以达到较大可能防止侵权的目的。电子商务平台经营者应采取与其能力相适应的必要措施，积极利用平台治理规则保护知识产权。<br>　　案例指引4：《某通信公司诉某电视台侵犯网络传播权纠纷案》【《人民法院报》2010年3月4日第6版】<br>　　案例要旨：网络服务提供者以其网站名义，在其页面上向公众传播经加工整理后的他人网站上的信息，而不能证明其有合法授权的，该行为不是提供的链接通道服务，而是深层次的链接，其主观有过错，构成侵权。 | 案件适用法律若干问题的规定》（2020年修正）<br>　　第3条　网络用户、网络服务提供者未经许可，通过信息网络提供权利人享有信息网络传播权的作品、表演、录音录像制品，除法律、行政法规另有规定外，人民法院应当认定其构成侵害信息网络传播权行为。<br>　　通过上传到网络服务器、设置共享文件或者利用文件分享软件等方式，将作品、表演、录音录像制品置于信息网络中，使公众能够在个人选定的时间和地点下载、浏览或者其他方式获得的，人民法院应当认定其实施了前款规定的提供行为。<br>　　《最高人民法院关于审理利用信息网络侵害人身权益民事纠纷案件适用法律若干问题的规定》（2020年修正）<br>　　第11条　网络用户或者网络服务提供者侵害他人人身权益，造成财产损失或者严重精神损害，被侵权人依据民法典第一千一百八十二条和第一千一百八十三条的规定，请求其承担赔偿责任的，人民法院应予支持。 |

---

① 载中华人民共和国最高人民法院网站，https://www.court.gov.cn/zixun/xiangqing/355881.html，2024年10月1日访问。

| 民法典侵权责任编 | 关联规定 |
| --- | --- |
| 第一千一百九十五条 【"通知与取下"制度】网络用户利用网络服务实施侵权行为的，权利人有权通知网络服务提供者采取删除、屏蔽、断开链接等必要措施。通知应当包括构成侵权的初步证据及权利人的真实身份信息。<br><br>网络服务提供者接到通知后，应当及时将该通知转送相关网络用户，并根据构成侵权的初步证据和服务类型采取必要措施；未及时采取必要措施的，对损害的扩大部分与该网络用户承担连带责任。<br><br>权利人因错误通知造成网络用户或者网络服务提供者损害的，应当承担侵权责任。法律另有规定的，依照其规定。<br><br>指引："通知与取下"制度为网络服务提供者确立了"避风港"规则和责任限制，规定了网络用户错误通知的侵权责任。被侵权人发现网络用户利用网络服务侵害其合法权益，有权向网络服务提供者发出通知，要求其采取必要措施。若网络服务提供者及时采取了必要措施，则不承担侵权责任，谓之"避风港规则"。若网络服务提供者在收到被侵权人的通知后未及时采取必要措施，或采取的措施不合理，造成损害结果扩大的，网络服务提供者只对损害扩大部分与直接侵权的网络用户承担连带责任，体现了立法对网络服务提供者的侵权责任作出的限制。还规定了错误通知的法律后果，通知人向网络服务提供者发出错误删 | 《电子商务法》<br>第42条 知识产权权利人认为其知识产权受到侵害的，有权通知电子商务平台经营者采取删除、屏蔽、断开链接、终止交易和服务等必要措施。通知应当包括构成侵权的初步证据。<br><br>电子商务平台经营者接到通知后，应当及时采取必要措施，并将该通知转送平台内经营者；未及时采取必要措施的，对损害的扩大部分与平台内经营者承担连带责任。<br><br>因通知错误造成平台内经营者损害的，依法承担民事责任。恶意发出错误通知，造成平台内经营者损失的，加倍承担赔偿责任。<br><br>《网络安全法》<br>第43条 个人发现网络运营者违反法律、行政法规的规定或者双方的约定收集、使用其个人信息的，有权要求网络运营者删除其个人信息；发现网络运营者收集、存储的其个人信息有错误的，有权要求网络运营者予以更正。网络运营者应当采取措施予以删除或者更正。 |

| 民法典侵权责任编 | 关联规定 |
|---|---|
| 除通知，是通知人承担侵权责任的先决条件。因网络用户与网络服务提供者存在服务合同关系，网络服务提供者可能因错误删除而向网络用户承担违约责任，由此产生的损害应由错误通知的通知人承担。<br>**案例指引1**：《龚某某诉北京某网络技术有限公司名誉权纠纷案——网络服务提供商侵权责任与监管义务的认定》【人民法院案例库入库案例，入库编号：2024-08-2-006-001】<br>案例要旨：网络服务提供商作为网络信息的传输中枢，对其网络用户所发布的信息应尽到善良管理人的合理注意义务，对于网络用户在网站上公开的视频等信息是否侵犯他人权利应当进行主动审查。如网络用户发布的信息侵犯第三人的权利并且网络服务提供商没有尽到合理审查义务，给用户或他人造成损失的，网络服务提供商应与该网络用户承担连带赔偿责任。<br>**案例指引2**：《深圳某某公司诉广州某某公司、杭州某某公司侵害发明专利权纠纷案——电子商务平台通知-删除规则的适用》【人民法院案例库入库案例，入库编号2023-09-2-160-057】<br>案例要旨：有效通知一般包括知识产权权利证明及有效的权利人信息、能够实现准确定位的被诉侵权商品或服务信息、构成侵权的初步证据、要求采取的具体措施、通知真实性的书面保证等。<br>认定有效通知应考虑权利类型、作为 | 《最高人民法院关于审理利用信息网络侵害人身权益民事纠纷案件适用法律若干问题的规定》（2020年修正）<br>**第2条** 原告依据民法典第一千一百九十五条、第一千一百九十七条的规定起诉网络用户或者网络服务提供者的，人民法院应予受理。<br>原告仅起诉网络用户，网络用户请求追加涉嫌侵权的网络服务提供者为共同被告或者第三人的，人民法院应予准许。<br>原告仅起诉网络服务提供者，网络服务提供者请求追加可以确定的网络用户为共同被告或者第三人的，人民法院应予准许。<br>**第4条** 人民法院适用民法典第一千一百九十五条第二款的规定，认定网络服务提供者采取的删除、屏蔽、断开链接等必要措施是否及时，应当根据网络服务的类型和性质、有效通知的形式和准确程度、网络信息侵害权益的类型和程度等因素综合判断。<br>**第5条** 其发布的信息被采取删除、屏蔽、断开链接等措施的网络用户，主张网络服务 |

| 民法典侵权责任编 | 关联规定 |
| --- | --- |
| 网络服务提供者的电子商务平台经营者的监管能力以及平台性质等因素。转通知是电子商务平台经营者承担的最低义务，转通知后是否还需要进一步采取必要措施，仍需要结合通知内容作出判断。<br>案例指引3：《韩某诉北京某科技有限公司著作权权属、侵权纠纷案——信息存储空间网络服务的侵权认定》【人民法院案例库入库案例，入库编号：2023-09-2-158-080】<br>案例要旨：信息存储空间网络服务提供者的过错强调"注意义务"，而非事先审查义务。审查信息存储空间网络服务提供者是否尽到合理的"注意义务"，应结合信息存储空间的客观现状、作者及作品的知名度、作者与信息存储空间网络服务商的纠纷情况等情节，审查信息存储空间网络服务提供者是否采取了符合其身份、满足其预见水平和控制能力范围内的措施。<br>案例指引4：《某计算机系统有限公司等与北京某科技有限公司、重庆某科技有限公司诉前行为保全案》【最高人民法院发布2021年中国法院50件典型知识产权案例①】<br>案例要旨："通知-删除"规则的目的在于既要为互联网行业提供发展空间，又要保护权利人的利益。在此规则下，网络服务提供者对于网络用户利用其平台 | 提供者承担违约责任或者侵权责任，网络服务提供者以收到民法典第一千一百九十五条第一款规定的有效通知为由抗辩的，人民法院应予支持。<br>《最高人民法院关于审理侵害信息网络传播权民事纠纷案件适用法律若干问题的规定》（2020年修正）<br>第13条　网络服务提供者接到权利人以书信、传真、电子邮件等方式提交的通知及构成侵权的初步证据，未及时根据初步证据和服务类型采取必要措施的，人民法院应当认定其明知相关侵害信息网络传播权行为。<br>第14条　人民法院认定网络服务提供者转送通知、采取必要措施是否及时，应当根据权利人提交通知的形式，通知的准确程度，采取措施的难易程度，网络服务的性质，所涉作品、表演、录音录像制品的类型、知名度、数量等因素综合判断。<br>《最高人民法院关于审理食品安全民事纠纷案件适用法律若干问题的解释（一）》<br>第3条　电子商务平台经营者违反食品安全法第六十二条和 |

---

① 载中华人民共和国最高人民法院网站，https：//www.court.gov.cn/zixun/xiangqing/355881.html，2024年10月1日访问。

| 民法典侵权责任编 | 关联规定 |
| --- | --- |
| 实施的侵权行为，只要其接到通知后采取了删除、屏蔽及断开链接等必要措施制止侵权行为，可不承担赔偿责任。但需明确的是：首先，网络服务提供者不得利用该免责条款对明知或应知的网络用户侵权行为不予制止，继而损害权利人的利益。通知—删除规则适用的前提是网络服务提供者不知也不应知侵权行为的存在，否则不适用。其次，在通知-删除规则下，网络服务者对于网络用户利用其平台实施的侵权行为并非只负删除义务，而是负有采取删除、屏蔽、断开链接等必要措施的义务。至于必要措施的界定，则与技术发展密切相关。在现有技术无法实现过滤、拦截等功能或使用该现有技术的成本无法承受的情况下，该技术当然不应纳入必要措施范围，但当该技术本身已成为可能且成本可承受时，则平台在知道新侵权视频仍在不断上传的情况下，其在删除已有侵权视频外承担过滤、拦截义务则是理所当然。<br><br>**案例指引 5：**《战某诉某投资顾问有限公司人格权案》【国家法官学院、中国人民大学法学院编：《中国审判案例要览（2012年民事审判案例卷）》，中国人民大学出版社2014年版，第141页】<br>　　案例要旨：网络服务者在被侵权人通知其对网络用户侵权行为采取必要措施之前，主动删除侵权信息的，不应当承担侵权责任。实际上，即使是严格的审查义务也不意味着要求网络服务者要对网络用户发布的资信事先进行逐一筛查，网络服务者对于用户上传的作品不具有审查的义务，因为他是中间传递信息的服务者，应当适用"避风港"原则，在此处要免责。 | 第一百三十一条规定，未对平台内食品经营者进行实名登记、审查许可证，或者未履行报告、停止提供网络交易平台服务等义务，使消费者的合法权益受到损害，消费者主张电子商务平台经营者与平台内食品经营者承担连带责任的，人民法院应予支持。 |

| 民法典侵权责任编 | 关联规定 |
| --- | --- |
| **第一千一百九十六条** 【"反通知"制度】网络用户接到转送的通知后，可以向网络服务提供者提交不存在侵权行为的声明。声明应当包括不存在侵权行为的初步证据及网络用户的真实身份信息。<br><br>网络服务提供者接到声明后，应当将该声明转送发出通知的权利人，并告知其可以向有关部门投诉或者向人民法院提起诉讼。网络服务提供者在转送声明到达权利人后的合理期限内，未收到权利人已经投诉或者提起诉讼通知的，应当及时终止所采取的措施。<br><br>指引：规定网络用户可提交不存在侵权行为的声明，目的是赋予网络用户抗辩权。抗辩意味着对侵权主张的反驳，反驳自然需有证据支撑。提交不存在侵权行为的声明，是网络用户的权利而非义务，故可交可不交。网络服务提供者接到声明后，有义务将该声明转送发出通知的权利人，以使发出通知的权利人知晓网络用户的抗辩主张，同时告知其可向有关部门投诉或向法院提起诉讼。若其接到声明后及时起诉或投诉，则表明其不认可网络用户不构成侵权的声明，此时网络服务提供者无须恢复其基于侵权通知而采取的删除信息、断开链接等"取下"措施；但若其在合理期限内未起诉或投诉，则为保障网络用户的合法权益，网络服务提供者应及时终止采取的措施。 | 《电子商务法》<br>**第43条** 平台内经营者接到转送的通知后，可以向电子商务平台经营者提交不存在侵权行为的声明。声明应当包括不存在侵权行为的初步证据。<br><br>电子商务平台经营者接到声明后，应当将该声明转送发出通知的知识产权权利人，并告知其可以向有关主管部门投诉或向人民法院起诉。电子商务平台经营者在转送声明到达知识产权权利人后十五日内，未收到权利人已经投诉或者起诉通知的，应当及时终止所采取的措施。<br><br>《信息网络传播权保护条例》（2013年修订）<br>**第16条** 服务对象接到网络服务提供者转送的通知书后，认为其提供的作品、表演、录音录像制品未侵犯他人权利的，可以向网络服务提供者提交书面说明，要求恢复被删除的作品、表演、录音录像制品，或者恢复与被断开的作品、表演、录音录像制品的链接。书面说明应当包含下列内容： |

| 民法典侵权责任编 | 关联规定 |
|---|---|
|  | （一）服务对象的姓名（名称）、联系方式和地址；<br>（二）要求恢复的作品、表演、录音录像制品的名称和网络地址；<br>（三）不构成侵权的初步证明材料。<br>服务对象应当对书面说明的真实性负责。<br>**第17条** 网络服务提供者接到服务对象的书面说明后，应当立即恢复被删除的作品、表演、录音录像制品，或者可以恢复与被断开的作品、表演、录音录像制品的链接，同时将服务对象的书面说明转送权利人。权利人不得再通知网络服务提供者删除该作品、表演、录音录像制品，或者断开与该作品、表演、录音录像制品的链接。 |
| **第一千一百九十七条** 【网络服务提供者与网络用户的连带责任】网络服务提供者知道或者应当知道网络用户利用其网络服务侵害他人民事权益，未采取必要措施的，与该网络用户承担连带责任。<br>指引：在网络侵权中，网络服务提供者提供网络技术服务的，其应承担过错 | 《电子商务法》<br>**第45条** 电子商务平台经营者知道或者应当知道平台内经营者侵犯知识产权的，应当采取删除、屏蔽、断开链接、终止交易和服务等必要措施；未采取必要措施的，与侵权人承担连带责任。 |

| 民法典侵权责任编 | 关联规定 |
| --- | --- |
| 责任。过错体现在其知道或应当知道网络用户利用其网络服务侵害他人民事权益，未采取必要措施。如果网络服务提供者明知网络用户利用其网络服务实施侵权行为，却不采取必要措施，可以认定为构成帮助侵权，应当对全部损害与网络用户承担连带责任。如果网络服务提供者实际上并不知道网络用户利用其网络服务实施侵权行为，而是疏于管理，没有意识到这种侵权行为的存在，则只应对应当知道而没有知道侵权行为之时起的损害与网络用户承担连带侵权责任，之前的损害应当由网络用户独立承担责任。<br>案例指引1：《李某某诉北京某科技有限公司网络侵权责任纠纷案——网络服务提供者对严重侵害未成年人权益的违法信息审查义务的认定》【人民法院案例库入库案例，入库编号：2024-14-2-369-001】<br>案例要旨：网络服务提供者对涉及未成年人个人隐私、涉性谣言等严重侵害未成年人权益的违法信息审查，应当尽到更高的注意义务。对于短时间内浏览量飙升的前述侵权信息，网络服务提供者未采取必要措施及时处理的，应当按照《民法典》第1197条与网络用户承担连带责任。<br>案例指引2：《殷某诉某科技有限公司名誉权案》【国家法官学院、中国人民大学法学院编：《中国审判案例要览（2012年民事审判案例卷）》，中国人民大学出版社2014年版，第126页】 | 《最高人民法院关于审理侵害信息网络传播权民事纠纷案件适用法律若干问题的规定》（2020年修正）<br>第9条 人民法院应当根据网络用户侵害信息网络传播权的具体事实是否明显，综合考虑以下因素，认定网络服务提供者是否构成应知：<br>（一）基于网络服务提供者提供服务的性质、方式及其引发侵权的可能性大小，应当具备的管理信息的能力；<br>（二）传播的作品、表演、录音录像制品的类型、知名度及侵权信息的明显程度；<br>（三）网络服务提供者是否主动对作品、表演、录音录像制品进行了选择、编辑、修改、推荐等；<br>（四）网络服务提供者是否积极采取了预防侵权的合理措施；<br>（五）网络服务提供者是否设置便捷程序接收侵权通知并及时对侵权通知作出合理的反应；<br>（六）网络服务提供者是否针对同一网络用户的重复侵权行为采取了相应的合理措施； |

| 民法典侵权责任编 | 关联规定 |
| --- | --- |
| 案例要旨：在网络用户侵权事实比较明显的情形下，认定网络服务提供者的行为是否构成侵权，其模式应为："网络用户侵权事实明显—网络服务提供者应当知道—采取合理措施"，如果未按该模式进行处理，网络服务提供者的行为即构成侵权。如果被侵权人发现网络用户利用网络服务侵害其合法权益的，有权向网络服务提供者发出通知，要求其采取必要措施，如果网络服务提供者采取了必要措施，则不承担侵权责任。如果网络服务提供者在收到被侵权人的通知之后未采取必要措施，或者采取的措施不合理，造成损害结果扩大的，网络服务提供者只对因此造成的损害扩大部分与实施直接侵权行为的用户承担连带责任。网络服务提供者即便未接到被侵权人的通知，其知道或应当知道网络用户利用其网络服务侵害他人民事权益，未采取必要措施的，与该网络用户承担连带责任。 | （七）其他相关因素。<br><br>**第11条** 网络服务提供者从网络用户提供的作品、表演、录音录像制品中直接获得经济利益的，人民法院应当认定其对该网络用户侵害信息网络传播权的行为负有较高的注意义务。<br><br>网络服务提供者针对特定作品、表演、录音录像制品投放广告获取收益，或者获取与其传播的作品、表演、录音录像制品存在其他特定联系的经济利益，应当认定为前款规定的直接获得经济利益。网络服务提供者因提供网络服务而收取一般性广告费、服务费等，不属于本款规定的情形。<br><br>**第12条** 有下列情形之一的，人民法院可以根据案件具体情况，认定提供信息存储空间服务的网络服务提供者应知网络用户侵害信息网络传播权：<br><br>（一）将热播影视作品等置于首页或者其他主要页面等能够为网络服务提供者明显感知的位置的；<br><br>（二）对热播影视作品等的主题、内容主动进行选择、编辑、整理、推荐，或者为其设立专门的排行榜的； |

| 民法典侵权责任编 | 关联规定 |
| --- | --- |
|  | （三）其他可以明显感知相关作品、表演、录音录像制品为未经许可提供，仍未采取合理措施的情形。<br><br>第 13 条　网络服务提供者接到权利人以书信、传真、电子邮件等方式提交的通知及构成侵权的初步证据，未及时根据初步证据和服务类型采取必要措施的，人民法院应当认定其明知相关侵害信息网络传播权行为。 |
| 第一千一百九十八条　【违反安全保障义务的侵权责任】宾馆、商场、银行、车站、机场、体育场馆、娱乐场所等经营场所、公共场所的经营者、管理者或者群众性活动的组织者，未尽到安全保障义务，造成他人损害的，应当承担侵权责任。<br><br>因第三人的行为造成他人损害的，由第三人承担侵权责任；经营者、管理者或者组织者未尽到安全保障义务的，承担相应的补充责任。经营者、管理者或者组织者承担补充责任后，可以向第三人追偿。<br><br>指引：未尽到安全保障义务需承担的侵权责任，是一种过错责任。无论是安全保障义务主体需承担直接责任还是补充责任，都以其未尽到安全保障义务为前提条件。若安全保障义务主体尽到了 | 《消费者权益保护法》（2013 年修正）<br><br>第 18 条　经营者应当保证其提供的商品或者服务符合保障人身、财产安全的要求。对可能危及人身、财产安全的商品和服务，应当向消费者作出真实的说明和明确的警示，并说明和标明正确使用商品或者接受服务的方法以及防止危害发生的方法。<br><br>宾馆、商场、餐馆、银行、机场、车站、港口、影剧院等经营场所的经营者，应当对消费者尽到安全保障义务。<br><br>《最高人民法院关于适用〈中华人民共和国民法典〉侵权责任编的解释（一）》<br><br>第 24 条　物业服务企业等 |

| 民法典侵权责任编 | 关联规定 |
|---|---|
| 安全保障义务，就可以免除责任。判断是否尽到了安全保障义务，可从以下四个方面把握：1. 法律、法规对于安全保障的内容有直接规定的，以法律、法规的规定内容作为判断的标准和依据。2. 法律、法规没有明确规定时，安全保障义务应当达到同行业所应当达到的通常注意义务。3. 合同约定标准也是判断安全保障义务人是否尽到相应义务的依据之一。4. 按善良管理人的标准确定。第2款明确，因第三人的行为造成他人损害的，安全保障义务主体承担相应的补充责任后，可向第三人追偿。<br>**案例指引1**：《李某等诉某村村民委员会违反安全保障义务责任纠纷案》【最高人民法院第140号指导性案例】<br>案例要旨：公共场所经营管理者的安全保障义务，应限于合理限度范围内，与其管理和控制能力相适应。完全民事行为能力人因私自攀爬景区内果树采摘果实而不慎跌落致其自身损害，主张经营管理者承担赔偿责任的，人民法院不予支持。<br>**案例指引2**：《张某等诉某超市贸易有限公司生命权纠纷案》【《最高人民法院公报》2021年第10期】<br>案例要旨：公共场所管理人的安全保障义务应界定在合理范围内，应当保证场所及相关配套设施符合安全标准，排除安全隐患，同时应当及时对已发生的 | 建筑物管理人未采取必要的安全保障措施防止从建筑物中抛掷物品或者从建筑物上坠落的物品造成他人损害，具体侵权人、物业服务企业等建筑物管理人作为共同被告的，人民法院应当依照民法典第一千一百九十八条第二款、第一千二百五十四条的规定，在判决中明确，未采取必要安全保障措施的物业服务企业等建筑物管理人在人民法院就具体侵权人的财产依法强制执行后仍不能履行的范围内，承担与其过错相应的补充责任。<br>**第25条** 物业服务企业等建筑物管理人未采取必要的安全保障措施防止从建筑物中抛掷物品或者从建筑物上坠落的物品造成他人损害，经公安等机关调查，在民事案件一审法庭辩论终结前仍难以确定具体侵权人的，未采取必要安全保障措施的物业服务企业等建筑物管理人承担与其过错相应的责任。被侵权人其余部分的损害，由可能加害的建筑物使用人给予适当补偿。<br>具体侵权人确定后，已经承担责任的物业服务企业等建 |

| 民法典侵权责任编 | 关联规定 |
|---|---|
| 危险和损害采取积极的应对和救助措施。管理人是否尽到必要的救助义务，应参照社会普遍认同的衡量标准加以判断。某超市贸易有限公司在本案中的安全保障义务，主要体现在对其经营管理场所及相关配套设施的安全性负有保障义务，即某超市贸易有限公司的经营管理场所及相关配套设施不应具有危险性、不应威胁人身安全，至于事发区域是否安装监控摄像头，与曾某摔倒之间并不具有因果关系，因此，对张某等四人的该项上诉主张，法院不予支持。至于张某等四人主张某超市贸易有限公司在曾某摔倒后未及时报警、送医，法院认为，经营者的安全保障义务应界定在合理范围内，某超市贸易有限公司在曾某摔倒后，并未放任不管，而是将老人送至他处休息并报警，此后也陪同救护人员将老人送往医院就诊，故不能就此认定其未尽到救治义务。<br>**案例指引3**：《张某诉周某、某出行公司生命权、身体权、健康权纠纷案——网约车平台的安全保障义务》【人民法院案例库入库案例，入库编号：2023-16-2-001-007】<br>案例要旨：《民法典》第1198条的规定虽然没有明确将网络平台列举为安全保障义务的责任主体，但是其文意也没有将其排除在外。结合《网络预约出租汽车经营服务管理暂行办法》的规定， | 筑物管理人、可能加害的建筑物使用人向具体侵权人追偿的，人民法院依照民法典第一千一百九十八条第二款、第一千二百五十四条第一款的规定予以支持。<br>**《最高人民法院关于审理旅游纠纷案件适用法律若干问题的规定》（2020年修正）**<br>第7条 旅游经营者、旅游辅助服务者未尽到安全保障义务，造成旅游者人身损害、财产损失，旅游者请求旅游经营者、旅游辅助服务者承担责任的，人民法院应予支持。<br>因第三人的行为造成旅游者人身损害、财产损失，由第三人承担责任；旅游经营者、旅游辅助服务者未尽安全保障义务，旅游者请求其承担相应补充责任的，人民法院应予支持。<br>**《最高人民法院关于审理铁路运输人身损害赔偿纠纷案件适用法律若干问题的解释》（2020年修正，2021年修正本条已删除）**<br>第13条 铁路旅客运送期间因第三人侵权造成旅客人身损害的，由实施侵权行为的第三人承担赔偿责任。铁路运 |

| 民法典侵权责任编 | 关联规定 |
| --- | --- |
| 可对网约车平台课以安全保障义务。平台在没有尽到上述义务的情况下，对于网约车司机侵权导致的乘客损害，应承担相应责任。<br>　　**案例指引4**：《谢某丽、刘某成诉罗某然、陈某蓉等31人、某团体生命权、身体权、健康权纠纷案——自然河道溺亡河道管理者应否担责》【人民法院案例库入库案例，入库编号：2023-16-2-001-002】<br>　　案例参考：事发河道为自然河道，并非向公众提供服务或以公众为对象进行商业性经营的场所，某团体作为河道管理者对于此类河道的管理职责主要是促进水资源保护、水域岸线管理、水污染防治、水环境治理等工作，对于自然河道，现行法律法规没有规定要设置安全保护设施及安全警示标识等安全保障措施。某团体不应承担本案民事责任。<br>　　**案例指引5**：《王某诉某滑雪场生命权、身体权、健康权纠纷案——高风险滑雪运动中伤害事故的侵权赔偿责任认定》【人民法院案例库入库案例，入库编号：2024-07-2-001-001】<br>　　案例要旨：滑雪场作为滑雪场地的经营者、管理者，应当具备滑雪行业要求的相关专业资质和管理能力，其对安全保障注意义务的履行应高于普通人的标准，即要达到与其专业管理能力相匹配的程度。滑雪场未按照客运索道相关国 | 输企业有过错的，应当在能够防止或者制止损害的范围内承担相应的补充赔偿责任。铁路运输企业承担赔偿责任后，有权向第三人追偿。<br>　　车外第三人投掷石块等击打列车造成车内旅客人身损害，赔偿权利人要求铁路运输企业先予赔偿的，人民法院应当予以支持。铁路运输企业赔付后，有权向第三人追偿。 |

| 民法典侵权责任编 | 关联规定 |
| --- | --- |
| 家标准的要求履行相应的安全保障义务的，应当对损害结果承担相应责任。<br>**案例指引6**：《韩某等诉河南某社区居民委员会等违反安全保障义务责任纠纷案——公共场所管理人的安全保障义务应该控制在合理限度范围内》【人民法院案例库入库案例，入库编号：2023-07-2-504-001】<br>案例要旨：公共场所管理人的安全保障义务应该控制在合理限度范围内。认定"合理限度范围内"的安全保障义务，应当根据与安全保障义务人所从事的营业或者其他社会活动相适应的必要性和可能性，结合案件具体情况予以认定。考量因素一般包括：安全保障义务的过错判断应当采取客观标准，即该安全保障义务人的实际行为是否达到了法律、法规、行业规程等所要求达到的注意程度，是否属于同类社会活动或者一个诚信善良的从业者应当达到的程度。可预见标准和成本效益标准因素。如果危险根本无法预见，不应苛求管理人采取相应的措施去预防；义务主体为履行法律要求的义务所付出的代价，不应当超过履行义务所获得的利益。<br>**案例指引7**：《刘某某诉上海某体育文化传播有限公司经营场所的经营者责任纠纷案——对未成年人开放的极限运动场馆应履行与风险程度相适应的安全保障义务》【人民法院案例库入库案例，入库编号：2023-14-2-370-001】 | |

| 民法典侵权责任编 | 关联规定 |
|---|---|
| 案例要旨：1. 极限运动场馆内提供的活动设施均有一定风险，但各个项目的风险等级、活动方式、注意事项等各不相同。对此，经营者应有针对性地予以特别提示，而非格式化或形式主义的一般提示。对于年龄限制等重要的提示内容，须通过醒目、有效的渠道传达到未成年人的监护人或陪同人，确保风险告知达到具体、充分、有效的程度。2. 经营者责任的范围和程度与其风险防范能力相适应。而风险防范能力又与其专业知识经验、服务对象特点以及项目危险程度等密切相关。因此，对于低龄消费者，经营者应对其参与极限运动项目进行风险评估，严格执行准入门槛，采取完善的安全保障措施。消费者自身亦应增强自我保护意识，充分了解项目特点，服从经营者的劝诫和指导。<br><br>**案例指引 8**：《许某甲、钟某甲诉许某乙、钟某乙生命权纠纷案——农村水塘管理人有无安全保障义务应结合案情综合分析》【人民法院案例库入库案例，入库编号：2023-14-2-504-002】<br><br>案例要旨：安全保障义务人的过错，其具体的考量因素应当结合具体案情进行分析，如对安全保障义务人的措施采取与否、安全保障义务人采取措施的不合理程度等进行具体的判断。因此，如果农村水塘管理人达到了其应尽的注意程度，则不存在过错。并不位于居民的生 | |

| 民法典侵权责任编 | 关联规定 |
| --- | --- |
| 活居住区域或者通行道路附近的农村水塘，对于居民正常的生活及出行不构成危险。对于该类水塘中发生的溺水事故，除管理人确实存在管理不善等原因外，一般不应承担损害赔偿责任。<br><br>案例指引9：《李某某诉某养老公寓侵权责任纠纷案——因第三人行为造成老年人损害，养老机构未尽到安全保障义务的，应当承担相应的补充责任》【人民法院案例库入库案例，入库编号：2024-07-7-504-001】<br><br>案例要旨：养老机构与养老人员建立养老服务合同关系后，对养老人员存在法定和约定的安全保障责任。因第三人的行为造成养老人员损害的，首先应由第三人承担侵权责任，但是如果养老机构疏于履行安全保障义务的，养老机构应承担相应的补充责任。<br><br>案例指引10：《果某诉张某某等人、某商贸公司身体权、健康权纠纷案——实施性侵的未成年人未被追究刑事责任的，其监护人及相关宾馆经营者侵权责任的认定规则》【人民法院案例库入库案例，入库编号：2024-14-2-001-005】<br><br>案例要旨：1.对于未达刑事责任年龄的未成年人实施性侵行为的，虽然依法不承担刑事责任，但不能免除其及监护人的民事责任。受害人因此遭受严重精神损害并提起民事诉讼主张精神损害赔偿的，人民法院依法予以支持。2.宾馆 | |

| 民法典侵权责任编 | 关联规定 |
| --- | --- |
| 经营者应严格履行保护未成年人的法律义务和主体责任，通过规范入住程序，严格落实身份核验、登记、报告制度等，履行安全保障义务。因未尽到安全保障义务导致受害人在经营场所遭受性侵的，宾馆经营者依法应当承担补充赔偿责任。<br>**案例指引11**：《谷某、杜某某诉南通某超市生命权纠纷案——公共场所经营者安全保障义务的认定》【人民法院案例库入库案例，入库编号：2024-18-2-001-001】<br>　　案例要旨：公共场所的经营者为制止不当行为，在合理范围和限度内对行为人采取必要的阻拦措施，属于合法的自助行为。行为人被阻拦后因自身疾病倒地猝死，经营者及时报警求助，已尽到了安全保障义务，死者近亲属主张经营者承担赔偿责任的，人民法院不予支持。<br>**案例指引12**：《李某环、刘某禧等诉北京华某商厦股份有限公司平谷分公司违反安全保障义务责任纠纷案——第三人侵权情形下商场等经营场所的经营者、管理者安全保障义务的合理限度认定》【人民法院案例库入库案例，入库编号：2024-07-1-370-001】<br>　　案例要旨：商场等经营场所的经营者、管理者承担的安全保障义务应当限制在合理限度内。如果经营者、管理者已经在合理限度内尽到了安全保障义务，但仍无法预防、控制、避免第三人侵权事件的发生，则不能仅从主体地位的强弱考量而当然认定经营者、管理者承担侵权责任。 |  |

| 民法典侵权责任编 | 关联规定 |
| --- | --- |
| **第一千一百九十九条** 【教育机构对无民事行为能力人受到人身损害的过错推定责任】无民事行为能力人在幼儿园、学校或者其他教育机构学习、生活期间受到人身损害的，幼儿园、学校或者其他教育机构应当承担侵权责任；但是，能够证明尽到教育、管理职责的，不承担侵权责任。<br><br>**指引**：无民事行为能力人在教育机构受到人身损害，适用过错推定的归责原则。无民事行为能力人智力发育不成熟，对事物的认知和判断存在明显欠缺，其不能辨认或者不能充分理解自己行为的后果，对他们的保护必须强调最高的注意义务。规定学校能够举证证明已经尽到教育、管理职责的，不承担侵权责任，符合公平原则。所谓"教育职责"，指依法保护无民事行为能力人或者限制民事行为能力人以及避免其侵害他人的所应尽的职责。所谓"管理职责"，指教育机构对与无民事行为能力人或者限制民事行为能力人的人身安全有关的事务依法应尽到的妥善管理的职责。<br><br>**案例指引1**：《丁某某诉季某某等教育机构责任纠纷案》【《最高人民法院公报》2023年第12期】<br>**案例要旨**：因教育培训机构教学需要，无民事行为能力人的监护人无法实际履行监护职责，在此期间，教育培训机构应对该无民事行为能力人承担监督、 | 《义务教育法》（2018年修正）<br><br>**第24条** 学校应当建立、健全安全制度和应急机制，对学生进行安全教育，加强管理，及时消除隐患，预防发生事故。<br><br>县级以上地方人民政府定期对学校校舍安全进行检查；对需要维修、改造的，及时予以维修、改造。<br><br>学校不得聘用曾经因故意犯罪被依法剥夺政治权利或者其他不适合从事义务教育工作的人担任工作人员。<br><br>《中小学幼儿园安全管理办法》<br><br>**第18条** 学校应当建立校内安全定期检查制度和危房报告制度，按照国家有关规定安排对学校建筑物、构筑物、设备、设施进行安全检查、检验；发现存在安全隐患的，应当停止使用，及时维修或者更换；维修、更换前应当采取必要的防护措施或者设置警示标志。学校无力解决或者无法排除的重大安全隐患，应当及时书面报告主管部门和其他相关部门。 |

| 民法典侵权责任编 | 关联规定 |
|---|---|
| 管理和保护职责。教育培训机构因自身原因未履行上述职责，导致无民事行为能力人在教育培训机构学习、生活期间，对他人实施帮助行为致人损害，且无民事行为能力人主观上没有伤害故意，客观上不具备预见帮助行为可能导致损害的认知能力的，教育培训机构依法应当承担侵权责任。<br>**案例指引 2**：《刘某丽、刘某丽父母诉托管班、某教育机构责任纠纷案》【最高人民法院少年法庭指导小组编：《中国少年司法》2019年第2辑（总第40辑），人民法院出版社2020年版，第98页】<br>案例要旨：无民事行为能力人在教育机构学习、生活期间受到人身损害的，采用过错推定规则，推定该教育机构未尽到教育、管理的职责，存在过错，应承担赔偿的侵权责任。 | 学校应当在校内高地、水池、楼梯等易发生危险的地方设置警示标志或者采取防护设施。<br>**第19条** 学校应当落实消防安全制度和消防工作责任制，对于政府保障配备的消防设施和器材加强日常维护，保证其能够有效使用，并设置消防安全标志，保证疏散通道、安全出口和消防车通道畅通。 |
| **第一千二百条** 【教育机构对限制民事行为能力人受到人身损害的过错责任】限制民事行为能力人在学校或者其他教育机构学习、生活期间受到人身损害，学校或者其他教育机构未尽到教育、管理职责的，应当承担侵权责任。<br>指引：与无民事行为能力人相比，限制民事行为能力人在意思能力、辨别能力方面更加成熟，对危险事物也有一定预防和控制能力。若仍适用过错推定原则，对学校、其他教育机构而言责任太重，不利于平衡保护未成年人合法权益和维护教育机构的正常教学秩序和管理秩序。所以若限制民事行为能力人及其 | 《未成年人保护法》（2024年修正）<br>**第35条** 学校、幼儿园应当建立安全管理制度，对未成年人进行安全教育，完善安保设施、配备安保人员，保障未成年人在校、在园期间的人身和财产安全。<br>学校、幼儿园不得在危及未成年人人身安全、身心健康的校舍和其他设施、场所中进行教育教学活动。<br>学校、幼儿园安排未成年人参加文化娱乐、社会实践等 |

| 民法典侵权责任编 | 关联规定 |
| --- | --- |
| 监护人不能举证证明学校和其他教育机构未尽到教育、管理职责的，则学校和其他教育机构不承担侵权责任。<br><br>案例指引1：《刘某乐诉袁某洋、欧某娇、袁某浩、梅江区某小学生命权、健康权、身体权纠纷案——限制民事行为能力人在学校受到人身损害，对学校责任的认定应综合考虑学校的注意义务以及其对损害结果发生的可预见性、可预防性等因素》【人民法院案例库入库案例，入库编号：2023-16-2-001-005】<br><br>案例要旨：限制民事行为能力人在教育机构受到损害时，对教育机构适用过错责任原则，即教育机构对损害后果的发生存在过错时，在其未尽到教育、管理职责的过错范围内承担赔偿责任。<br><br>判断教育机构是否尽到教育、管理职责，第一，应当以规范性法律文件的规定为标准比对判断，如《义务教育法》《未成年人保护法》等法律对教育机构的教育、管理和保护义务进行了原则性规定，此外还有《学生伤害事故处理办法》等相关法规规章详尽规定了教育机构应当尽到的义务以及依法承担相应责任的具体情形。第二，应当结合具体情况综合考虑教育机构的注意义务以及其对损害结果发生的可预见性、可预防性等因素。发生的损害超过一般人的预测可能，不能认为学校未尽到教育、管理责任。需明确的是，虽然学校与学生之间属于 | 集体活动，应当保护未成年人的身心健康，防止发生人身伤害事故。<br><br>第36条 使用校车的学校、幼儿园应当建立健全校车安全管理制度，配备安全管理人员，定期对校车进行安全检查，对校车驾驶人进行安全教育，并向未成年人讲解校车安全乘坐知识，培养未成年人校车安全事故应急处理技能。<br><br>第37条 学校、幼儿园应当根据需要，制定应对自然灾害、事故灾难、公共卫生事件等突发事件和意外伤害的预案，配备相应设施并定期进行必要的演练。<br><br>未成年人在校内、园内或者本校、本园组织的校外、园外活动中发生人身伤害事故的，学校、幼儿园应当立即救护，妥善处理，及时通知未成年人的父母或者其他监护人，并向有关部门报告。<br><br>《学校体育工作条例》(2017年修订)<br><br>第20条 学校的上级主管部门和学校应当按照国家或者地方制订的各类学校体育场地、器材、设备标准，有计划 |

| 民法典侵权责任编 | 关联规定 |
|---|---|
| "教育管理关系",家长将学生送到学校后,并不意味着家长的监护责任像接力棒一样完全交给了学校,也不意味着学校须对学生在校园内发生的一切损害事故负责。<br><br>**案例指引2**:《徐某某诉江苏某学校教育机构责任纠纷案——限制民事行为能力人在校受伤时,学校是否尽到教育管理职责的认定》【人民法院案例库入库案例,入库编号:2024-14-2-371-001】<br><br>案例要旨:对于未成年学生在校园受到人身损害的侵权纠纷案件,人民法院在认定学校是否尽到教育管理职责时,应当结合未成年人受伤害原因、就学校是否已进行常态化安全教育、相关场所设施有无醒目的安全提示标志、事发后有无在第一时间通知家长并陪同就医等因素进行综合判断,不能仅因事故发生在校园内就认定学校未尽到教育管理职责进而判令其承担侵权责任。<br><br>**案例指引3**:《胡某、林某诉宁某、某物业服务有限公司生命权、健康权、身体权纠纷案》【最高人民法院中国应用法学研究所编:《人民法院案例选》2018年第4辑(总第122辑),人民法院出版社2018年版,第31页】<br><br>案例要旨:校外托管机构作为未成年人的临时寄托主体,应认定为属于"其他教育机构",负有同学校、幼儿园等同样的教育、管理、保护义务。校外托管机构尽到教育、管理职责的,不承担侵权责任。 | 地逐步配齐。学校体育器材应当纳入教学仪器供应计划。新建、改建学校必须按照有关场地、器材的规定进行规划、设计和建设。<br><br>在学校比较密集的城镇地区,逐步建立中小学体育活动中心,并纳入城市建设规划。社会的体育场(馆)和体育设施应当安排一定时间免费向学生开放。<br><br>**《最高人民法院关于适用〈中华人民共和国民法典〉侵权责任编的解释(一)》**<br><br>**第14条** 无民事行为能力人或者限制民事行为能力人在幼儿园、学校或者其他教育机构学习、生活期间,受到教育机构以外的第三人人身损害,第三人、教育机构作为共同被告且依法应承担侵权责任的,人民法院应当在判决中明确,教育机构在人民法院就第三人的财产依法强制执行后仍不能履行的范围内,承担与其过错相应的补充责任。<br><br>被侵权人仅起诉教育机构的,人民法院应当向原告释明申请追加实施侵权行为的第三人为共同被告。 |

| 民法典侵权责任编 | 关联规定 |
| --- | --- |
| 案例指引4：《徐某诉上海市某中学教育机构责任纠纷案》【李智、曹书瑜：《人民司法·案例》2020年第5期】<br>案例要旨：对于未成年学生在教育机构受到人身损害的，优先选择适用教育机构责任纠纷，未成年学生的年龄及民事行为能力与教育机构的责任一般成反比例，在认定教育机构过错中有必要适用或者借鉴国家教育委员会教育规章或教育教学规范，注意防止过分加重或者转嫁民事赔偿责任等。本案参照上海市教育委员会上述有关文件要求，组织横箱分腿腾越测试中，应安排至少两人保护，确保落地安全。被告没有安排两位老师进行现场教学。目前实践中，一是在受害学生与教育机构之间对教育机构加重责任；二是把实施加害行为的第三人的责任转嫁给教育机构承担，而不是让教育机构仅在其未尽到管理职责的过错范围内承担补充责任。长此以往，将会严重挫伤教育机构组织开展各种体育活动的积极性，继而严重损害青少年的健康成长。 | 第三人不确定的，未尽到管理职责的教育机构先行承担与其过错相应的责任；教育机构承担责任后向已经确定的第三人追偿的，人民法院依照民法典第一千二百零一条的规定予以支持。 |
| **第一千二百零一条 【受到校外人员人身损害时的责任分担】** 无民事行为能力人或者限制民事行为能力人在幼儿园、学校或者其他教育机构学习、生活期间，受到幼儿园、学校或者其他教育机构以外的第三人人身损害的，由第三人承担侵权责任；幼儿园、学校或者其他 | 《最高人民法院关于适用〈中华人民共和国民法典〉侵权责任编的解释（一）》<br>第14条 无民事行为能力人或者限制民事行为能力人在幼儿园、学校或者其他教育机构学习、生活期间，受到教 |

| 民法典侵权责任编 | 关联规定 |
|---|---|
| 教育机构未尽到管理职责的，承担相应的补充责任。幼儿园、学校或者其他教育机构承担补充责任后，可以向第三人追偿。<br><br>**指引**：在第三人侵权场合，幼儿园、学校或者其他教育机构未尽到管理职责承担的侵权责任是一种间接侵权责任，责任形态属于补充责任。本条同时明确了幼儿园、学校或者其他教育机构在承担补充责任后享有追偿权。所谓教育机构承担相应的补充责任，意味着应当先由实施了直接侵权行为的第三人承担责任，如果无法查明第三人或者第三人没有足够的赔偿能力的，教育机构应当在第二顺位承担补充责任。此外，"相应的"意味着教育机构补充责任比例应根据其过错程度确定。《民法典侵权编解释一》通过第14条亦明确学生在校内遭受校外人员人身损害的，实施侵权行为的第三人为第一责任主体，未尽到管理职责的教育机构承担顺位在后的补充责任；第三人不确定的，未尽到管理职责的教育机构先行承担责任，并有权向第三人追偿。 | 育机构以外的第三人人身损害，第三人、教育机构作为共同被告且依法应承担侵权责任的，人民法院应当在判决中明确，教育机构在人民法院就第三人的财产依法强制执行后仍不能履行的范围内，承担与其过错相应的补充责任。<br><br>被侵权人仅起诉教育机构的，人民法院应当向原告释明申请追加实施侵权行为的第三人为共同被告。<br><br>第三人不确定的，未尽到管理职责的教育机构先行承担与其过错相应的责任；教育机构承担责任后向已经确定的第三人追偿的，人民法院依照民法典第一千二百零一条的规定予以支持。 |
| **第四章　产品责任** | |
| **第一千二百零二条　【产品生产者侵权责任】**因产品存在缺陷造成他人损害的，生产者应当承担侵权责任。<br><br>**指引**：产品侵权责任中的"产品"概念，是指经过加工、制作，用于销售的产品。产品责任实行是无过错责任，即 | 《**产品质量法**》（2018年修正）<br><br>**第26条**　生产者应当对其生产的产品质量负责。<br><br>产品质量应当符合下列要求： |

| 民法典侵权责任编 | 关联规定 |
| --- | --- |
| 产品责任之构成不必考察过错因素，无论其有没有过错，在所不论，只要产品存在缺陷，即可构成侵权责任。在产品责任中，通常采取举证责任倒置的方法，产品缺陷是否存在，要由生产者、销售者来承担举证责任，其要证明产品没有缺陷，否则就要承担相应的责任。<br>**案例指引 1**：《马某诉某重型汽车有限公司等健康权纠纷案》【《最高人民法院公报》2015 年第 12 期】<br>案例要旨：生产者应对其法定免责事由承担举证责任，其自行出具的产品质量检验合格报告不能成为其免责之法定事由。生产者不提供证据证明其产品符合质量标准的，应对受害者承担侵权赔偿责任。<br>**案例指引 2**：《刘某新诉河北某管业有限公司侵权责任纠纷案——基于产品质量引发的纠纷应依据当事人的诉求确定案件的性质和管辖》【人民法院案例库入库案例，入库编号：2024-01-2-504-002】<br>案例要旨：1. 因购买产品而提起的诉讼，因原告的诉讼请求或争议标的不同，既可能构成产品质量损害赔偿纠纷，也可能构成买卖合同纠纷。2. 产品质量损害赔偿纠纷与买卖合同纠纷所适用的管辖规定不同，在确定案件管辖法院时应根据当事人诉争事实及诉讼目的，正确确定诉讼的性质进而确定管辖法院。 | （一）不存在危及人身、财产安全的不合理的危险，有保障人体健康和人身、财产安全的国家标准、行业标准的，应当符合该标准；<br>（二）具备产品应当具备的使用性能，但是，对产品存在使用性能的瑕疵作出说明的除外；<br>（三）符合在产品或者其包装上注明采用的产品标准，符合以产品说明、实物样品等方式表明的质量状况。<br>**第 41 条** 因产品存在缺陷造成人身、缺陷产品以外的其他财产（以下简称他人财产）损害的，生产者应当承担赔偿责任。<br>生产者能够证明有下列情形之一的，不承担赔偿责任：<br>（一）未将产品投入流通的；<br>（二）产品投入流通时，引起损害的缺陷尚不存在的；<br>（三）将产品投入流通时的科学技术水平尚不能发现缺陷的存在的。<br>**第 46 条** 本法所称缺陷，是指产品存在危及人身、他人财产安全的不合理的危险；产品有保障人体健康和人身、财产安全的国家标准、行业标准的，是指不符合该标准。 |

| 民法典侵权责任编 | 关联规定 |
| --- | --- |
|  | 《最高人民法院关于适用〈中华人民共和国民法典〉侵权责任编的解释（一）》<br>**第19条** 因产品存在缺陷造成买受人财产损害，买受人请求产品的生产者或者销售者赔偿缺陷产品本身损害以及其他财产损害的，人民法院依照民法典第一千二百零二条、第一千二百零三条的规定予以支持。<br>《最高人民法院关于审理食品药品纠纷案件适用法律若干问题的规定》(2021年修正)<br>**第5条** 消费者举证证明所购买食品、药品的事实以及所购食品、药品不符合合同的约定，主张食品、药品的生产者、销售者承担违约责任的，人民法院应予支持。<br>消费者举证证明因食用食品或者使用药品受到损害，初步证明损害与食用食品或者使用药品存在因果关系，并请求食品、药品的生产者、销售者承担侵权责任的，人民法院应予支持，但食品、药品的生产者、销售者能证明损害不是因产品不符合质量标准造成的除外。<br>**第6条** 食品的生产者与销售者应当对于食品符合质量标准承担举证责任。认定食品是否安全，应当以国家标准为依 |

| 民法典侵权责任编 | 关联规定 |
| --- | --- |
| | 据；对地方特色食品，没有国家标准的，应当以地方标准为依据。没有前述标准的，应当以食品安全法的相关规定为依据。<br><br>**第7条** 食品、药品虽在销售前取得检验合格证明，且食用或者使用时尚在保质期内，但经检验确认产品不合格，生产者或者销售者以该食品、药品具有检验合格证明为由进行抗辩的，人民法院不予支持。 |
| **第一千二百零三条** 【被侵权人请求损害赔偿的途径和先行赔偿人追偿权】因产品存在缺陷造成他人损害的，被侵权人可以向产品的生产者请求赔偿，也可以向产品的销售者请求赔偿。<br><br>产品缺陷由生产者造成的，销售者赔偿后，有权向生产者追偿。因销售者的过错使产品存在缺陷的，生产者赔偿后，有权向销售者追偿。<br><br>指引：在满足产品责任构成要件的前提下，只要产品在离开经销链之时存在缺陷，受害人有选择要求生产者或销售者承担责任的权利，被选择者要承担全部责任。在销售者与生产者之间的追偿有两种情形：1. 销售者向生产者追偿时，必须满足的条件是：销售者已经向被侵权人承担赔偿责任，该产品缺陷之形成原因在于生产者，而非因销售者自己过错行为所致。2. 生产者向销售者追偿时，必须满足的条件是：生产者已经向被侵权人承担赔偿责任，该产品缺陷之 | 《最高人民法院关于适用〈中华人民共和国民法典〉侵权责任编的解释（一）》<br><br>**第19条** 因产品存在缺陷造成买受人财产损害，买受人请求产品的生产者或者销售者赔偿缺陷产品本身损害以及其他财产损害的，人民法院依照民法典第一千二百零二条、第一千二百零三条的规定予以支持。<br><br>《最高人民法院关于审理食品药品纠纷案件适用法律若干问题的规定》（2020年修正）<br><br>**第2条** 因食品、药品存在质量问题造成消费者损害，消费者可以分别起诉或者同时起诉销售者和生产者。<br><br>消费者仅起诉销售者或者生产者的，必要时人民法院可以追加相关当事人参加诉讼。 |

| 民法典侵权责任编 | 关联规定 |
| --- | --- |
| 形成是由于销售者的过错行为所致。此外，缺陷产品造成他人的损害包括人身损害和财产损害，而财产损害的范围是否包括产品自损存在争议。《民法典侵权编解释一》第19条对此进行了明确，财产损害应当包括产品自损在内。<br>　　案例指引1：《朱某某诉某健康养生馆产品销售者责任纠纷案——产品缺陷中"不合理危险"的认定标准及消费者特异体质的影响》【人民法院案例库入库案例，入库编号：2023-07-2-373-001】<br>　　案例要旨：关于产品缺陷中"不合理危险"的判定，可综合考虑以下因素：产品用作一般用途且正常使用时是否具备合理期待的安全性；产品标示的性能是否具有合理期待的可能性；产品的结构、原材料和产品的使用消费时间内，是否具备合理期待的安全性。产品因存在不合理危险，造成消费者人身损害的，不应当因为消费者存在特异体质即免除该不合理危险产生的赔偿责任，除非生产者、销售者对消费者特异体质可能导致该不合理危险发生进行了明确的告知。<br>　　案例指引2：《陈任某诉某医院医疗损害责任纠纷案》【国家法官学院、中国人民大学法学院编：《中国审判案例要览（2014年民事审判案例卷）》，中国人民大学出版社2016年版，第168页】<br>　　案例要旨：因医疗器械问题引发的医疗损害责任纠纷，因医疗机构所使用的医疗钢板是以营利为目的，符合产品特征，应适用产品侵权责任的相关规定确定侵权人应承担的责任，产品责任属无过错责任，产品销售者不得以自己无过错主张免责，即使是无 | 《最高人民法院关于审理食品安全民事纠纷案件适用法律若干问题的解释（一）》<br>　　**第1条**　消费者因不符合食品安全标准的食品受到损害，依据食品安全法第一百四十八条第一款规定诉请食品生产者或者经营者赔偿损失，被诉的生产者或者经营者以赔偿责任应由生产经营者中的另一方承担为由主张免责的，人民法院不予支持。属于生产者责任的，经营者赔偿后有权向生产者追偿；属于经营者责任的，生产者赔偿后有权向经营者追偿。<br>　　**第2条**　电子商务平台经营者以标记自营业务方式所销售的食品或者虽未标记自营但实际开展自营业务所销售的食品不符合食品安全标准，消费者依据食品安全法第一百四十八条规定主张电子商务平台经营者承担作为食品经营者的赔偿责任的，人民法院应予支持。<br>　　电子商务平台经营者虽非实际开展自营业务，但其所作标识等足以误导消费者让消费者相信系电子商务平台经营者自营，消费者依据食品安全法第一百四十八条规定主张电子商务平台经营者承担作为食品经营者的赔偿责任的，人民法院应予支持。 |

| 民法典侵权责任编 | 关联规定 |
| --- | --- |
| 过错的销售者，也应首先承担直接赔偿责任。医院应对医疗器械问题产生的医疗损害承担无过错责任。 | |
| **第一千二百零四条　【生产者、销售者的第三人追偿权】**因运输者、仓储者等第三人的过错使产品存在缺陷，造成他人损害的，产品的生产者、销售者赔偿后，有权向第三人追偿。<br>**指引：**生产者、销售者向第三人主张相应责任，需满足下列条件：1. 生产者或销售者在满足产品责任构成要件的前提下，已经向被侵权人承担了赔偿责任。2. 运输者或仓储者等第三人的行为与某种产品缺陷的形成具有因果关系。3. 运输者或仓储者等第三人具有过错。该第三人的过错通常为过失，但也不排除有故意的形态。主张追偿权的生产者或销售者不能举证证明第三人过错的存在或不能证明该第三人的过错行为导致某种产品缺陷的产生，其追偿权就无法成立。 | **《产品质量法》（2018年修正）**<br>**第46条**　本法所称缺陷，是指产品存在危及人身、他人财产安全的不合理的危险；产品有保障人体健康和人身、财产安全的国家标准、行业标准的，是指不符合该标准。<br>**《最高人民法院关于审理食品安全民事纠纷案件适用法律若干问题的解释（一）》**<br>**第4条**　公共交通运输的承运人向旅客提供的食品不符合食品安全标准，旅客主张承运人依据食品安全法第一百四十八条规定承担作为食品生产者或者经营者的赔偿责任的，人民法院应予支持；承运人以其不是食品的生产经营者或者食品是免费提供为由进行免责抗辩的，人民法院不予支持。 |
| **第一千二百零五条　【产品缺陷危及他人人身、财产安全的侵权责任】**因产品缺陷危及他人人身、财产安全的，被侵权人有权请求生产者、销售者承担停止侵害、排除妨碍、消除危险等侵权责任。<br>**指引：**现代侵权法律制度预防功能的实现，不仅依靠侵权责任的惩戒性措施的警示威慑作用，还依赖诸如消除危险、 | **《消费者权益保护法》（2013年修正）**<br>**第19条**　经营者发现其提供的商品或者服务存在缺陷，有危及人身、财产安全危险的，应当立即向有关行政部门报告和告知消费者，并采取停止销售、警示、召回、无害化 |

| 民法典侵权责任编 | 关联规定 |
|---|---|
| 停止侵害等积极的或具有事先预防性的救济措施。在总结以往经验做法的基础上，本条规定了预防型民事责任的承担规则。被产品缺陷危及人身、财产安全的人是权利主体，其可选择要求生产者承担预防型责任，也可以选择销售者为责任主体，还可以同时要求生产者和销售者来承担责任。 | 处理、销毁、停止生产或者服务等措施。采取召回措施的，经营者应当承担消费者因商品被召回支出的必要费用。 |
| **第一千二百零六条 【生产者、销售者的补救措施及费用承担】** 产品投入流通后发现存在缺陷的，生产者、销售者应当及时采取停止销售、警示、召回等补救措施；未及时采取补救措施或者补救措施不力造成损害扩大的，对扩大的损害也应当承担侵权责任。<br>依据前款规定采取召回措施的，生产者、销售者应当负担被侵权人因此支出的必要费用。<br>**指引：** 产品投入流通后发现存在"缺陷"，包括依照科技水平进步原来不能认为是缺陷现在构成缺陷的情形和依照当时科学水平就能认定为缺陷而由于过错没有发现的缺陷。生产者对缺陷产品有采取停止销售、警示和召回等补救措施的义务，即为产品跟踪观察义务。此时生产者、销售者要承担的赔偿责任并不是产品制造缺陷或设计缺陷所导致的损害，而是他们没有尽到相应的售后警示和召回等义务所导致的损失。跟踪观察的义务主体是生产者，销售者包括批发商、分销商等对制造商负有协助的义务。但就外部而言，生产者和销售者在违反跟 | **《消费者权益保护法》（2013年修正）**<br>第19条 经营者发现其提供的商品或者服务存在缺陷，有危及人身、财产安全危险的，应当立即向有关行政部门报告和告知消费者，并采取停止销售、警示、召回、无害化处理、销毁、停止生产或者服务等措施。采取召回措施的，经营者应当承担消费者因商品被召回支出的必要费用。<br>**《食品安全法》（2021年修正）**<br>第63条 国家建立食品召回制度。食品生产者发现其生产的食品不符合食品安全标准或者有证据证明可能危害人体健康的，应当立即停止生产，召回已经上市销售的食品，通知相关生产经营者和消费者，并记录召回和通知情况。<br>食品经营者发现其经营的食品有前款规定情形的，应当 |

| 民法典侵权责任编 | 关联规定 |
| --- | --- |
| 踪观察义务时，应该对消费者承担连带责任。本条第2款确立了召回措施费用由生产者、销售者承担的规则。这里的费用承担要以"必要"为限。<br>案例指引1：《广东某集团有限公司诉意大利某药厂侵权责任纠纷案——缺陷产品的进口销售商可直接向与其无合同关系的境外生产商主张权利》【人民法院案例库入库案例，入库编号：2024-10-2-504-001】<br>案例要旨：1.缺陷产品的境外生产商是召回缺陷产品的最终责任主体。在境外生产商不履行或怠于履行召回义务的情形下，与境外生产商之间无合同关系的境内销售商有权依据产品质量法等相关规定，直接向境外生产商主张权利；因缺陷产品的境外生产商怠于履行召回义务造成损失的，境内销售商可主张赔偿。2.缺陷产品的境外生产商怠于履行召回义务造成损失，境内销售商以侵权之诉向境外生产商主张赔偿的范围应限于境外生产商怠于履行产品召回义务这一不作为侵权行为造成的直接损失，包括境内销售商库存的及已在境内召回的缺陷产品的损失、为实施产品召回所支付的费用以及因境外生产商未及时召回导致缺陷产品过期报废而产生的处置费用等。在境内销售缺陷产品的可得利益损失系应自行承担的商业风险，境外生产商无须赔偿。同时，境内销售商库存产品及其已召回产品的损失不应包括销售利润。 | 立即停止经营，通知相关生产经营者和消费者，并记录停止经营和通知情况。食品生产者认为应当召回的，应当立即召回。由于食品经营者的原因造成其经营的食品有前款规定情形的，食品经营者应当召回。<br>食品生产经营者应当对召回的食品采取无害化处理、销毁等措施，防止其再次流入市场。但是，对因标签、标志或者说明书不符合食品安全标准而被召回的食品，食品生产者在采取补救措施且能保证食品安全的情况下可以继续销售；销售时应当向消费者明示补救措施。<br>食品生产经营者应当将食品召回和处理情况向所在地县级人民政府食品安全监督管理部门报告；需要对召回的食品进行无害化处理、销毁的，应当提前报告时间、地点。食品安全监督管理部门认为必要的，可以实施现场监督。<br>食品生产经营者未依照本条规定召回或者停止经营的，县级以上人民政府食品安全监督管理部门可以责令其召回或者停止经营。 |

| 民法典侵权责任编 | 关联规定 |
| --- | --- |
| 案例指引2：《某药业集团有限公司诉某药厂侵权损害赔偿责任纠纷案》【张勇健、王智峰：《人民司法·案例》2020年第8期】<br>案例要旨：缺陷产品的境外生产商是召回缺陷产品的最终责任主体，在其不履行召回义务的情形下，境内销售商即使与境外生产商之间没有合同关系，其仍有权依据产品质量法、侵权责任法等相关规定，直接向境外生产商主张权利。境外生产商怠于履行召回义务造成损失的，境内销售商可主张赔偿。<br>案例指引3：《某高科技公司诉某机械有限公司、某压缩机（上海）有限公司买卖合同纠纷案》【郭琳佳、叶潇：《人民司法·案例》2015年第22期】<br>案例要旨：在现实生活中，买卖双方完成买卖行为后，产品使用过程中，当出现保修期内卖方履行维修义务不完整时，买方是否能主动雇请第三方进行维修以及维修费用的赔付往往引发新的纠纷。本案就是一起因卖方履行维修义务不完整，买方委托第三方修理后要求卖方支付维修费用的买卖合同案件。法院在委托鉴定机构对维修费用进行鉴定无果的情况下，凭借买方提供的维修增值税发票判决卖方赔偿买方支付给第三方的维修费用，生产者承担连带责任。 | 《缺陷汽车产品召回管理条例》（2019年修订）<br>第18条 生产者实施召回，应当以便于公众知晓的方式发布信息，告知车主汽车产品存在的缺陷、避免损害发生的应急处置方法和生产者消除缺陷的措施等事项。<br>国务院产品质量监督部门应当及时向社会公布已经确认的缺陷汽车产品信息以及生产者实施召回的相关信息。<br>车主应当配合生产者实施召回。 |

| 民法典侵权责任编 | 关联规定 |
| --- | --- |
| **第一千二百零七条**　【产品责任中的惩罚性赔偿】明知产品存在缺陷仍然生产、销售，或者没有依据前条规定采取有效补救措施，造成他人死亡或者健康严重损害的，被侵权人有权请求相应的惩罚性赔偿。<br><br>指引：惩罚性赔偿不仅可以惩罚不法行为，更大的意义在于通过提高违法成本，产生示范效应，震慑其他潜在的不法行为人。适用惩罚性赔偿，一般要求造成了受害人死亡或健康受到严重损害，且损害应该是实际发生的，而非具有危险性。但食品安全法和消费者权益保护法规定的惩罚性赔偿则属例外，即生产不符合食品安全标准的食品或者经营明知是不符合食品安全标准的食品的，消费者即使未受到严重损害，也可请求惩罚性赔偿。<br><br>案例指引：《皮某与某百货有限公司等产品责任纠纷案》【石磊：《人民司法·案例》2014年第8期】<br><br>案例要旨：食品是否符合安全标准是认定食品质量是否合格的依据。因食品质量问题而侵犯消费者权益的纠纷，应优先选择适用食品安全法的规定。确认销售者承担十倍赔偿责任，要以其主观明知所销售的食品不符合食品安全标准为前提。 | 《消费者权益保护法》(2013年修正)<br><br>**第55条**　经营者提供商品或者服务有欺诈行为的，应当按照消费者的要求增加赔偿其受到的损失，增加赔偿的金额为消费者购买商品的价款或者接受服务的费用的三倍；增加赔偿的金额不足五百元的，为五百元。法律另有规定的，依照其规定。<br><br>经营者明知商品或者服务存在缺陷，仍然向消费者提供，造成消费者或者其他受害人死亡或者健康严重损害的，受害人有权要求经营者依照本法第四十九条、第五十一条等法律规定赔偿损失，并有权要求所受损失二倍以下的惩罚性赔偿。<br><br>《食品安全法》(2021年修正)<br><br>**第148条**　消费者因不符合食品安全标准的食品受到损害的，可以向经营者要求赔偿损失，也可以向生产者要求赔偿损失。接到消费者赔偿要求的生产经营者，应当实行首负责任制，先行赔付，不得推诿；属于生产者责任的，经营者赔偿后有权向生产者追偿；属于 |

| 民法典侵权责任编 | 关联规定 |
| --- | --- |
| | 经营者责任的，生产者赔偿后有权向经营者追偿。
生产不符合食品安全标准的食品或者经营明知是不符合食品安全标准的食品，消费者除要求赔偿损失外，还可以向生产者或者经营者要求支付价款十倍或者损失三倍的赔偿金；增加赔偿的金额不足一千元的，为一千元。但是，食品的标签、说明书存在不影响食品安全且不会对消费者造成误导的瑕疵的除外。
**《最高人民法院关于审理食品安全民事纠纷案件适用法律若干问题的解释（一）》**
**第7条** 消费者认为生产经营者生产经营不符合食品安全标准的食品同时构成欺诈的，有权选择依据食品安全法第一百四十八条第二款或者消费者权益保护法第五十五条第一款规定主张食品生产者或者经营者承担惩罚性赔偿责任。
**第10条** 食品不符合食品安全标准，消费者主张生产者或者经营者依据食品安全法第一百四十八条第二款规定承担惩罚性赔偿责任，生产者或者经营者以未造成消费者人身 |

| 民法典侵权责任编 | 关联规定 |
|---|---|
|  | 损害为由抗辩的,人民法院不予支持。<br><br>《最高人民法院关于审理医疗损害责任纠纷案件适用法律若干问题的解释》(2020年修正)<br><br>第23条 医疗产品的生产者、销售者、药品上市许可持有人明知医疗产品存在缺陷仍然生产、销售,造成患者死亡或者健康严重损害,被侵权人请求生产者、销售者、药品上市许可持有人赔偿损失及二倍以下惩罚性赔偿的,人民法院应予支持。 |
| **第五章 机动车交通事故责任** | |
| 第一千二百零八条 【机动车交通事故责任的法律适用】机动车发生交通事故造成损害的,依照道路交通安全法律和本法的有关规定承担赔偿责任。<br><br>指引:《道路交通安全法》作为特别法,是机动车交通事故损害赔偿的主要法律渊源,已经就机动车交通事故责任的归责原则、构成要件及免责事由作出了规定。民法典关于机动车交通事故责任的规定与《道路交通安全法》共同形成了包含责任主体、归责原则、构成要件、免责事由、赔偿顺序在内的机动车交通事故责任的完整结构和鲜明特点,二者都是机动车交通事故责任的法律渊源。 | 《道路交通安全法》(2021年修正)<br><br>第76条 机动车发生交通事故造成人身伤亡、财产损失的,由保险公司在机动车第三者责任强制保险责任限额范围内予以赔偿;不足的部分,按照下列规定承担赔偿责任:<br><br>(一)机动车之间发生交通事故的,由有过错的一方承担赔偿责任;双方都有过错的,按照各自过错的比例分担责任。<br><br>(二)机动车与非机动车驾驶人、行人之间发生交通事故, |

| 民法典侵权责任编 | 关联规定 |
|---|---|
| 案例指引1：《程某诉张某、某财产保险股份有限公司南京市分公司机动车交通事故责任纠纷案》【《最高人民法院公报》2017年第4期】<br><br>案例要旨：在合同有效期内，保险标的的危险程度显著增加的，被保险人应当及时通知保险人，保险人可以增加保险费或者解除合同。被保险人未作通知，因保险标的危险程度显著增加而发生的保险事故，保险人不承担赔偿责任。以家庭自用名义投保的车辆从事网约车营运活动，显著增加了车辆的危险程度，被保险人应当及时通知保险公司。被保险人未作通知，因从事网约车营运发生的交通事故，保险公司可以在商业三者险范围内免赔。<br><br>案例指引2：《周某诉重庆某高速公路有限公司等环境污染责任纠纷案——发生突发事件造成或者可能造成水污染事故时，行为人未按规定采取应急措施导致损失扩大的责任认定》【人民法院案例库入库案例，入库编号：2023-11-2-377-006】<br><br>案例要旨：交通意外事故的责任认定只是表明驾驶人员在事故中没有违反道路交通安全法律法规的不当驾驶行为，该责任认定是否构成不可抗力应从驾驶人员在主观上能否预见、客观上能否采取防范或避免措施、结果上能否克服该次事故进行判断。 | 非机动车驾驶人、行人没有过错的，由机动车一方承担赔偿责任；有证据证明非机动车驾驶人、行人有过错的，根据过错程度适当减轻机动车一方的赔偿责任；机动车一方没有过错的，承担不超过百分之十的赔偿责任。<br><br>交通事故的损失是由非机动车驾驶人、行人故意碰撞机动车造成的，机动车一方不承担赔偿责任。<br><br>**《最高人民法院关于审理道路交通事故损害赔偿案件适用法律若干问题的解释》（2020年修正）**<br><br>第1条　机动车发生交通事故造成损害，机动车所有人或者管理人有下列情形之一，人民法院应当认定其对损害的发生有过错，并适用民法典第一千二百零九条的规定确定其相应的赔偿责任：<br><br>（一）知道或者应当知道机动车存在缺陷，且该缺陷是交通事故发生原因之一的；<br><br>（二）知道或者应当知道驾驶人无驾驶资格或者未取得相应驾驶资格的；<br><br>（三）知道或者应当知道 |

| 民法典侵权责任编 | 关联规定 |
| --- | --- |
| 案例指引3：《孔某某诉毋某某机动车交通事故责任纠纷案——交通事故中燃油助力车的性质认定及责任承担》【人民法院案例库入库案例，入库编号：2023-16-2-374-013】<br>案例要旨：1. 采用汽油作为动力装置驱动、设计最高时速大于20km/h、整车重量超过40kg的燃油助力车不符合非机动车的国家标准，故在机动车交通事故责任纠纷中应将燃油助力车认定为机动车。2. 燃油助力车的所有人或者管理人应当按照《道路交通安全法》的规定投保机动车交通事故责任强制保险；未投保交强险的燃油助力车与行人发生交通事故的，燃油助力车的所有人或者管理人应当在交强险限额范围内承担赔偿责任。<br>案例指引4：《胡某诉范某、某巴士有限公司、某财产保险股份有限公司广东分公司机动车交通事故责任纠纷案》【国家法官学院、中国人民大学法学院编：《中国审判案例要览（2014年民事审判案例卷）》，中国人民大学出版社2016年版，第143页】<br>案例要旨：机动车发生交通事故造成人身伤亡、财产损失的，由保险公司在机动车第三者责任强制保险责任限额范围内予以赔偿。乘客在下车过程中受伤，交警部门认定当时属于行人的，属于交通事故，属于保险理赔范围。 | 驾驶人因饮酒、服用国家管制的精神药品或者麻醉药品，或者患有妨碍安全驾驶机动车的疾病等依法不能驾驶机动车的；<br>（四）其它应当认定机动车所有人或者管理人有过错的。（注：该解释大部分条文均属于关联规定，此处略） |

| 民法典侵权责任编 | 关联规定 |
| --- | --- |
| 第一千二百零九条 【租赁、借用机动车交通事故责任】因租赁、借用等情形机动车所有人、管理人与使用人不是同一人时，发生交通事故造成损害，属于该机动车一方责任的，由机动车使用人承担赔偿责任；机动车所有人、管理人对损害的发生有过错的，承担相应的赔偿责任。<br><br>指引：实践中，机动车所有人、管理人与使用人分离的情况比较常见，发生交通事故，由哪个主体承担责任，必须确定一个基本的原则。"使用人"不仅包括承租人、管理人、借用人，还包括机动车出质期间的质权人、维修期间的维修人、由他人保管期间的保管人等。所有人承担的责任大小，应当考虑所有人的过错以及原因力与损害后果的关系综合判断。所有人承担的是与其过错相适应的责任，而非连带责任。<br><br>案例指引：《康某等诉张某等机动车交通事故责任纠纷案》【甘青峰、林庆强：《人民司法·案例》2012年第12期】<br><br>案例要旨：在确定责任承担主体时，若车辆所有人与使用人不一致，一般应由使用人承担责任，所有人仅在有过错的情况下承担责任。对于挂靠经营这种特殊的模式，被挂靠单位虽然不是车辆使用人，但基于其对车辆的管理和收益，应承担相应的补充责任。 | 《最高人民法院关于审理道路交通事故损害赔偿案件适用法律若干问题的解释》（2020年修正）<br><br>第1条 机动车发生交通事故造成损害，机动车所有人或者管理人有下列情形之一，人民法院应当认定其对损害的发生有过错，并适用民法典第一千二百零九条的规定确定其相应的赔偿责任：<br><br>（一）知道或者应当知道机动车存在缺陷，且该缺陷是交通事故发生原因之一的；<br><br>（二）知道或者应当知道驾驶人无驾驶资格或者未取得相应驾驶资格的；<br><br>（三）知道或者应当知道驾驶人因饮酒、服用国家管制的精神药品或者麻醉药品，或者患有妨碍安全驾驶机动车的疾病等依法不能驾驶机动车的；<br><br>（四）其它应当认定机动车所有人或者管理人有过错的。 |

| 民法典侵权责任编 | 关联规定 |
| --- | --- |
| 第一千二百一十条 【转让并交付但未办理登记的机动车侵权责任】当事人之间已经以买卖或者其他方式转让并交付机动车但是未办理登记，发生交通事故造成损害，属于该机动车一方责任的，由受让人承担赔偿责任。<br><br>指引：若机动车已经交付并过户，受让人应当承担机动车所有权人的责任并无疑问。但在发生转让、已交付而未办理过户登记的情况下，机动车交通事故损害赔偿责任主体，应遵循危险责任控制原则。此时机动车登记所有权人并非真正的所有权人，对机动车的维护脱离控制，对机动车的使用无法管理，并非危险源的控制主体。仅仅因为未办理过户登记，就使其承担责任，不符合风险控制的责任自负原则。需注意的是，本条所谓"交付"，不应包括占有改定的方式。 | 《最高人民法院关于审理道路交通事故损害赔偿案件适用法律若干问题的解释》（2020年修正）<br><br>第2条 被多次转让但是未办理登记的机动车发生交通事故造成损害，属于该机动车一方责任，当事人请求由最后一次转让并交付的受让人承担赔偿责任的，人民法院应予支持。<br><br>《最高人民法院关于连环购车未办理过户手续，原车主是否对机动车发生交通事故致人损害承担责任的请示的批复》<br><br>连环购车未办理过户手续，因车辆已经交付，原车主既不能支配该车的营运，也不能从该车的营运中获得利益，故原车主不应对机动车发生交通事故致人损害承担责任。但是，连环购车未办理过户手续的行为，违反有关行政管理法规的，应受其规定的调整。<br><br>《最高人民法院关于购买人使用分期付款购买的车辆从事运输因交通事故造成他人财产损失保留车辆所有权的出卖方不应承担民事责任的批复》<br><br>采取分期付款方式购车，出卖方在购买方付清全部车款 |

| 民法典侵权责任编 | 关联规定 |
| --- | --- |
|  | 前保留车辆所有权的，购买方以自己名义与他人订立货物运输合同并使用该车运输时，因交通事故造成他人财产损失的，出卖方不承担民事责任。 |
| **第一千二百一十一条　【挂靠机动车交通事故责任】**以挂靠形式从事道路运输经营活动的机动车，发生交通事故造成损害，属于该机动车一方责任的，由挂靠人和被挂靠人承担连带责任。<br>**指引：**机动车挂靠运营，一般指没有运输经营权的个人或单位为了运输经营，将机动车挂靠于具有运输经营权的公司，从而以该公司名义对外进行运输经营。这不同于机动车的出借、租赁。外部责任方面，道路运输经营禁止挂靠行为，为强化对受害人权益保护，应要求挂靠人和被挂靠人承担连带责任。内部责任方面，挂靠协议因违反法律强制性规定而无效，对外承担责任的约定也无效，以免挂靠人和被挂靠人借由挂靠协议实现规避法律的效果。<br>**案例指引：**《顾某等诉施某道路交通事故人身损害赔偿纠纷案》【国家法官学院、中国人民大学法学院编：《中国审判案例要览（2010年民事审判案例卷）》，中国人民大学出版社2011年版，第278页】<br>**案例要旨：**挂靠人驾驶的肇事车辆的注册登记所有人为被挂靠运输公司，双方存在车辆挂靠关系。肇事车辆发生交通事故造成损害，属于该肇事车辆一方 | 《最高人民法院关于适用〈中华人民共和国民事诉讼法〉的解释》（2022年修正）<br>**第54条**　以挂靠形式从事民事活动，当事人请求由挂靠人和被挂靠人依法承担民事责任的，该挂靠人和被挂靠人为共同诉讼人。<br>《道路旅客运输及客运站管理规定》（2023年修订）<br>**第5条**　国家实行道路客运企业质量信誉考核制度，鼓励道路客运经营者实行规模化、集约化、公司化经营，禁止挂靠经营。 |

| 民法典侵权责任编 | 关联规定 |
| --- | --- |
| 责任的，由挂靠人和被挂靠运输公司承担连带责任。 | |
| **第一千二百一十二条　【擅自驾驶他人机动车交通事故责任】**未经允许驾驶他人机动车，发生交通事故造成损害，属于该机动车一方责任的，由机动车使用人承担赔偿责任；机动车所有人、管理人对损害的发生有过错的，承担相应的赔偿责任，但是本章另有规定的除外。<br>**指引**：机动车所有人、管理人与驾驶人不一致的情形有很多种，如出租、出借、挂靠、盗抢等。针对未经允许擅自驾驶他人机动车，发生交通事故造成损害的，擅自驾驶人应承担直接赔偿责任，所有人、管理人则根据其过错承担相应的赔偿责任。当擅自驾驶人为所有人、管理人亲朋好友等特定关系人时，所有人、管理人在车辆管理上的松懈，相较对陌生人擅自驾驶而言，存在的过错似乎更大。 | 《道路交通安全法》（2021年修正）<br>第76条　机动车发生交通事故造成人身伤亡、财产损失的，由保险公司在机动车第三者责任强制保险责任限额范围内予以赔偿；不足的部分，按照下列规定承担赔偿责任：<br>（一）机动车之间发生交通事故的，由有过错的一方承担赔偿责任；双方都有过错的，按照各自过错的比例分担责任。<br>（二）机动车与非机动车驾驶人、行人之间发生交通事故，非机动车驾驶人、行人没有过错的，由机动车一方承担赔偿责任；有证据证明非机动车驾驶人、行人有过错的，根据过错程度适当减轻机动车一方的赔偿责任；机动车一方没有过错的，承担不超过百分之十的赔偿责任。<br>交通事故的损失是由非机动车驾驶人、行人故意碰撞机动车造成的，机动车一方不承担赔偿责任。 |

| 民法典侵权责任编 | 关联规定 |
|---|---|
| 第一千二百一十三条 【交通事故侵权救济来源的支付顺序】机动车发生交通事故造成损害，属于该机动车一方责任的，先由承保机动车强制保险的保险人在强制保险责任限额范围内予以赔偿；不足部分，由承保机动车商业保险的保险人按照保险合同的约定予以赔偿；仍然不足或者没有投保机动车商业保险的，由侵权人赔偿。<br>指引：本条规定了交通事故责任承担主体赔偿的顺序：交通事故发生后，首先由交强险在其责任限额范围内（包括分项限额）予以赔偿；其次，在交强险赔偿之后，不足部分由商业三者险保险公司根据保险合同的约定承担赔偿责任；最后，仍然不足或未投保商业三者险的，由相应责任主体承担剩余的侵权责任。需注意的是，为强化法定义务履行，保障被侵权人充分受偿，《民法典侵权编解释一》第21条就机动车投保义务人与交通事故责任人不是同一人情形下责任具体承担问题作了进一步明确。此外，该解释第22条还涉及机动车第三者责任险中第三者的认定问题，就特定情形下通过商业险种不同险种进行赔付是否支持作出明确规定。<br>案例指引1：《孔某某诉毋某某机动车交通事故责任纠纷案——交通事故中燃油助力车的性质认定及责任承担》【人民法院案例库入库案例，入库编号：2023-16-2-374-013】 | 《道路交通安全法》（2021年修正)<br>第76条 机动车发生交通事故造成人身伤亡、财产损失的，由保险公司在机动车第三者责任强制保险责任限额范围内予以赔偿；不足的部分，按照下列规定承担赔偿责任：<br>（一）机动车之间发生交通事故的，由有过错的一方承担赔偿责任；双方都有过错的，按照各自过错的比例分担责任。<br>（二）机动车与非机动车驾驶人、行人之间发生交通事故，非机动车驾驶人、行人没有过错的，由机动车一方承担赔偿责任；有证据证明非机动车驾驶人、行人有过错的，根据过错程度适当减轻机动车一方的赔偿责任；机动车一方没有过错的，承担不超过百分之十的赔偿责任。<br>交通事故的损失是由非机动车驾驶人、行人故意碰撞机动车造成的，机动车一方不承担赔偿责任。 |

| 民法典侵权责任编 | 关联规定 |
| --- | --- |
| 案例要旨：1.采用汽油作为动力装置驱动、设计最高时速大于20km/h、整车重量超过40kg的燃油助力车不符合非机动车的国家标准，故在机动车交通事故责任纠纷中应将燃油助力车认定为机动车。2.燃油助力车的所有人或者管理人应当按照《道路交通安全法》的规定投保机动车交通事故责任强制保险；未投保交强险的燃油助力车与行人发生交通事故的，燃油助力车的所有人或者管理人应当在交强险限额范围内承担赔偿责任。<br>**案例指引2：**《江西省遂川县生态环境局诉某财保荆门公司等机动车交通事故责任纠纷案——危险货物运输机动车交通事故致环境污染损害赔偿责任的认定和承担》【人民法院案例库入库案例，入库编号：2023-11-2-374-001】<br>案例要旨：1.危险货物运输机动车发生交通事故造成环境污染损害的，生态环境部门等单位在应急处置涉案安全事故过程中所产生的事故应急环境监测等相关应急救援费用属于《保险法》第57条规定的"保险事故发生后，被保险人为防止或者减少保险标的的损失所支付的必要的、合理的费用"。即属于危险货物运输机动车交通事故造成的财产损失，应由交通事故的侵权人承担赔偿责任，生态环境部门等单位有权向事故损害赔偿责任主体主张赔偿，案涉机动车保 | 《最高人民法院关于适用〈中华人民共和国民法典〉侵权责任编的解释（一）》<br>**第21条** 未依法投保强制保险的机动车发生交通事故造成损害，投保义务人和交通事故责任人不是同一人，被侵权人合并请求投保义务人和交通事故责任人承担侵权责任的，交通事故责任人承担侵权人应承担的全部责任；投保义务人在机动车强制保险责任限额范围内与交通事故责任人共同承担责任，但责任主体实际支付的赔偿费用总和不应超出被侵权人应受偿的损失数额。<br>投保义务人先行支付赔偿费用后，就超出机动车强制保险责任限额范围部分向交通事故责任人追偿的，人民法院应予支持。<br>**第22条** 机动车驾驶人离开本车后，因未采取制动措施等自身过错受到本车碰撞、碾压造成损害，机动车驾驶人请求承保本车机动车强制保险的保险人在强制保险责任限额范围内，以及承保本车机动车商业第三者责任保险的保险人 |

| 民法典侵权责任编 | 关联规定 |
| --- | --- |
| 险人应当按保险合同约定承担保险理赔责任。2. 保险合同载明的免责条款中的"污染"与地震等事由并列，应当解释为与地震等同一级别的不可抗力情形而导致损害后果的污染事件。如果"污染"系因投保车辆交通事故等人为因素导致，明显非"污染"免责条款中表述的具有不可抗力性质的"污染"情形。保险合同同时将该"污染"解释为非不可抗力性质的污染，与投保人的投保目的相悖，在保险人与投保人存在理解分歧的情况下，保险人以此主张免责的，依法不予支持。3. 投保人先后向不同的保险人投保车辆综合商业险，其中成立在后的保险合同约定了绝对免赔条款的，因该约定符合投保人的保险利益需求，且既未加重成立在前保险合同保险人的保险义务，也未约定由其先行赔付，故未损害其合法权益，成立在前保险合同保险人应当按照其与投保人的合同约定履行义务。成立在后保险合同中的绝对免赔条款的风险应当由保险人承担，故应当认定免赔条款系合同双方的真实意思表示，未违反法律禁止性规定，未加重、损害第三人的权益，合法有效。4. 投保人投保机动车强制保险的同时，向两个以上保险人投保不同车辆综合商业险的，保险事故发生后，机动车强制保险优先赔偿，强制保险赔偿不足部分，应当由商业保险按各自保险限额比例赔偿。保险人 | 按照保险合同的约定赔偿的，人民法院不予支持，但可以依据机动车车上人员责任保险的有关约定支持相应的赔偿请求。<br><br>**《最高人民法院关于审理道路交通事故损害赔偿案件适用法律若干问题的解释》（2020年修正）**<br><br>第 16 条　未依法投保交强险的机动车发生交通事故造成损害，当事人请求投保义务人在交强险责任限额范围内予以赔偿的，人民法院应予支持。<br><br>投保义务人和侵权人不是同一人，当事人请求投保义务人和侵权人在交强险责任限额范围内承担相应责任的，人民法院应予支持。<br><br>第 19 条　同一交通事故的多个被侵权人同时起诉的，人民法院应当按照各被侵权人的损失比例确定交强险的赔偿数额。<br><br>**《机动车交通事故责任强制保险条例》（2019年修订）**<br><br>第 23 条　机动车交通事故责任强制保险在全国范围内实行统一的责任限额。责任限 |

| 民法典侵权责任编 | 关联规定 |
| --- | --- |
| 主张特定商业保险先予赔偿的，依法不予支持。<br>**案例指引 3**：《某生态环境局诉金某、某物流公司等环境污染责任纠纷案——商业三者险对于行政机关代履行的道路交通事故环境污染处置费用应予以赔偿》【人民法院案例库入库案例，入库编号：2023-11-2-377-001】<br>案例要旨：1. 道路交通事故所造成的环境污染损失依法应当由交通事故中造成污染的侵权一方承担。环保行政部门对此环境污染依法进行处置后所产生的处置费用实际即为此环境污染损失。环保行政部门在对该道路交通事故造成的环境污染处置费用代履行后，有权对该环境污染处置费用即代履行费用提起民事诉讼要求侵权方承担，但该处置费用作为代履行费用依法应当按照合理成本确定。2. 因道路交通事故造成的环境污染处置费用即环境污染损失依法属于交强险和商业三者险中的第三者的财产损失范畴，故即使是在环保行政部门将其作为代履行费用提起民事赔偿诉讼的情况下，对该费用的赔偿仍然应当按照《民法典》第 1213 条所规定的道路交通事故的侵权赔偿规则进行处理。即因交通事故造成的环境污染损失依法属于交强险和商业三者险中的第三者的财产损失范畴，且该污染并不属于机动车商业保险免责事项中的"污染"的范畴，保险 | 额分为死亡伤残赔偿限额、医疗费用赔偿限额、财产损失赔偿限额以及被保险人在道路交通事故中无责任的赔偿限额。<br>机动车交通事故责任强制保险责任限额由国务院保险监督管理机构会同国务院公安部门、国务院卫生主管部门、国务院农业主管部门规定。 |

| 民法典侵权责任编 | 关联规定 |
|---|---|
| 公司对此不能免责而应予赔偿。<br>**案例指引 4**：《吴某某诉某保险公司机动车交通事故责任纠纷案——交强险和商业三者责任保险中"第三者"的认定》【人民法院案例库入库案例，入库编号：2023-16-2-374-008】<br>　　案例要旨：根据侵权法原理，任何危险行为的直接操作者不能构成此类侵权案件的受害人。当被保险车辆发生交通事故时，即使本车人员脱离了被保险车辆，也不能当然地视其为机动车第三者责任保险中的"第三者"，不应将其作为机动车第三者责任保险赔偿范围的理赔对象。<br>**案例指引 5**：《某财产保险股份有限公司南京分公司诉刘某、某运输有限公司等财产保险合同纠纷案》【张雁、张倩：《人民司法·案例》2022 年第 8 期】<br>　　案例要旨：在交通事故中负有责任的机动车一方与不具有保险经营资质的公司签订机动车三者责任安全统筹合同而未投保商业保险的，该合同不属于法律规定的机动车商业保险，不适用《民法典》第 1213 条关于先由保险公司赔偿、不足部分再由机动车侵权人赔偿的规定，而应由机动车侵权人先行承担赔偿责任。 | |

| 民法典侵权责任编 | 关联规定 |
| --- | --- |
| **第一千二百一十四条** 【拼装车、报废车交通事故责任】以买卖或者其他方式转让拼装或者已经达到报废标准的机动车，发生交通事故造成损害的，由转让人和受让人承担连带责任。<br>**指引**：拼装车、报废车不符合道路安全行驶条件，这类机动车上路行驶具有很大危险性，转让人对其进行转让，应与受让人承担连带责任。且无论经过多少次转让，全部的转让人均应与受让人一并承担连带责任。在拼装车、报废车之外，符合本条规范目的、不符合国家机动车运行安全技术条件的依法禁止行驶的其他机动车也属本条调整的类型范围。为更好地确保出行安全，《民法典侵权编解释一》第20条明确转让人、受让人以其不知道且不应当知道该机动车系拼装或者已经达到报废标准为由主张不承担侵权责任的，不予支持。<br>**案例指引**：《陈某诉胡某、朱某机动车交通事故责任纠纷案》【《人民法院报》2019年1月10日第7版】<br>**案例要旨**：以买卖等方式转让已达到报废标准的机动车，发生交通事故造成损害，由转让人和受让人承担连带责任。人民法院审理民事案件过程中，对"达到报废标准机动车"的认定应当采用实质性标准，即符合法定报废条件时，就可认定该机动车达到报废标准，确定相关人员的民事责任，而并不必须以车辆管理部门作出的认定结论为前提。 | 《**道路交通安全法**》（2021年修正）<br>**第14条** 国家实行机动车强制报废制度，根据机动车的安全技术状况和不同用途，规定不同的报废标准。<br>应当报废的机动车必须及时办理注销登记。<br>达到报废标准的机动车不得上道路行驶。报废的大型客、货车及其他营运车辆应当在公安机关交通管理部门的监督下解体。<br>**第16条** 任何单位或者个人不得有下列行为：<br>（一）拼装机动车或者擅自改变机动车已登记的结构、构造或者特征；<br>（二）改变机动车型号、发动机号、车架号或者车辆识别代号；<br>（三）伪造、变造或者使用伪造、变造的机动车登记证书、号牌、行驶证、检验合格标志、保险标志；<br>（四）使用其他机动车的登记证书、号牌、行驶证、检验合格标志、保险标志。<br>《**最高人民法院关于适用〈中华人民共和国民法典〉侵权责任编的解释（一）**》 |

| 民法典侵权责任编 | 关联规定 |
| --- | --- |
| | 第20条 以买卖或者其他方式转让拼装或者已经达到报废标准的机动车，发生交通事故造成损害，转让人、受让人以其不知道且不应当知道该机动车系拼装或者已经达到报废标准为由，主张不承担侵权责任的，人民法院不予支持。<br>《最高人民法院关于审理道路交通事故损害赔偿案件适用法律若干问题的解释》(2020年修正)<br>第4条 拼装车、已达到报废标准的机动车或者依法禁止行驶的其他机动车被多次转让，并发生交通事故造成损害，当事人请求由所有的转让人和受让人承担连带责任的，人民法院应予支持。 |
| 第一千二百一十五条 【盗抢机动车交通事故责任】盗窃、抢劫或者抢夺的机动车发生交通事故造成损害的，由盗窃人、抢劫人或者抢夺人承担赔偿责任。盗窃人、抢劫人或者抢夺人与机动车使用人不是同一人，发生交通事故造成损害，属于该机动车一方责任的，由盗窃人、抢劫人或者抢夺人与机动车使用人承担连带责任。<br>保险人在机动车强制保险责任限额范围内垫付抢救费用的，有权向交通事 | 《机动车交通事故责任强制保险条例》(2019年修订)<br>第22条 有下列情形之一的，保险公司在机动车交通事故责任强制保险责任限额范围内垫付抢救费用，并有权向致害人追偿：<br>(一)驾驶人未取得驾驶资格或者醉酒的；<br>(二)被保险机动车被盗抢期间肇事的； |

| 民法典侵权责任编 | 关联规定 |
| --- | --- |
| 责任人追偿。<br>　　**指引**："盗抢"包括盗窃、抢劫、抢夺三种情形，机动车被盗抢后发生交通事故，但并非基于机动车所有人、管理人的过错、意愿，所有人、管理人不应承担责任，由盗窃人、抢劫人或者抢夺人承担赔偿责任。盗抢后的其他使用人发生交通事故的，盗抢人与使用人承担连带责任。与盗窃人、抢劫人或者抢夺人不是同一人的机动车使用人，指的是盗窃人、抢劫人或者抢夺人将机动车出售、出租、借用、赠送后，实际使用该机动车的人。为了预防与惩罚盗抢机动车驾驶等情形，第2款规定，交强险的保险人在承担赔偿责任后可向致害人追偿。 | （三）被保险人故意制造道路交通事故的。<br>　　有前款所列情形之一，发生道路交通事故的，造成受害人的财产损失，保险公司不承担赔偿责任。 |
| 　　**第一千二百一十六条　【驾驶人逃逸责任承担规则】** 机动车驾驶人发生交通事故后逃逸，该机动车参加强制保险的，由保险人在机动车强制保险责任限额范围内予以赔偿；机动车不明、该机动车未参加强制保险或者抢救费用超过机动车强制保险责任限额，需要支付被侵权人人身伤亡的抢救、丧葬等费用的，由道路交通事故社会救助基金垫付。道路交通事故社会救助基金垫付后，其管理机构有权向交通事故责任人追偿。<br>　　**指引**：交通肇事后的抢救对受害人生命安全至关重要。<br>　　医疗机构对交通事故中的受伤人员应 | **《道路交通安全法》（2021年修正）**<br>　　**第75条**　医疗机构对交通事故中的受伤人员应当及时抢救，不得因抢救费用未及时支付而拖延救治。肇事车辆参加机动车第三者责任强制保险的，由保险公司在责任限额范围内支付抢救费用；抢救费用超过责任限额的，未参加机动车第三者责任强制保险或者肇事后逃逸的，由道路交通事故社会救助基金先行垫付部分或者全部抢救费用，道路交通事 |

| 民法典侵权责任编 | 关联规定 |
| --- | --- |
| 当及时抢救，不得因抢救费用未及时支付而拖延救治。对于抢救需要支付的费用，肇事车辆参加交强险的，由保险公司在责任限额范围内支付抢救费用。如果抢救费用超过责任限额的，或者机动车未参加交强险，或者机动车肇事后逃逸，由道路交通事故社会救助基金先行垫付部分或者全部抢救费用，道路交通事故社会救助基金管理机构垫付后有权向交通事故责任人追偿。<br><br>案例指引 1：《某汽车保险股份有限公司苏州中心支公司诉王某追偿权纠纷案》【《最高人民法院公报》2018 年第 5 期】<br><br>案例要旨：《机动车交通事故责任强制保险条例》第 22 条规定，以下三种情形造成的道路交通事故，由保险公司在交强险责任限额内承担垫付责任、并有权向致害人追偿，即：（一）驾驶人未取得驾驶资格或者醉酒的；（二）被保险机动车被盗抢期间肇事的；（三）被保险人故意制造道路交通事故的。机动车驾驶人肇事逃逸未包括在上述条款范围内，不应适用该规定予以处理。社会救助基金管理机构的经费来源于行政拨款或社会捐助，支付交通事故受害人抢救等费用系无偿垫付，而保险公司的经费来源于投保人的缴费，保险公司向受害人支付费用属于履行保险合同义务，系有偿赔付，故保险公司不应享有救助基金管理机构的追偿权。 | 故社会救助基金管理机构有权向交通事故责任人追偿。<br><br>《道路交通安全法实施条例》<br><br>第 92 条　发生交通事故后当事人逃逸的，逃逸的当事人承担全部责任。但是，有证据证明对方当事人也有过错的，可以减轻责任。<br><br>当事人故意破坏、伪造现场、毁灭证据的，承担全部责任。<br><br>《道路交通事故社会救助基金管理试行办法》<br><br>第 12 条　有下列情形之一时，救助基金垫付道路交通事故中受害人人身伤亡的丧葬费用、部分或者全部抢救费用：<br><br>（一）抢救费用超过交强险责任限额的；<br><br>（二）肇事机动车未参加交强险的；<br><br>（三）机动车肇事后逃逸的。<br><br>依法应当由救助基金垫付受害人丧葬费用、部分或者全部抢救费用的，由道路交通事故发生地的救助基金管理机构及时垫付。 |

| 民法典侵权责任编 | 关联规定 |
| --- | --- |
| 案例指引 2：《严某诉刘某等交通事故赔偿纠纷案》【郭百顺：《人民司法·案例》2013 年第 6 期】<br><br>案例要旨：道路交通事故社会救助基金管理机构在为受害人垫付抢救费或丧葬费用后，有权依法直接以自己名义向交通事故赔偿义务人进行追偿，要求交通事故赔偿义务人偿还救助基金已垫付的抢救费、丧葬费以及因追偿而支出的合理费用。 | 救助基金一般垫付受害人自接受抢救之时起 72 小时内的抢救费用，特殊情况下超过 72 小时的抢救费用由医疗机构书面说明理由。具体应当按照机动车道路交通事故发生地物价部门核定的收费标准核算。 |
| 第一千二百一十七条　【好意同乘规则】非营运机动车发生交通事故造成无偿搭乘人损害，属于该机动车一方责任的，应当减轻其赔偿责任，但是机动车使用人有故意或者重大过失的除外。<br><br>指引：好意同乘行为广泛发生在个人之间，无营利目的，不追求报酬，旨在互帮互助，有利于增进社会成员相互信任。若任何提供无偿搭乘的行为人，事先必须考虑行为后果，则不利于鼓励人与人彼此间的互助。故本条就好意同乘中机动车一方的责任明确了"减轻赔偿"的原则，但机动车使用人有故意或重大过失的除外。<br><br>案例指引：《李某等诉徐某等机动车交通事故责任纠纷案》【最高人民法院中国应用法学研究所编：《人民法院案例选》2014 年第 2 辑（总第 88 辑），人民法院出版社 2015 年版，第 187 页】<br><br>案例要旨：在好意同乘情形下，应当酌定减轻责任人的民事赔偿责任，并对精神损害赔偿金不予支持。 | 《最高人民法院关于适用〈中华人民共和国民法典〉时间效力的若干规定》<br><br>第 18 条　民法典施行前，因非营运机动车发生交通事故造成无偿搭乘人损害引起的民事纠纷案件，适用民法典第一千二百一十七条的规定。 |

| 民法典侵权责任编 | 关联规定 |
|---|---|
| **第六章　医疗损害责任** | |
| **第一千二百一十八条　【医疗损害责任归责原则】**患者在诊疗活动中受到损害，医疗机构或者其医务人员有过错的，由医疗机构承担赔偿责任。<br><br>**指引**：过错原则是医疗损害责任的一般归责原则，但并不是说医疗损害责任一概采取过错责任进行归则。医疗损害责任不仅包括医疗伦理损害责任、医疗技术损害责任和医疗管理损害责任（这三者可以纳入诊疗过错责任范畴），还包括医疗产品损害责任。医疗产品损害责任作为产品责任的一个类型的归责原则适用无过错责任原则是确定的（侵权责任编"产品责任"章有明确规定）。医疗损害责任纠纷案件中，其行为主体是医疗机构及医务人员。但因医务人员的过错造成患者损害的，并非按照一般侵权行为"为自己行为负责"由医务人员对受害人承担民事责任，而是由所在的医疗机构承担赔偿责任。<br><br>**案例指引1**：《孙某某诉北京某医疗美容诊所侵权责任纠纷案——消费型医疗美容机构进行虚假宣传需承担惩罚性赔偿责任》【人民法院案例库入库案例，入库编号：2024-07-2-504-002】<br><br>**案例要旨**：消费型医疗美容消费者受《消费者权益保护法》的保护，医疗美容机构存在利用虚假广告或者其他虚假宣传方式提供商品或者服务的情形，构成 | 《医疗事故处理条例》<br>**第15条**　发生或者发现医疗过失行为，医疗机构及其医务人员应当立即采取有效措施，避免或者减轻对患者身体健康的损害，防止损害扩大。<br><br>《最高人民法院关于审理医疗损害责任纠纷案件适用法律若干问题的解释》(2020年修正)<br>**第4条**　患者依据民法典第一千二百一十八条规定主张医疗机构承担赔偿责任的，应当提交到该医疗机构就诊、受到损害的证据。<br><br>患者无法提交医疗机构或者其医务人员有过错、诊疗行为与损害之间具有因果关系的证据，依法提出医疗损害鉴定申请的，人民法院应予准许。<br><br>医疗机构主张不承担责任的，应当就民法典第一千二百二十四条第一款规定情形等抗辩事由承担举证证明责任。<br><br>**第16条**　对医疗机构或者其医务人员的过错，应当依据法律、行政法规、规章以及其他有关诊疗规范进行认定，可以综合考虑患者病情的紧急 |

| 民法典侵权责任编 | 关联规定 |
| --- | --- |
| 欺诈的，消费者可以要求医疗美容机构承担惩罚性赔偿责任。<br>**案例指引 2**：《李某起、李某燕等诉某医院医疗损害责任纠纷案》【最高人民法院中国应用法学研究所编：《人民法院案例选》2017 年第 10 辑（总第 116 辑），人民法院出版社 2018 年版，第 109 页】<br>案例要旨：被告方在对患者杨某华诊疗过程中存在医疗过错，且该过错与损害结果之间存在因果关系，应对原告的损失承担相应的赔偿责任。原告方主张的死亡赔偿金、丧葬费、精神损害抚慰金于法有据，法院予以支持，具体数额结合被告方的医疗过错程度予以计算。关于过错比例，鉴定意见认为被告方诊疗过失的责任程度为次要，对此法院认为，被告告知患者及其家属的病情重于实际情况，且在患者家属提出转诊另一医院时，对是否有另一医院专家来院就诊存在主观上的错误告知，以上情节均已经对患者家属作出就诊的决定产生较大影响，平谷区人民法院结合上述情节，在鉴定意见的基础上对被告方的责任程度予以适当提高。 | 程度、患者个体差异、当地的医疗水平、医疗机构与医务人员资质等因素。 |
| **第一千二百一十九条** 【医疗机构说明义务与患者知情同意权】医务人员在诊疗活动中应当向患者说明病情和医疗措施。需要实施手术、特殊检查、特殊治疗的，医务人员应当及时向患者具体说明医疗风险、替代医疗方案等情况，并取得其明确同意；不能或者不宜向患者说明的，应当向患者的近亲属说明，并取得其明确同意。 | 《基本医疗卫生与健康促进法》<br>**第 32 条** 公民接受医疗卫生服务，对病情、诊疗方案、医疗风险、医疗费用等事项依法享有知情同意的权利。<br>需要实施手术、特殊检查、特殊治疗的，医疗卫生人员应当及时向患者说明医疗风 |

| 民法典侵权责任编 | 关联规定 |
| --- | --- |
| 医务人员未尽到前款义务，造成患者损害的，医疗机构应当承担赔偿责任。<br>**指引**：说明义务主要指医方为取得患者对医疗行为的同意，而对该医疗行为的有关事项进行解释的义务。实施手术、特殊检查、特殊治疗的，还应及时向患者说明医疗风险、替代医疗方案等，并取得其明确同意。若向患者说明将造成其悲观、恐惧、心理负担沉重，不利于治疗的，则不能或不宜向患者说明，应向患者近亲属说明，并取得明确同意。医务人员未尽到说明义务造成损害的，医疗机构应承担赔偿责任。<br>案例指引：《王某、董某诉某医院医疗损害责任纠纷案》【最高人民法院中国应用法学研究所编：《人民法院案例选》2017年第10辑（总第116辑），人民法院出版社2018年版，第124页】<br>案例要旨：医疗机构在产前检查过程中违反告知义务，侵害夫妻知情权和生育选择权，造成有先天性缺陷的胎儿出生，应当赔偿夫妻特别抚养费和精神损失。特别抚养费是指抚养该有缺陷孩子比抚养一个健康孩子必然承担的额外费用，包括医疗费、特殊教育费等费用。 | 险、替代医疗方案等情况，并取得其同意；不能或者不宜向患者说明的，应当向患者的近亲属说明，并取得其同意。法律另有规定的，依照其规定。<br>开展药物、医疗器械临床试验和其他医学研究应当遵守医学伦理规范，依法通过伦理审查，取得知情同意。<br>**《精神卫生法》（2018年修正）**<br>**第43条** 医疗机构对精神障碍患者实施下列治疗措施，应当向患者或者其监护人告知医疗风险、替代医疗方案等情况，并取得患者的书面同意；无法取得患者意见的，应当取得其监护人的书面同意，并经本医疗机构伦理委员会批准：<br>（一）导致人体器官丧失功能的外科手术；<br>（二）与精神障碍治疗有关的实验性临床医疗。<br>实施前款第一项治疗措施，因情况紧急查找不到监护人的，应当取得本医疗机构负责人和伦理委员会批准。<br>禁止对精神障碍患者实施与治疗其精神障碍无关的实验性临床医疗。 |

| 民法典侵权责任编 | 关联规定 |
| --- | --- |
|  | 《最高人民法院关于审理医疗损害责任纠纷案件适用法律若干问题的解释》（2020年修正）<br><br>第5条　患者依据民法典第一千二百一十九条规定主张医疗机构承担赔偿责任的，应当按照前条第一款规定提交证据。<br><br>　　实施手术、特殊检查、特殊治疗的，医疗机构应当承担说明义务并取得患者或者患者近亲属明确同意，但属于民法典第一千二百二十条规定情形的除外。医疗机构提交患者或者患者近亲属明确同意证据的，人民法院可以认定医疗机构尽到说明义务，但患者有相反证据足以反驳的除外。<br><br>第17条　医务人员违反民法典第一千二百一十九条第一款规定义务，但未造成患者人身损害，患者请求医疗机构承担损害赔偿责任的，不予支持。 |
| 第一千二百二十条　【紧急情况下实施的医疗措施】因抢救生命垂危的患者等紧急情况，不能取得患者或者其近亲属意见的，经医疗机构负责人或者授权的负责人批准，可以立即实施相应的医疗措施。 | 《最高人民法院关于审理医疗损害责任纠纷案件适用法律若干问题的解释》（2020年修正）<br><br>第18条　因抢救生命垂危的患者等紧急情况且不能取 |

| 民法典侵权责任编 | 关联规定 |
|---|---|
| 指引：对生命垂危等紧急情况下的患者实施紧急救治是医疗机构及其医务人员履行救死扶伤职责的基本要求，也是医疗机构公益性特征的鲜明体现。紧急情况不限于抢救生命垂危的患者的情况，还应包括虽然患者的生命没有严重危险，但患者不能行使自我决定权，若不采取紧急救治行为，患者健康利益将严重受损的情况。"不能取得患者或者其近亲属意见"，主要指患者不能表达意志，也无近亲属陪伴，又联系不到近亲属的情况。 | 得患者意见时，下列情形可以认定为民法典第一千二百二十条规定的不能取得患者近亲属意见：<br>（一）近亲属不明的；<br>（二）不能及时联系到近亲属的；<br>（三）近亲属拒绝发表意见的；<br>（四）近亲属达不成一致意见的；<br>（五）法律、法规规定的其他情形。<br>前款情形，医务人员经医疗机构负责人或者授权的负责人批准立即实施相应医疗措施，患者因此请求医疗机构承担赔偿责任的，不予支持；医疗机构及其医务人员怠于实施相应医疗措施造成损害，患者请求医疗机构承担赔偿责任的，应予支持。 |
| **第一千二百二十一条** 【医务人员过错的医疗机构赔偿责任】医务人员在诊疗活动中未尽到与当时的医疗水平相应的诊疗义务，造成患者损害的，医疗机构应当承担赔偿责任。<br>指引：诊疗过错的认定，应以"当时的医疗水平"作为参考标准。判断是否符合"当时的医疗水平"，要依据法律、 | 《最高人民法院关于审理医疗损害责任纠纷案件适用法律若干问题的解释》（2020年修正）<br>第16条 对医疗机构或者其医务人员的过错，应当依据法律、行政法规、规章以及其他有关诊疗规范进行认定， |

| 民法典侵权责任编 | 关联规定 |
| --- | --- |
| 行政法规、规章以及其他有关诊疗规范的规定，也要综合考虑诊疗当时当地的医疗水平、医疗机构与医务人员资质、患者病情的紧急程度、患者个体差异等因素。本条规定的诊疗义务可以理解为一般情况下医务人员可以尽到的，通过谨慎的作为或不作为避免患者受到损害的义务。医务人员有过错造成患者损害的，医疗机构应承担赔偿责任。 | 可以综合考虑患者病情的紧急程度、患者个体差异、当地的医疗水平、医疗机构与医务人员资质等因素。<br>《医疗事故处理条例》<br>第5条　医疗机构及其医务人员在医疗活动中，必须严格遵守医疗卫生管理法律、行政法规、部门规章和诊疗护理规范、常规，恪守医疗服务职业道德。<br>第15条　发生或者发现医疗过失行为，医疗机构及其医务人员应当立即采取有效措施，避免或者减轻对患者身体健康的损害，防止损害扩大。 |
| 第一千二百二十二条　【医疗机构过错推定的情形】患者在诊疗活动中受到损害，有下列情形之一的，推定医疗机构有过错：<br>（一）违反法律、行政法规、规章以及其他有关诊疗规范的规定；<br>（二）隐匿或者拒绝提供与纠纷有关的病历资料；<br>（三）遗失、伪造、篡改或者违法销毁病历资料。<br>指引：医疗损害通常适用一般的过错责任归责原则，但也有例外，本条就规定了适用过错推定的情形，有条文中规定的三项情形之一的，推定医疗机构有 | 《最高人民法院关于审理医疗损害责任纠纷案件适用法律若干问题的解释》（2020年修正）<br>第6条　民法典第一千二百二十二条规定的病历资料包括医疗机构保管的门诊病历、住院志、体温单、医嘱单、检验报告、医学影像检查资料、特殊检查（治疗）同意书、手术同意书、手术及麻醉记录、病理资料、护理记录、出院记录以及国务院卫生行政主管部门规定的其他病历资料。 |

| 民法典侵权责任编 | 关联规定 |
| --- | --- |
| 过错，但不等于认定有过错。若医疗机构可提出证据证明没有过错，亦不能认定有过错。<br>**案例指引 1**：《陈某娟诉武汉市某区妇幼保健院医疗损害责任纠纷案》【最高人民法院中国应用法学研究所编：《人民法院案例选》2014 年第 3 辑（总第 89 辑），人民法院出版社 2015 年版，第 45 页】<br>案例要旨：患者仅主张医疗机构有伪造、篡改病历的嫌疑，但不能对此举证证明的，不能推定医疗机构存在过错。<br>**案例指引 2**：《尹某、李某诉某医院医疗损害责任纠纷案》【国家法官学院、中国人民大学法学院编：《中国审判案例要览（2013 年民事审判案例卷）》，中国人民大学出版社 2015 年版，第 320 页】<br>案例要旨：医疗机构有妥善封存病历及复印件的义务。发生医疗损害纠纷的，因医疗机构未尽妥善封存病历及复印件的义务，导致鉴定不能的，应推定医疗机构存在过错，其应承担损害赔偿责任。 | 患者依法向人民法院申请医疗机构提交由其保管的与纠纷有关的病历资料等，医疗机构未在人民法院指定期限内提交的，人民法院可以依照民法典第一千二百二十二条第二项规定推定医疗机构有过错，但是因不可抗力等客观原因无法提交的除外。 |
| **第一千二百二十三条**【**因药品、消毒产品、医疗器械的缺陷或输入不合格的血液的侵权责任**】因药品、消毒产品、医疗器械的缺陷，或者输入不合格的血液造成患者损害的，患者可以向药品上市许可持有人、生产者、血液提供机构请求赔偿，也可以向医疗机构请求赔偿。患者向医疗机构请求赔偿的，医疗机构赔偿后，有权向负有责任的药品上市许可持有人、生产者、血液提供机构追偿。 | 《最高人民法院关于审理医疗损害责任纠纷案件适用法律若干问题的解释》（2020 年修正）<br>**第 3 条** 患者因缺陷医疗产品受到损害，起诉部分或者全部医疗产品的生产者、销售者、药品上市许可持有人和医疗机构的，应予受理。<br>患者仅起诉医疗产品的生 |

| 民法典侵权责任编 | 关联规定 |
| --- | --- |
| **指引**：医疗产品责任是产品责任的一种，有关医疗产品的责任承担问题，要适用产品责任的一般规定。基于医疗的公益性考虑，《民法典》虽没有认定医疗机构是医疗产品的销售者，而是或多或少基于当前以药补医等情况的考虑，医疗机构实际上处于销售者的地位，在责任承担上确定了医疗机构承担与医疗产品销售者相类似的法律责任。因医疗产品造成患者损害，医疗机构承担赔偿责任后，有权向负有责任的药品上市许可持有人、生产者、血液提供机构追偿。<br>**案例指引**：《陈某诉某医院医疗损害责任纠纷案》【国家法官学院、中国人民大学法学院编：《中国审判案例要览（2014年民事审判案例卷）》，中国人民大学出版社2016年版，第168页】<br>**案例要旨**：本案中使用的医疗钢板属医疗器械范畴，因其断裂引发医疗损害责任纠纷。因医疗机构使用医疗钢板有营利目的，符合产品特征，应适用产品侵权责任的相关规定确定侵权人应承担的责任，产品责任属无过错责任，产品销售者不得以自己无过错主张免责，即使是无过错的销售者，也应首先承担直接赔偿责任。医院应对医疗器械问题产生的医疗损害承担无过错责任。 | 产者、销售者、药品上市许可持有人、医疗机构中部分主体，当事人依法申请追加其他主体为共同被告或者第三人的，应予准许。必要时，人民法院可以依法追加相关当事人参加诉讼。<br>患者因输入不合格的血液受到损害提起侵权诉讼的，参照适用前两款规定。<br>**第21条** 因医疗产品的缺陷或者输入不合格血液受到损害，患者请求医疗机构、缺陷医疗产品的生产者、销售者、药品上市许可持有人或者血液提供机构承担赔偿责任的，应予支持。<br>医疗机构承担赔偿责任后，向缺陷医疗产品的生产者、销售者、药品上市许可持有人或者血液提供机构追偿的，应予支持。<br>因医疗机构的过错使医疗产品存在缺陷或者血液不合格，医疗产品的生产者、销售者、药品上市许可持有人或者血液提供机构承担赔偿责任后，向医疗机构追偿的，应予支持。<br>**第22条** 缺陷医疗产品与医疗机构的过错诊疗行为共 |

| 民法典侵权责任编 | 关联规定 |
| --- | --- |
|  | 同造成患者同一损害，患者请求医疗机构与医疗产品的生产者、销售者、药品上市许可持有人承担连带责任的，应予支持。<br>　　医疗机构或者医疗产品的生产者、销售者、药品上市许可持有人承担赔偿责任后，向其他责任主体追偿的，应当根据诊疗行为与缺陷医疗产品造成患者损害的原因力大小确定相应的数额。<br>　　输入不合格血液与医疗机构的过错诊疗行为共同造成患者同一损害的，参照适用前两款规定。 |
| 　　**第一千二百二十四条　【医疗机构免责事由】**患者在诊疗活动中受到损害，有下列情形之一的，医疗机构不承担赔偿责任：<br>　　（一）患者或者其近亲属不配合医疗机构进行符合诊疗规范的诊疗；<br>　　（二）医务人员在抢救生命垂危的患者等紧急情况下已经尽到合理诊疗义务；<br>　　（三）限于当时的医疗水平难以诊疗。<br>　　前款第一项情形中，医疗机构或者其医务人员也有过错的，应当承担相应的赔偿责任。<br>　　指引：《民法典》总则编民事责任章 | **《医疗事故处理条例》**<br>　　第33条　有下列情形之一的，不属于医疗事故：<br>　　（一）在紧急情况下为抢救垂危患者生命而采取紧急医学措施造成不良后果的；<br>　　（二）在医疗活动中由于患者病情异常或者患者体质特殊而发生医疗意外的；<br>　　（三）在现有医学科学技术条件下，发生无法预料或者不能防范的不良后果的；<br>　　（四）无过错输血感染造成不良后果的； |

| 民法典侵权责任编 | 关联规定 |
| --- | --- |
| 和侵权责任编一般规定中都有关于免责和减责情形的规定，侵权责任免责事由的一般性规定，对医疗损害责任也应适用。此外，鉴于医疗损害责任的特殊性，本条另规定了三种不承担责任的情形。关于免责事由的举证责任，应由医疗机构方承担。患者或其近亲属不配合医疗机构进行符合诊疗规范的诊疗情形下医疗机构完全免责的前提，应是医疗机构及其医务人员没有过错。若患者或者其近亲属有不配合诊疗的行为，但医疗机构或者医务人员也有过错的，医疗机构仍应对患者的损害承担相应的赔偿责任。 | （五）因患方原因延误诊疗导致不良后果的；<br>（六）因不可抗力造成不良后果的。 |
| **第一千二百二十五条　【医疗机构对病历的义务及患者对病历的权利】**医疗机构及其医务人员应当按照规定填写并妥善保管住院志、医嘱单、检验报告、手术及麻醉记录、病理资料、护理记录等病历资料。<br>患者要求查阅、复制前款规定的病历资料的，医疗机构应当及时提供。<br>**指引**：病历资料，本条列举了住院志、医嘱单、检验报告、手术及麻醉记录、病理资料、护理记录等。基于医疗行业的特点，由医务人员填写、制作的病历资料，在发生医患纠纷时，属医疗侵权诉讼中极为关键的证据。这类资料作为证据，往往直接影响医疗诉讼的成败。同时，考虑到这类资料的制作、保管均 | 《医师法》<br>**第24条**　医师实施医疗、预防、保健措施，签署有关医学证明文件，必须亲自诊查、调查，并按照规定及时填写病历等医学文书，不得隐匿、伪造、篡改或者擅自销毁病历等医学文书及有关资料。<br>医师不得出具虚假医学证明文件以及与自己执业范围无关或者与执业类别不相符的医学证明文件。<br>《医疗事故处理条例》<br>**第9条**　严禁涂改、伪造、隐匿、销毁或者抢夺病历资料。 |

| 民法典侵权责任编 | 关联规定 |
|---|---|
| 由医疗机构一方完成，从证据角度讲，医疗机构对于证据的掌握和控制是强势一方，为此须在合理限度内赋予患者查阅和复制这类资料的权利，并明确医疗机构以依规填写、保管病历资料与配合查询复制的义务，平衡双方在举证责任能力上的悬殊。 | 第10条 患者有权复印或者复制其门诊病历、住院志、体温单、医嘱单、化验单（检验报告）、医学影像检查资料、特殊检查同意书、手术同意书、手术及麻醉记录单、病理资料、护理记录以及国务院卫生行政部门规定的其他病历资料。<br><br>患者依照前款规定要求复印或者复制病历资料的，医疗机构应当提供复印或者复制服务并在复印或者复制的病历资料上加盖证明印记。复印或者复制病历资料时，应当有患者在场。<br><br>医疗机构应患者的要求，为其复印或者复制病历资料，可以按照规定收取工本费。具体收费标准由省、自治区、直辖市人民政府价格主管部门会同同级卫生行政部门规定。 |
| 第一千二百二十六条 【患者隐私和个人信息保护】医疗机构及其医务人员应当对患者的隐私和个人信息保密。泄露患者的隐私和个人信息，或者未经患者同意公开其病历资料的，应当承担侵权责任。<br><br>指引：医疗机构及医务人员侵犯患者隐私权和个人信息的情形大致可分为两种： | 《传染病防治法》（2013年修正）<br><br>第12条 在中华人民共和国领域内的一切单位和个人，必须接受疾病预防控制机构、医疗机构有关传染病的调查、检验、采集样本、隔离治疗等预防、控制措施，如实提 |

| 民法典侵权责任编 | 关联规定 |
|---|---|
| 1. 泄露患者的隐私和个人信息，既包括将在诊疗活动中掌握的患者隐私与个人信息对外公布、披露，也包括未经患者同意而将患者身体暴露给与诊疗活动无关人员的行为。2. 未经患者同意公开其医学文书及有关资料，一般来说，若医疗机构及其医务人员在为医学会诊、教学而公开或提供患者医学文书及有关资料的过程中，做到了匿名化处理，防止定向识别出具体患者的，并不构成侵权。 | 供有关情况。疾病预防控制机构、医疗机构不得泄露涉及个人隐私的有关信息、资料。<br><br>卫生行政部门以及其他有关部门、疾病预防控制机构和医疗机构因违法实施行政管理或者预防、控制措施，侵犯单位和个人合法权益的，有关单位和个人可以依法申请行政复议或者提起诉讼。 |
| **第一千二百二十七条**【不必要检查禁止义务】医疗机构及其医务人员不得违反诊疗规范实施不必要的检查。<br>**指引**：过度检查，指由医疗机构提供的超出患者个体和社会保健实际需求的医疗检查服务。实施不必要检查对患者造成损害的，应依法承担侵权责任，其中应包括退还不必要的检查医疗费用的内容。 | |
| **第一千二百二十八条**【医疗机构及医务人员合法权益的维护】医疗机构及其医务人员的合法权益受法律保护。<br>干扰医疗秩序，妨碍医务人员工作、生活，侵害医务人员合法权益的，应当依法承担法律责任。<br>**指引**：法律不仅对遭受医疗过错行为损害的患者予以保护，对医疗机构及其医务人员的合法权益也要保护，医疗秩序也需要维护，这涉及社会公共利益。 | 《医师法》<br>**第 60 条** 违反本法规定，阻碍医师依法执业，干扰医师正常工作、生活，或者通过侮辱、诽谤、威胁、殴打等方式，侵犯医师人格尊严、人身安全，构成违反治安管理行为的，依法给予治安管理处罚。<br>《刑法》<br>**第 290 条第 1 款** 聚众扰乱 |

| 民法典侵权责任编 | 关联规定 |
|---|---|
| 侵害医疗机构和医务人员合法权益的行为类型多样，但突出的是干扰医疗秩序的行为。对医疗机构而言，干扰医疗秩序的行为主要是侵害医疗机构自主开展诊疗活动的权益和自主管理的权益，其中也可能存在对医疗机构财产权益的直接侵害。对于医务人员而言，干扰医疗秩序的行为也可能侵害其生命权、健康权、名誉权等各项权益。 | 社会秩序，情节严重，致使工作、生产、营业和教学、科研、医疗无法进行，造成严重损失的，对首要分子，处三年以上七年以下有期徒刑；对其他积极参加的，处三年以下有期徒刑、拘役、管制或者剥夺政治权利。 |
| **第七章　环境污染和生态破坏责任** | |
| **第一千二百二十九条　【环境污染和生态破坏侵权责任】**因污染环境、破坏生态造成他人损害的，侵权人应当承担侵权责任。<br><br>**指引：**环境侵权责任作为一种特殊类型侵权责任，适用无过错责任归责原则。根据无过错责任原则，在受害人有损害、污染者的行为与损害有因果关系的情形下，不考虑侵权人是否存在过错，都应当对其污染行为造成的损害承担侵权责任。"污染环境"指对生活环境的污染，"破坏生态"指对生态环境的破坏，既包括对大气、水体、海洋、土地等生活环境的污染，也包括对生物多样性的破坏、破坏生态环境和自然资源造成水土流失等生态环境的破坏；既包括水污染、大气污染、噪声污染等传统的污染，也包括光污染、辐射污染等新型污染。 | 《环境保护法》（2014年修订）<br><br>第2条　本法所称环境，是指影响人类生存和发展的各种天然的和经过人工改造的自然因素的总体，包括大气、水、海洋、土地、矿藏、森林、草原、湿地、野生生物、自然遗迹、人文遗迹、自然保护区、风景名胜区、城市和乡村等。<br><br>《最高人民法院关于审理生态环境侵权责任纠纷案件适用法律若干问题的解释》<br><br>第1条　侵权人因实施下列污染环境、破坏生态行为造成他人人身、财产损害，被侵权人请求侵权人承担生态环境侵权责任的，人民法院应予支持： |

| 民法典侵权责任编 | 关联规定 |
|---|---|
| **案例指引1：**《江西省金溪县人民检察院诉徐某某、方雨某某人文遗迹保护民事公益诉讼案》【《最高人民法院公报》2022年第9期】<br>案例要旨：因破坏古迹、建筑群、遗址等人文遗迹造成生态资源损害的，侵权人应当承担侵权责任。检察机关可以依法对破坏人文遗迹造成生态资源损害的案件提起环境民事公益诉讼。在没有鉴定机构对古建筑损坏导致的人文生态资源损失作出鉴定的情况下，经当庭质证的专家意见可以作为认定根据。人民法院应综合考虑检察机关的公益诉讼请求、人文遗迹所在地经济发展水平、人文遗迹自身的社会影响力、被告的主观过错及其经济条件、对人文遗迹整体性的破坏程度和专家意见等要素，依法酌定人文生态资源损失。<br><br>**案例指引2：**《韩某诉某油田分公司环境污染责任纠纷案——对消极排污行为的认定》【人民法院案例库入库案例，入库编号：2023-11-2-377-002】<br>案例要旨："排放污染物行为"，不限于积极的投放或导入污染物质的行为，还包括伴随企业生产活动的消极污染行为。根据预防优先及污染者负担原则，废弃油井的所有者或控制者应当按照法律的规定，采取措施对污染源进行有效的控制和风险防范，对因污染行为造成他人的人身损害、财产损失及环境损害，应当予以赔偿，进行环境治理。 | （一）排放废气、废水、废渣、医疗废物、粉尘、恶臭气体、放射性物质等污染环境的；<br>（二）排放噪声、振动、光辐射、电磁辐射等污染环境的；<br>（三）不合理开发利用自然资源的；<br>（四）违反国家规定，未经批准，擅自引进、释放、丢弃外来物种的；<br>（五）其他污染环境、破坏生态的行为。<br>**第2条** 因下列污染环境、破坏生态引发的民事纠纷，不作为生态环境侵权案件处理：<br>（一）未经由大气、水、土壤等生态环境介质，直接造成损害的；<br>（二）在室内、车内等封闭空间内造成损害的；<br>（三）不动产权利人在日常生活中造成相邻不动产权利人损害的；<br>（四）劳动者在职业活动中受到损害的。<br>前款规定的情形，依照相关法律规定确定民事责任。<br>**第3条** 不动产权利人因 |

| 民法典侵权责任编 | 关联规定 |
|---|---|
| 案例指引3：《陈某与陕西某煤田公司环境污染责任纠纷案——环境侵权案件中对可预见损害赔偿责任的认定》【人民法院案例库入库案例，入库编号：2024-16-2-377-001】<br>案例要旨：环境侵权具有侵害方式的复合性、侵害过程的复杂性、侵害后果的隐蔽性和长期性等特征，故在环境侵权中，侵权行为人应对可预见的、持续造成的损害承担责任，不仅包括现有损失，还应包括应有损失，以修复污染环境造成的损害。在侵权行为人已采取向政府有关管理部门缴纳环境治理补偿费等补救措施的情况下，并不影响向被侵权人承担相应的侵权责任。<br>案例指引4：《宁某诉泰安某化工公司、山东某化工公司环境污染责任纠纷案——生态环境侵权责任纠纷中被侵权人关联性举证证明标准》【人民法院案例库入库案例，入库编号：2024-11-2-377-003】<br>案例要旨：环境污染案件中，被侵权人请求赔偿的，应当就侵权人排放了污染物或者破坏了生态、被侵权人的损害、侵权人排放的污染物或者其次生污染物、破坏生态行为与损害之间具有关联性承担证明责任。侵权人系合法排污的，应当适当提高关联性证明标准。被侵权人提供的证据不足以证明存在关联性的，对于其请求赔偿损失的诉讼请求，人民法院不予支持。 | 经营活动污染环境、破坏生态造成相邻不动产权利人损害，被侵权人请求其承担生态环境侵权责任的，人民法院应予支持。<br>第4条 污染环境、破坏生态造成他人损害，行为人不论有无过错，都应当承担侵权责任。<br>行为人以外的其他责任人对损害发生有过错的，应当承担侵权责任。<br>第23条 因污染环境、破坏生态影响他人取水、捕捞、狩猎、采集等日常生活并造成经济损失，同时符合下列情形，请求人主张行为人承担责任的，人民法院应予支持：<br>（一）请求人的活动位于或者接近生态环境受损区域；<br>（二）请求人的活动依赖受损害生态环境；<br>（三）请求人的活动不具有可替代性或者替代成本过高；<br>（四）请求人的活动具有稳定性和公开性。<br>根据国家规定须经相关行政主管部门许可的活动，请求人在污染环境、破坏生态发生 |

| 民法典侵权责任编 | 关联规定 |
| --- | --- |
| **案例指引 5：**《周某诉江苏省某公路管理处环境污染责任纠纷案——道路管理者应对道路噪声污染承担侵权责任的判定》【人民法院案例库入库案例，入库编号：2024-11-2-377-005】<br><br>案例要旨：1. 道路噪声污染具有集中性、持续性等特征，对道路两侧居住者生活环境影响较大。此类案件的审理，应当综合道路噪声是否超过国家规定的环境噪声排放标准、危害的公共性、正常人所能忍受的必要限度等因素综合分析判断。道路的管理者，对在道路运营过程中产生的噪声超标等问题，应当采取积极措施予以解决。2. 噪声污染会让人产生精神痛苦，此点已被公众所普遍认可，且具有科学的理论基础。因此，噪声明显超标构成污染的，虽受害人未出现明显的损害后果，也应当认定损害已经发生。在此基础上，根据一般日常经验法则，综合考量当地居民收入情况、房屋距离等因素，酌定一定数额的损害赔偿金具有正当性和合理性。<br><br>**案例指引 6：**《李某诉北京市某公路发展集团有限公司侵权责任纠纷案——侵权人主动实施生态环境修复工作，经评估受损生态环境服务功能已经恢复的，可以认定侵权人已经履行生态环境修复责任》【人民法院案例库入库案例，入库编号：2024-11-2-504-001】<br><br>案例要旨：法院判决环境污染责任人 | 时未取得许可的，人民法院对其请求不予支持。<br><br>**《最高人民法院关于审理环境民事公益诉讼案件适用法律若干问题的解释》（2020年修正）**<br><br>**第 18 条** 对污染环境、破坏生态，已经损害社会公共利益或者具有损害社会公共利益重大风险的行为，原告可以请求被告承担停止侵害、排除妨碍、消除危险、修复生态环境、赔偿损失、赔礼道歉等民事责任。 |

| 民法典侵权责任编 | 关联规定 |
| --- | --- |
| 承担土壤修复责任时，可以要求侵权人采取相关措施自行修复受损土地，也可以于环境污染责任人未按期履行修复责任时由被侵权人实施修复，被侵权人凭发票由环境污染责任人承担修复费用。 | |
| 　　**第一千二百三十条**　【环境污染、生态破坏侵权举证责任】因污染环境、破坏生态发生纠纷，行为人应当就法律规定的不承担责任或者减轻责任的情形及其行为与损害之间不存在因果关系承担举证责任。<br>　　指引：目前，很多法律、司法解释对行为人不承担责任或减轻责任作了规定，主要包括过失、受害人故意、第三人责任、不可抗力等，行为人应当就此举证。最高人民法院在《关于生态环境侵权民事诉讼证据的若干规定》中，专门就相关举证责任作了具体规定。实际上，对环境侵权行为与损害后果之间不存在因果关系实行举证责任倒置，主要考量为环境侵权行为的特殊性，因为环境侵权十分复杂的因果关系链条以及侵权行为人与受害人间存在的证据偏在现象，为了减轻环境侵权受害人的举证负担而规定了举证责任倒置。<br>　　案例指引1：《李某诉某公司环境污染责任纠纷案》【最高人民法院第128号指导性案例】<br>　　案例要旨：由于光污染对人身的伤害 | 　　《水污染防治法》（2017年修正）<br>　　第98条　因水污染引起的损害赔偿诉讼，由排污方就法律规定的免责事由及其行为与损害结果之间不存在因果关系承担举证责任。<br>　　《最高人民法院关于生态环境侵权民事诉讼证据的若干规定》<br>　　第5条　原告起诉请求被告承担环境污染、生态破坏责任的，应当提供被告行为与损害之间具有关联性的证据。<br>　　人民法院应当根据当事人提交的证据，结合污染环境、破坏生态的行为方式、污染物的性质、环境介质的类型、生态因素的特征、时间顺序、空间距离等因素，综合判断被告行为与损害之间的关联性是否成立。<br>　　第6条　被告应当就其行为与损害之间不存在因果关系承担举证责任。 |

| 民法典侵权责任编 | 关联规定 |
| --- | --- |
| 具有潜在性、隐蔽性和个体差异性等特点，人民法院认定光污染损害，应当依据国家标准、地方标准、行业标准，是否干扰他人正常生活、工作和学习，以及是否超出公众可容忍度等进行综合认定。对于公众可容忍度，可以根据周边居民的反应情况、现场的实际感受及专家意见等判断。本案中，被告未提供证据证明其取得LED电子显示屏设置的行政审批手续，但最终的裁判并未单纯判决拆除LED电子显示屏，而是参照相关技术规范、专家意见，结合普通人对光的正常感知度及作息情况，通过规范被告开启LED显示屏运行时间、亮度值的方式将光污染对原告生活产生的负面影响降低到正常人的忍受范围之内，以达到停止侵害的目的，实现了环境保护与经济发展的平衡。<br>**案例指引2**：《周某诉重庆某高速公路有限公司等环境污染责任纠纷案——发生突发事件造成或者可能造成水污染事故时，行为人未按规定采取应急措施导致损失扩大的责任认定》【人民法院案例库入库案例，入库编号：2023-11-2-377-006】<br>**案例要旨**：环境污染侵权责任由行为人承担，行为人以外的单位或个人对环境污染损害后果的扩大有过错的，应当承担与其过错程度相适应的侵权责任，是否具有过错及过错程度可从是否具有防止损害 | 被告主张不承担责任或者减轻责任的，应当就法律规定的不承担责任或者减轻责任的情形承担举证责任。<br>**第7条** 被告证明其排放的污染物、释放的生态因素、产生的生态影响未到达损害发生地，或者其行为在损害发生后才实施且未加重损害后果，或者存在其行为不可能导致损害发生的其他情形的，人民法院应当认定被告行为与损害之间不存在因果关系。<br>**第8条** 对于发生法律效力的刑事裁判、行政裁判因未达到证明标准未予认定的事实，在因同一污染环境、破坏生态行为提起的生态环境侵权民事诉讼中，人民法院根据有关事实和证据确信待证事实的存在具有高度可能性的，应当认定该事实存在。<br>**第9条** 对于人民法院在生态环境保护民事公益诉讼生效裁判中确认的基本事实，当事人在因同一污染环境、破坏生态行为提起的人身、财产损害赔偿诉讼中无需举证证明，但有相反证据足以推翻的除外。 |

| 民法典侵权责任编 | 关联规定 |
| --- | --- |
| 发生或者扩大的义务、采取防范措施情况等因素进行判断。<br>**案例指引 3：**《纪某某等三十三户果农诉青岛某化工公司环境污染责任纠纷案——如何判断环境污染侵权案件中侵权行为与损害结果之间的因果关系》【人民法院案例库入库案例，入库编号：2023-11-2-377-007】<br>　　案例要旨：1. 由于环境侵权行为的影响具有累积性、滞后性，致害物质、致害途径复杂多样，对人身、财产的损害证明科学技术性强的特点，污染行为与危害后果间的关系难以厘清，若强调直接证明，往往会陷入不可知论，对保护受害人极为不利。基于这种实体法上因果关系的特殊性，理论和实务中大多主张以因果关系的推定原则代替因果关系的直接、严格认定。即在环境侵权责任中，只要证明行为人已经排放了可能危及人身健康或者造成财产损害的物质，或者实施了相关破坏生态的行为，而当事人的人身或者财产或者环境本身受到损害，即可推定这种危害是由该污染环境、破坏生态行为所致。需要注意的是，被侵权人对侵权行为与损害后果之间的因果关系仅承担初步的举证责任，侵权人就侵权行为与损害后果之间不存在因果关系承担的则是高度盖然性的证明责任。被侵权人提供证据证明侵权人排放的污染物或者其次生污染物，或者实施的 | **第 10 条** 对于可能损害国家利益、社会公共利益的事实，双方当事人未主张或者无争议，人民法院认为可能影响裁判结果的，可以责令当事人提供有关证据。<br>　　前款规定的证据，当事人申请人民法院调查收集，符合《最高人民法院关于适用〈中华人民共和国民事诉讼法〉的解释》第九十四条规定情形的，人民法院应当准许；人民法院认为有必要的，可以依职权调查收集。<br>**第 27 条** 承担举证责任的当事人申请人民法院责令对方当事人提交证据的，应当提供有关证据的名称、主要内容、制作人、制作时间或者其他可以将有关证据特定化的信息。根据申请人提供的信息不能使证据特定化的，人民法院不予准许。<br>　　人民法院应当结合申请人是否参与证据形成过程、是否接触过该证据等因素，综合判断其提供的信息是否达到证据特定化的要求。<br>**第 28 条** 承担举证责任的当事人申请人民法院责令对 |

| 民法典侵权责任编 | 关联规定 |
| --- | --- |
| 生态破坏行为与损害之间具有关联性，即推定因果关系成立。有关污染环境、破坏生态行为与损害之间不存在因果关系的事项，则由污染环境、破坏生态行为人负责举证；如其举证不能，则认定因果关系成立。2. 环境损害司法鉴定是人民法院审理环境侵权纠纷案件的重要辅助手段，但不能过度依赖鉴定意见，需要综合判断各种证据，实现公正裁判。如机械采用鉴定结论，则很容易出现"以鉴代审"的情况，尤其在一些鉴定现场被破坏或时效性滞后的情况下，鉴定模拟或复制的现场可能无法还原污染现场的真实情况，应当正确分析论证鉴定意见，作出合理裁判。<br>**案例指引 4**：《梁某诉某水泥公司环境污染责任纠纷案——环保部门及其委托部门在其职权范围内做出行政文书可以作为人民法院审理民事环境污染案件的证据》【人民法院案例库入库案例，入库编号：2023-11-2-377-013】<br>案例要旨：环境污染具有易逝性、扩散性，污染事件发生后，必须尽快收集、固定相关证据。环境保护行政主管部门依职权或应当事人申请对污染者、污染物、排污设备、环境介质等进行查封、扣押、记录、检测、处罚，形成的行政文书有助于人民法院准确认定案件事实。人民法院对负有环境保护监督管理职责的部门或者其委托的机构出具的环 | 方当事人提交证据的，应当提出证据由对方当事人控制的依据。对方当事人否认控制有关证据的，人民法院应当根据法律规定、当事人约定、交易习惯等因素，结合案件的事实、证据作出判断。<br>有关证据虽未由对方当事人直接持有，但在其控制范围之内，其获取不存在客观障碍的，人民法院应当认定有关证据由其控制。<br>**《最高人民法院关于审理生态环境侵权责任纠纷案件适用法律若干问题的解释》**<br>第8条 两个以上侵权人分别污染环境、破坏生态，部分侵权人能够证明其他侵权人的侵权行为已先行造成全部或者部分损害，并请求在相应范围内不承担责任或者减轻责任的，人民法院应予支持。<br>第18条 因第三人的过错污染环境、破坏生态造成他人损害，被侵权人请求侵权人或者第三人承担责任的，人民法院应予支持。<br>侵权人以损害是由第三人过错造成的为由，主张不承担责任或者减轻责任的，人民法 |

| 民法典侵权责任编 | 关联规定 |
| --- | --- |
| 境污染事件调查报告，经当事人质证后，可以作为认定案件事实的根据。<br>**案例指引 5**：《刘某诉某购物中心环境污染责任纠纷案——环境污染侵权纠纷被侵权人应当证明侵权人的侵权行为与损害后果之间具有关联性》【人民法院案例库入库案例，入库编号：2023-11-2-377-014】<br>案例要旨：1. 虽然环境污染侵权纠纷对侵权行为和侵权结果之间的因果关系适用举证责任倒置，但适用该举证规则的前提是被侵权人应当证明侵权人的侵权行为与损害后果之间具有关联性，虽对其证明标准的要求不高，但不能免除其证明责任。2. 侵权行为与损害后果之间是否具有关联性可通过时间、空间的关联度、生活常识、损害后果与侵权行为的性质上的联系、是否存在异常情形和侵权人的类似行为等因素进行综合考量。<br>**案例指引 6**：《李某诉茌平某氧化铝公司环境污染责任纠纷案——水污染侵权责任纠纷中被侵权人就行为与损害后果之间关联性承担举证责任》【人民法院案例库入库案例，入库编号：2024-11-2-377-001】<br>案例要旨：《最高人民法院关于审理环境侵权责任纠纷案件适用法律若干问题的解释》（本案适用的是法释〔2020〕17号）第6条规定，被侵权人请求赔偿， | 院不予支持。<br>《最高人民法院关于审理生态环境损害赔偿案件的若干规定（试行）》（2020年修正）<br>**第7条** 被告反驳原告主张的，应当提供证据加以证明。被告主张具有法律规定的不承担责任或者减轻责任情形的，应当承担举证责任。 |

| 民法典侵权责任编 | 关联规定 |
| --- | --- |
| 应当就侵权人排放了污染物及侵权人排放的污染物或者其次生污染物、破坏生态行为与损害之间具有关联性提供初步的证据材料。只有在被侵权人完成了上述举证责任之后，才应当由侵权人就损害行为与结果之间不存在因果关系承担举证责任。在水污染侵权责任纠纷中，侵权人排污口在河道下游，而污染场地在上游的，侵权人应当就污染物到达污染场地的可能性承担举证责任，否则将承担举证不能的不利后果。<br><br>案例指引7：《张某伟诉泗阳某污水处理有限公司、泗阳某环保有限公司等七家公司环境污染责任纠纷案——下游养殖户主观过错的原因力能够阻断上游排污企业排污行为与损害后果之间的法律上因果关系成立的判断》【人民法院案例库入库案例，入库编号：2024-11-2-377-004】<br><br>案例要旨：1. 生态环境侵权中，被侵权人是否达到关联性举证证明责任，应当综合侵权人的过错及其程度、污染物的性质、时间空间距离、损害后果的严重程度等多个因素判断。在侵权人系合法排污的情况下，被侵权人仅能提交相关报告说明其养殖鱼死亡系因缺氧所致，而水体缺氧可能存在多种原因，且人民法院已查明损害发生前后一段时期内上游排污口附近水体污染物显著低于下游损害发生地污染物浓度的情况下，尚不 | |

| 民法典侵权责任编 | 关联规定 |
|---|---|
| 足以达到关联性证明标准，不能形成侵权人污染水流造成被侵权人养殖鱼缺氧死亡的因果关系推定。2. 被侵权人明知上游存在企业排污，却仍然在下游养殖鱼造成损害后果的，应当认定被侵权人对损害具有重大过错。侵权人合法排污的，不应就被侵权人的损失承担侵权责任。<br><br>**案例指引8：**《某家庭农场诉某县自然资源与规划局环境污染责任纠纷案——政府部门组织飞机喷洒农药破坏水生态环境造成损害承担环境污染侵权责任的认定》【人民法院案例库入库案例，入库编号：2024-11-2-377-006】<br><br>案例要旨：环境污染侵权是一种特殊的侵权行为，有别于一般的侵权行为，依法实行举证责任倒置规则。被侵权人就污染事实的关联性完成初步的举证责任后，侵权人应就污染事实与损害结果不具有因果关系承担举证责任，否则应承担败诉的不利结果。 | |
| **第一千二百三十一条　【两个以上侵权人造成损害的责任分担】**两个以上侵权人污染环境、破坏生态的，承担责任的大小，根据污染物的种类、浓度、排放量，破坏生态的方式、范围、程度，以及行为对损害后果所起的作用等因素确定。<br><br>**指引：**两人以上的环境侵权，也称数人环境侵权，指数人在同一相对集中的 | 《最高人民法院关于审理生态环境侵权责任纠纷案件适用法律若干问题的解释》<br>**第25条**　两个以上侵权人污染环境、破坏生态造成他人损害，人民法院应当根据行为有无许可，污染物的种类、浓度、排放量、危害性，破坏生态的方式、范围、程度，以及 |

| 民法典侵权责任编 | 关联规定 |
| --- | --- |
| 时间、同一相对集中的地域内共同或分别排放污染物、破坏生态，造成生态环境损害的行为。本条仅规定了各侵权人之间责任份额的确定规则，并非规定数人环境侵权一概适用按份责任。具体而言，在数人因环境侵权对受害人承担连带责任后，各侵权人之间的内部责任份额要按照本条规定加以确定；在数人因环境侵权对受害人承担按份责任时，直接适用本条规定确定各自的责任份额。<br>案例指引1：《上海市松江区某人民政府诉蒋某等环境污染责任纠纷案——危险废物产生者违反污染防治责任，造成环境污染事故的，与危险废物的实际处理者承担连带责任》【人民法院案例库入库案例，入库编号：2023-11-2-377-008】<br>　　案例要旨：1.政府作为水污染责任纠纷案件原告的主体适格问题。以水污染责任纠纷为代表的环境污染责任纠纷中，污染行为影响的不仅仅是污染范围内特定人员的民事权利，更多地是对具有公益属性的环境资源的危害。作为被污染河道的主管单位，政府有权对河道进行治理，基于该主管责任，政府出资对于被污染河道进行了治理，支出了案涉费用，故有权作为原告主体进行诉讼。2.危险废物生产者的责任认定。我国对危险废物污染环境防治实行污染者依法负责的原则。产品的生产者、销售者、进口者、使用者对其产生的危险废物依法承担污染防治责任，应向 | 行为对损害后果所起的作用等因素确定各侵权人的责任份额。<br>　　两个以上侵权人污染环境、破坏生态承担连带责任，实际承担责任的侵权人向其他侵权人追偿的，依照前款规定处理。<br>　　**第5条**　两个以上侵权人分别污染环境、破坏生态造成同一损害，每一个侵权人的行为都足以造成全部损害，被侵权人根据民法典第一千一百七十一条的规定请求侵权人承担连带责任的，人民法院应予支持。<br>　　**第6条**　两个以上侵权人分别污染环境、破坏生态，每一个侵权人的行为都不足以造成全部损害，被侵权人根据民法典第一千一百七十二条的规定请求侵权人承担责任的，人民法院应予支持。<br>　　侵权人主张其污染环境、破坏生态行为不足以造成全部损害的，应当承担相应举证责任。<br>　　**第7条**　两个以上侵权人分别污染环境、破坏生态，部分侵权人的行为足以造成全部损害，部分侵权人的行为只造成 |

| 民法典侵权责任编 | 关联规定 |
| --- | --- |
| 环保主管部门申报危险废物的种类、产生量、流向、贮存以及处置等资料，同时应按照国家规定交由有相应处理危险废物资质的单位进行处理。危险废物产生者未依法申报危险废物的具体情况，擅自委托不具备处理危险废物资质的单位或者个人处理危险废物的，属于违反污染防治责任的行为。因上述违法行为造成环境污染事故的，危险废物的产生者对于相关损害结果的发生具有放任的故意，不能以其并非直接的环境污染侵权人为由免除法律责任，又由于危险废物产生者的擅自委托行为系环境污染事故的必要条件，故应与危险废物的实际处理者承担连带责任。存在多个生产者的，可结合各自违法处理危险废物的数量以及对事故发生所起的作用等因素分担责任。<br>**案例指引2**：《重庆某农业开发公司诉重庆某盐业公司等环境污染责任纠纷案——在无意思联络数人环境污染案件中，可结合自然规律、地域区位等因素认定单次污染行为与损害后果的因果关系》【人民法院案例库入库案例，入库编号：2023-11-2-377-016】<br>**案例要旨**：在无意思联络数人环境侵权案件中，存在多个污染源头和多次污染行为时，可从空间和时间两个维度入手，结合自然规律、地域区位等因素认定单次污染行为与损害后果的因果关系。当事人之间就单次环境污染的损害后果达成的赔偿协议并不免除侵权人应当 | 部分损害，被侵权人请求足以造成全部损害的侵权人对全部损害承担责任，并与其他侵权人就共同造成的损害部分承担连带责任的，人民法院应予支持。<br>被侵权人依照前款规定请求足以造成全部损害的侵权人与其他侵权人承担责任的，受偿范围应以侵权行为造成的全部损害为限。<br>**第8条** 两个以上侵权人分别污染环境、破坏生态，部分侵权人能够证明其他侵权人的侵权行为已先行造成全部或者部分损害，并请求在相应范围内不承担责任或者减轻责任的，人民法院应予支持。<br>**第9条** 两个以上侵权人分别排放的物质相互作用产生污染物造成他人损害，被侵权人请求侵权人承担连带责任的，人民法院应予支持。 |

| 民法典侵权责任编 | 关联规定 |
| --- | --- |
| 承担的修复责任。<br>**案例指引 3**：《某海洋与渔业局诉彭某、冯某等污染海洋环境责任纠纷民事公益诉讼案》【最高人民法院中国应用法学研究所编：《人民法院案例选》2019年第 3 辑（总第 133 辑），人民法院出版社 2019 年版，第 31 页】<br>**案例要旨**：污染环境行为在一定期间持续发生的，某一侵权人仅参与实施部分污染行为，在认定其构成共同侵权的同时，应根据公平原则，将该侵权人承担连带赔偿责任的金额限定在其参与实施的环境损害范围。 |  |
| **第一千二百三十二条** 【侵权人的惩罚性赔偿】侵权人违反法律规定故意污染环境、破坏生态造成严重后果的，被侵权人有权请求相应的惩罚性赔偿。<br>**指引**：惩罚性赔偿，是指行为人恶意实施某种行为，或者对该行为有重大过失时，以对行为人实施惩罚和追求一般抑制效果为目的，法院在判令行为人支付通常赔偿金的同时，还可以判令行为人支付受害人高于实际损失的赔偿金。由于生态环境损害的累积性、潜伏性、缓发性、公害性等特点，现实中存在对环境侵权适用惩罚性赔偿的客观需求。惩罚性赔偿的功能在于剥夺侵权人非法获得的利益而实现社会的一般预防，这也就决定了该类赔偿数额不宜用一个固定的标准或数额来限定，而应由法院根据 | 《最高人民法院关于审理生态环境侵权纠纷案件适用惩罚性赔偿的解释》<br>**第 2 条** 因环境污染、生态破坏受到损害的自然人、法人或者非法人组织，依据民法典第一千二百三十二条的规定，请求判令侵权人承担惩罚性赔偿责任的，适用本解释。<br>**第 7 条** 具有下列情形之一的，人民法院应当认定侵权人具有污染环境、破坏生态的故意：<br>（一）因同一污染环境、破坏生态行为，已被人民法院认定构成破坏环境资源保护犯罪的； |

| 民法典侵权责任编 | 关联规定 |
| --- | --- |
| 具体案情作出裁量。在环境私益侵权中，一般指造成了严重的人身损害或严重的人身、财产损害。财产损害虽并未被明确排除，但单纯财产损害一般不宜支持。且严重后果应为已实际发生，而非一种风险。故对具有损害社会公共利益重大风险的污染环境、破坏生态行为，可请求排除妨碍、消除危险，但无权请求惩罚性赔偿。<br>**案例指引1**：《浮梁县人民检察院诉某化工集团有限公司环境污染民事公益诉讼案》【最高人民法院发布人民法院贯彻实施民法典典型案例（第一批）①】<br>案例要旨：在环境污染公益诉讼案件中，人民法院在判令侵权行为人承担生态环境修复费用、环境功能性损失等补偿性费用之外，采取"基数+倍数"的计算方式，结合具体案情决定以环境功能性损失费用为计算基数，综合考虑侵权人主观过错程度、侵权后果的严重程度、侵权人的经济能力、赔偿态度、受到行政处罚的情况等调节因素确定倍数，进而确定最终的惩罚性赔偿数额，为正确实施环境污染和生态破坏责任惩罚性赔偿制度提供了有益借鉴。<br>**案例指引2**：《江西省浮梁县人民检察院诉A化工集团有限公司污染环境民事公益诉讼案》【最高人民检察院第164号指导性案例】<br>案例要旨：检察机关提起环境民事公 | （二）建设项目未依法进行环境影响评价，或者提供虚假材料导致环境影响评价文件严重失实，被行政主管部门责令停止建设后拒不执行的；<br>（三）未取得排污许可证排放污染物，被行政主管部门责令停止排污后拒不执行，或者超过污染物排放标准或者重点污染物排放总量控制指标排放污染物，经行政主管机关责令限制生产、停产整治或者给予其他行政处罚后仍不改正的；<br>（四）生产、使用国家明令禁止生产、使用的农药，被行政主管部门责令改正后拒不改正的；<br>（五）无危险废物经营许可证而从事收集、贮存、利用、处置危险废物经营活动，或者知道或者应当知道他人无许可证而将危险废物提供或者委托给其从事收集、贮存、利用、处置等活动的；<br>（六）将未经处理的废水、废气、废渣直接排放或者倾倒的；<br>（七）通过暗管、渗井、渗 |

---

① 载中华人民共和国最高人民法院网站，https://www.court.gov.cn/zixun/xiangqing/347181.html，2024年10月1日访问。

| 民法典侵权责任编 | 关联规定 |
| --- | --- |
| 益诉讼时，对于侵权人违反法律规定故意污染环境、破坏生态致社会公共利益受到严重损害后果的，有权要求侵权人依法承担相应的惩罚性赔偿责任。提出惩罚性赔偿数额，可以以生态环境功能损失费用为基数，综合案件具体情况予以确定。<br><br>**案例指引3：**《张某山等非法采矿案——购砂者与采砂者构成共同犯罪的认定》【人民法院案例库入库案例，入库编号：2023-11-1-349-015】<br><br>案例要旨：对具有非法采砂犯罪前科、非法采砂犯罪取保候审期间再次实施非法采砂犯罪的被告人，应当认定其具有破坏生态环境的故意，公诉机关要求其承担惩罚性赔偿责任的，人民法院应予支持。<br><br>**案例指引4：**《青岛市人民检察院诉某艺术中心生态破坏民事公益诉讼案——生态环境侵权领域惩罚性赔偿及惩罚性赔偿中的劳务代偿适用》【人民法院案例库入库案例，入库编号：2023-11-2-466-021】<br><br>案例要旨：1. 侵权人非法收购、出售珍贵、濒危野生动物，造成野生动物损失、生态环境服务功能损失等严重后果的，法院可依据公益诉讼起诉人申请，判令侵权人承担相应的惩罚性赔偿。2. 人民法院判令侵权人承担惩罚性赔偿的案件，可以判决侵权人以提供有益于生态环境公共利益保护的劳动方式承担部分惩罚性赔偿责任。 | 坑、灌注、篡改、伪造监测数据，或者以不正常运行防治污染设施等逃避监管的方式，违法排放污染物的；<br><br>（八）在相关自然保护区域、禁猎（渔）区、禁猎（渔）期使用禁止使用的猎捕工具、方法猎捕、杀害国家重点保护野生动物、破坏野生动物栖息地的；<br><br>（九）未取得勘查许可证、采矿许可证，或者采取破坏性方法勘查开采矿产资源的；<br><br>（十）其他故意情形。<br><br>**第10条** 人民法院确定惩罚性赔偿金数额，应当综合考虑侵权人的恶意程度、侵权后果的严重程度、侵权人因污染环境、破坏生态行为所获得的利益或者侵权人所采取的修复措施及其效果等因素，但一般不超过人身损害赔偿金、财产损失数额的二倍。<br><br>因同一污染环境、破坏生态行为已经被行政机关给予罚款或者被人民法院判处罚金，侵权人主张免除惩罚性赔偿责任的，人民法院不予支持，但在确定惩罚性赔偿金数额时可以综合考虑。 |

| 民法典侵权责任编 | 关联规定 |
| --- | --- |
|  | 《最高人民法院关于审理生态环境侵权责任纠纷案件适用法律若干问题的解释》<br>**第24条** 两个以上侵权人就污染环境、破坏生态造成的损害承担连带责任，实际承担责任超过自己责任份额的侵权人根据民法典第一百七十八条的规定向其他侵权人追偿的，人民法院应予支持。侵权人就惩罚性赔偿责任向其他侵权人追偿的，人民法院不予支持。 |
| **第一千二百三十三条** 【因第三人过错污染环境、破坏生态的责任】因第三人的过错污染环境、破坏生态的，被侵权人可以向侵权人请求赔偿，也可以向第三人请求赔偿。侵权人赔偿后，有权向第三人追偿。<br><br>指引：第三人过错在一般侵权责任中是被告的减免责事由，但因环境侵权的特殊性，除其他环境资源单行法另有不同规定外，第三人过错不能作为侵权人的减责、免责事由，条文中的第三人并非污染源的控制与排放者，而是对污染源实施破坏行为从而导致环境污染或者生态破坏的行为人。第三人的过错行为必须是与侵权人污染环境、破坏生态的行为结合在一起才导致了损害后果。侵权人赔偿后，有权向第三人追偿，但具 | 《海洋环境保护法》（2017年修正）<br>**第89条** 造成海洋环境污染损害的责任者，应当排除危害，并赔偿损失；完全由于第三者的故意或者过失，造成海洋环境污染损害的，由第三者排除危害，并承担赔偿责任。<br>对破坏海洋生态、海洋水产资源、海洋保护区，给国家造成重大损失的，由依照本法规定行使海洋环境监督管理权的部门代表国家对责任者提出损害赔偿要求。<br>《水污染防治法》（2017年修正）<br>**第96条第4款** 水污染损 |

| 民法典侵权责任编 | 关联规定 |
| --- | --- |
| 体到个案，第三人最终应承担多少份额的责任，需结合具体案情具体分析。<br><br>案例指引：《张某等 12 户农户诉某运输公司、李某、罗某、某盐矿、某保险公司等盐卤水泄漏环境污染责任纠纷案——生态环境侵权责任纠纷案件中人身、财产损害赔偿数额的合理认定》【人民法院案例库入库案例，入库编号：2024-11-2-377-007】<br><br>案例要旨：1. 因第三人的过错引发交通事故污染环境造成损失的，被侵权人同时起诉侵权人、第三人及相应的保险公司，法院可就环境侵权法律关系及保险合同法律关系一并审理，并依据机动车交通事故责任的处理规则确定赔偿主体和赔偿范围。2. 在环境污染责任纠纷案件中，损害事实成立，但人身、财产损害赔偿数额难以确定的，人民法院可以结合侵权行为对受害人造成的损害程度、过错大小、历年赔偿标准、市场价格等因素，参考负有环境资源保护监督管理职责的部门的意见等，合理确定。 | 害是由第三人造成的，排污方承担赔偿责任后，有权向第三人追偿。<br><br>《最高人民法院关于审理生态环境侵权责任纠纷案件适用法律若干问题的解释》<br><br>第 4 条第 2 款　行为人以外的其他责任人对损害发生有过错的，应当承担侵权责任。<br><br>第 12 条　排污单位将所属的环保设施委托第三方治理机构运营，第三方治理机构在合同履行过程中污染环境造成他人损害，被侵权人请求排污单位承担侵权责任的，人民法院应予支持。<br><br>排污单位依照前款规定承担责任后向有过错的第三方治理机构追偿的，人民法院应予支持。<br><br>第 13 条　排污单位将污染物交由第三方治理机构集中处置，第三方治理机构在合同履行过程中污染环境造成他人损害，被侵权人请求第三方治理机构承担侵权责任的，人民法院应予支持。<br><br>排污单位在选任、指示第三方治理机构中有过错，被侵权人请求排污单位承担相应责任的，人民法院应予支持。 |

| 民法典侵权责任编 | 关联规定 |
| --- | --- |
|  | **第 14 条** 存在下列情形之一的，排污单位与第三方治理机构应当根据民法典第一千一百六十八条的规定承担连带责任：<br>（一）第三方治理机构按照排污单位的指示，违反污染防治相关规定排放污染物的；<br>（二）排污单位将明显存在缺陷的环保设施交由第三方治理机构运营，第三方治理机构利用该设施违反污染防治相关规定排放污染物的；<br>（三）排污单位以明显不合理的价格将污染物交由第三方治理机构处置，第三方治理机构违反污染防治相关规定排放污染物的。<br>（四）其他应当承担连带责任的情形。<br>**第 18 条** 因第三人的过错污染环境、破坏生态造成他人损害，被侵权人请求侵权人或者第三人承担责任的，人民法院应予支持。<br>侵权人以损害是由第三人过错造成的为由，主张不承担责任或者减轻责任的，人民法院不予支持。 |

| 民法典侵权责任编 | 关联规定 |
| --- | --- |
|  | 第19条　因第三人的过错污染环境、破坏生态造成他人损害，被侵权人同时起诉侵权人和第三人承担责任，侵权人对损害的发生没有过错的，人民法院应当判令侵权人、第三人就全部损害承担责任。侵权人承担责任后有权向第三人追偿。<br>侵权人对损害的发生有过错的，人民法院应当判令侵权人就全部损害承担责任，第三人承担与其过错相适应的责任。侵权人承担责任后有权就第三人应当承担的责任份额向其追偿。<br>第20条　被侵权人起诉第三人承担责任的，人民法院应当向被侵权人释明是否同时起诉侵权人。被侵权人不起诉侵权人的，人民法院应当根据民事诉讼法第五十九条的规定通知侵权人参加诉讼。<br>被侵权人仅请求第三人承担责任，侵权人对损害的发生也有过错的，人民法院应当判令第三人承担与其过错相适应的责任。 |

| 民法典侵权责任编 | 关联规定 |
| --- | --- |
| 第一千二百三十四条　【生态环境损害修复责任】违反国家规定造成生态环境损害，生态环境能够修复的，国家规定的机关或者法律规定的组织有权请求侵权人在合理期限内承担修复责任。侵权人在期限内未修复的，国家规定的机关或者法律规定的组织可以自行或者委托他人进行修复，所需费用由侵权人负担。<br>指引：专门规定环境污染、生态破坏行为人的生态环境修复责任及其承担方式，体现了修复优先的环境治理理念和注重修复的立法目的。民法典将环境公益侵权请求权主体明确为"国家规定的机关"和"法律规定的组织"两大类型。"国家规定的机关"主要包括以下两类：一是现有程序法、单行法所规定的环境公益侵权请求权主体，既包括《民事诉讼法》（2023年修正）第58条谓之的"法律规定的机关"，也包括人民检察院；二是基于《生态环境损害赔偿制度改革方案》这样的国家政策性文件规定，可以探索行使环境公益侵权请求权的各类主体。而"法律规定的组织"是指符合《民事诉讼法》（2023年修正）第58条第1款以及《环境保护法》第58条规定的社会组织。生态环境修复责任的承担主要有两种方式：1. 侵权人在合理期限内承担修复责任。2. 环境公益侵权请求权主体自行或委托他人进行修复，当然，费用由侵权人承担。 | 《环境保护法》（2014年修订）<br>第58条　对污染环境、破坏生态，损害社会公共利益的行为，符合下列条件的社会组织可以向人民法院提起诉讼：<br>（一）依法在设区的市级以上人民政府民政部门登记；<br>（二）专门从事环境保护公益活动连续五年以上且无违法记录。<br>符合前款规定的社会组织向人民法院提起诉讼，人民法院应当依法受理。<br>提起诉讼的社会组织不得通过诉讼牟取经济利益。<br>《最高人民法院关于生态环境侵权民事诉讼证据的若干规定》<br>第22条　当事人申请有专门知识的人出庭，就鉴定意见或者污染物认定、损害结果、因果关系、生态环境修复方案、生态环境修复费用、生态环境受到损害至修复完成期间服务功能丧失导致的损失、生态环境功能永久性损害造成的损失等专业问题提出意见的，人民法院可以准许。 |

| 民法典侵权责任编 | 关联规定 |
| --- | --- |
| **案例指引 1**：《上海市奉贤区生态环境局与张某新、童某勇、王某平生态环境损害赔偿诉讼案》【最高人民法院发布"人民法院贯彻实施民法典典型案例（第二批）"之十六①】<br><br>案例要旨：本案是适用民法典相关规定判决由国家规定的机关委托修复生态环境，所需费用由侵权人负担的典型案例。本案依法认定生态修复刻不容缓而侵权人客观上无法履行修复义务的，行政机关有权委托他人进行修复，并可根据《民法典》第 1234 条直接主张费用赔偿，既有力推动了生态环境修复，也为民法典施行前发生的环境污染纠纷案件准确适用法律提供了参考借鉴。<br><br>**案例指引 2**：《黄某辉、陈某等 8 人非法捕捞水产品刑事附带民事公益诉讼案》【最高人民法院第 213 号指导性案例】<br><br>案例要旨：人民法院判决生态环境侵权人采取增殖放流方式恢复水生生物资源、修复水域生态环境的，应当遵循自然规律，遵守水生生物增殖放流管理规定，根据专业修复意见合理确定放流水域、物种、规格、种群结构、时间、方式等，并可以由渔业行政主管部门协助监督执行。<br><br>**案例指引 3**：《北京市规划和自然资源委员会平谷分局诉王某生态环境损害赔偿诉讼案——非法采矿造成生态破坏 | 第 31 条 在生态环境保护民事公益诉讼案件中，损害事实成立，但生态环境修复费用、生态环境受到损害至修复完成期间服务功能丧失导致的损失、生态环境功能永久性损害造成的损失等数额难以确定的，人民法院可以根据污染环境、破坏生态的范围和程度等已查明的案件事实，结合生态环境及其要素的稀缺性、生态环境恢复的难易程度、防治污染设备的运行成本、被告因侵权行为获得的利益以及过错程度等因素，并可以参考负有环境资源保护监督管理职责的部门的意见等，合理确定。<br><br>《最高人民法院关于审理生态环境损害赔偿案件的若干规定（试行）》（2020 年修正）<br><br>第 12 条 受损生态环境能够修复的，人民法院应当依法判决被告承担修复责任，并同时确定被告不履行修复义务时应承担的生态环境修复费用。<br><br>生态环境修复费用包括制定、实施修复方案的费用，修复期间的监测、监管费用，以及 |

---

① 载中华人民共和国最高人民法院网站，https：//www.court.gov.cn/zixun/xiangqing/386521.html，2024 年 10 月 1 日访问。

| 民法典侵权责任编 | 关联规定 |
| --- | --- |
| 应当承担修复和赔偿责任》【人民法院案例库入库案例，入库编号：2024-11-2-466-013】<br>案例要旨：非法采矿行为导致涉案地块的土壤肥力、水源涵养和水土保持功能等生态功能受到损害，赔偿权利人请求赔偿义务人承担修复涉案地块受损生态环境、赔偿生态服务功能损失等责任的，应予支持。支持起诉人为支持生态环境损害赔偿诉讼委托有关机构出具的鉴定评估意见在诉讼中被采信，请求赔偿义务人向支持起诉人支付相关鉴定评估费用的，人民法院应予支持。<br>案例指引 4：《某环境研究所诉某电力公司生态环境保护民事公益诉讼案——在审理环境民事公益诉讼案件时，要注意统筹好经济发展与生态环境保护》【人民法院案例库入库案例，入库编号：2024-11-2-466-012】<br>案例要旨：法院在审理生态环境民事公益诉讼案件时，应当综合考量经济社会发展、生态修复效果、企业生存发展等因素选择最优的生态环境修复方案。原位恢复不具经济性的情况下，评估鉴定机构出具专业意见建议采取在受损区域异位恢复与受损生态环境基线同等类型和质量的生境并补偿期间损失的修复方案，有利于提升受损区域整体保护效果，能够实现受损区域保护目标的，法院可予支持。 | 修复完成后的验收费用、修复效果后评估费用等。原告请求被告赔偿生态环境受到损害至修复完成期间服务功能损失的，人民法院根据具体案情予以判决。<br>《最高人民法院关于审理森林资源民事纠纷案件适用法律若干问题的解释》<br>第 17 条 违反国家规定造成森林生态环境损害，生态环境能够修复的，国家规定的机关或者法律规定的组织依据民法典第一千二百三十四条的规定，请求侵权人在合理期限内以补种树木、恢复植被、恢复林地土壤性状、投放相应生物种群等方式承担修复责任的，人民法院依法予以支持。<br>人民法院判决侵权人承担修复责任的，可以同时确定其在期限内不履行修复义务时应承担的森林生态环境修复费用。<br>《最高人民法院关于审理环境民事公益诉讼案件适用法律若干问题的解释》（2020 年修正）<br>第 20 条 原告请求修复生态环境的，人民法院可以依法判决被告将生态环境修复到损害发生之前的状态和功能。 |

| 民法典侵权责任编 | 关联规定 |
| --- | --- |
|  | 无法完全修复的，可以准许采用替代性修复方式。<br>人民法院可以在判决被告修复生态环境的同时，确定被告不履行修复义务时应承担的生态环境修复费用；也可以直接判决被告承担生态环境修复费用。<br>生态环境修复费用包括制定、实施修复方案的费用，修复期间的监测、监管费用，以及修复完成后的验收费用、修复效果后评估费用等。 |
| 第一千二百三十五条　【生态环境损害赔偿的范围】违反国家规定造成生态环境损害的，国家规定的机关或者法律规定的组织有权请求侵权人赔偿下列损失和费用：<br>（一）生态环境受到损害至修复完成期间服务功能丧失导致的损失；<br>（二）生态环境功能永久性损害造成的损失；<br>（三）生态环境损害调查、鉴定评估等费用；<br>（四）清除污染、修复生态环境费用；<br>（五）防止损害的发生和扩大所支出的合理费用。<br>指引：本条规定了五个方面的生态环境损害赔偿内容，具体而言，第 1 项也被称为期间损失，指生态环境损害发生 | 《最高人民法院关于审理生态环境侵权责任纠纷案件适用法律若干问题的解释》<br>第22条　被侵权人请求侵权人赔偿因污染环境、破坏生态造成的人身、财产损害，以及为防止损害发生和扩大而采取必要措施所支出的合理费用的，人民法院应予支持。<br>被侵权人同时请求侵权人根据民法典第一千二百三十五条的规定承担生态环境损害赔偿责任的，人民法院不予支持。<br>《最高人民法院关于生态环境侵权民事诉讼证据的若干规定》<br>第4条　原告请求被告就其污染环境、破坏生态行为支 |

| 民法典侵权责任编 | 关联规定 |
|---|---|
| 至生态环境恢复到基线状态期间,生态环境因其物理、化学或生物特性改变而导致向公众或其他生态系统提供服务的丧失或减少,即受损生态环境从损害发生到其恢复至基线状态期间提供生态系统服务的损失量。第2项指受损生态环境及其功能难以恢复,其向公众或其他生态系统提供服务能力的完全丧失造成的损害,对于这部分损害,在环境诉讼中,一般通过司法鉴定、评估或者参考专家意见等方式确定具体数额。第3项生态环境损害调查、鉴定评估等费用,这里需注意的是,损害调查工作与行政机关一般行政执法行为要有所区分,生态环境损害调查、鉴定评估所产生费用应当有相应的票据。第4项仅指生态修复阶段的费用,具体包含两个部分:一是清除污染费用;二是修复生态环境费用。第5项属应急处置费用中的防范性措施费用,是指为了防止、遏制环境损害发生、扩大,所采取的或者将要采取的必要、合理措施产生的费用。<br><br>**案例指引1:**《某政府诉某化工科技有限公司生态环境损害赔偿案》【最高人民法院第129号指导性案例】<br>案例要旨:企业事业单位和其他生产经营者将生产经营过程中产生的危险废物交由不具备危险废物处置资质的企业或者个人进行处置,造成环境污染的,应当承担生态环境损害责任。人民法院 | 付人身、财产损害赔偿费用,或者支付民法典第一千二百三十五条规定的损失、费用的,应当就其主张的损失、费用的数额承担举证责任。<br><br>《最高人民法院关于审理生态环境损害赔偿案件的若干规定(试行)》(2020年修正)<br><br>**第12条** 受损生态环境能够修复的,人民法院应当依法判决被告承担修复责任,并同时确定被告不履行修复义务时应承担的生态环境修复费用。<br><br>生态环境修复费用包括制定、实施修复方案的费用,修复期间的监测、监管费用,以及修复完成后的验收费用、修复效果后评估费用等。<br><br>原告请求被告赔偿生态环境受到损害至修复完成期间服务功能损失的,人民法院根据具体案情予以判决。<br><br>**第13条** 受损生态环境无法修复或者无法完全修复,原告请求被告赔偿生态环境功能永久性损害造成的损失的,人民法院根据具体案情予以判决。 |

| 民法典侵权责任编 | 关联规定 |
|---|---|
| 可以综合考虑企业事业单位和其他生产经营者的主观过错、经营状况等因素，在责任人提供有效担保后判决其分期支付赔偿费用，包括环境修复费用，生态环境服务功能损失费用，评估费等。<br>**案例指引 2**：《滨州市生态环境局无棣分局诉某世纪公司、某博特公司环境污染责任纠纷案——环境污染案件中应急处置费用诉讼时效起算点的认定》【人民法院案例库入库案例，入库编号：2023-11-2-377-009】<br>案例要旨：应急处置费用服务于消除环境污染、恢复生态的最终目标，但是又以行政机关、环保组织等费用的实际支付人对污染最终责任人提出财产损失赔偿为直接和具体目标，因此环境污染案件中应急处置费用呈现"过程性"特征。应急处置费用请求权不同于因环境污染损害赔偿引发的生态环境损害赔偿请求权，是为填补已经发生的费用提起的诉求，费用发生之后，才能起诉请求赔偿，无费用则无诉权，所以应当自处置费发生之日起计算。<br>**案例指引 3**：《吴某诉中铁某局、某路桥公司环境污染责任纠纷案——运用专家意见辅助确定环境损害数额》【人民法院案例库入库案例，入库编号：2023-11-2-377-011】<br>案例要旨：环境损害数额的确定，往往需要通过技术手段鉴定。但在鉴定困 | 第 14 条　原告请求被告承担下列费用的，人民法院根据具体案情予以判决：<br>（一）实施应急方案、清除污染以及为防止损害的发生和扩大所支出的合理费用；<br>（二）为生态环境损害赔偿磋商和诉讼支出的调查、检验、鉴定、评估等费用；<br>（三）合理的律师费以及其他为诉讼支出的合理费用。<br>**《最高人民法院关于审理环境民事公益诉讼案件适用法律若干问题的解释》（2020 年修正）**<br>第 19 条　原告为防止生态环境损害的发生和扩大，请求被告停止侵害、排除妨碍、消除危险的，人民法院可以依法予以支持。<br>原告为停止侵害、排除妨碍、消除危险采取合理预防、处置措施而发生的费用，请求被告承担的，人民法院可以依法予以支持。<br>第 20 条　原告请求修复生态环境的，人民法院可以依法判决被告将生态环境修复到损害发生之前的状态和功能。无法完全修复的，可以准许采 |

| 民法典侵权责任编 | 关联规定 |
| --- | --- |
| 难、鉴定成本过高或不宜进行鉴定的情况下，人民法院可以参考专家意见，结合案件具体案情，依正当程序合理确定损失数额。人民法院充分考虑噪声污染的特殊性，在认定被侵权人蛋鸡受损系与侵权人施工噪声存在因果关系的基础上，通知专家就本案蛋鸡损失等专业性问题出庭陈述意见，充分运用专家意见、养殖手册等确定蛋鸡损失基础数据，并在专家的帮助下建立蛋鸡损失计算模型，得出损失数额并判决支持了被侵权人的部分诉请，在确定环境损害数额问题上做了有益探索。 | 用替代性修复方式。<br>人民法院可以在判决被告修复生态环境的同时，确定被告不履行修复义务时应承担的生态环境修复费用；也可以直接判决被告承担生态环境修复费用。<br>生态环境修复费用包括制定、实施修复方案的费用，修复期间的监测、监管费用，以及修复完成后的验收费用、修复效果后评估费用等。<br>**第22条** 原告请求被告承担以下费用的，人民法院可以依法予以支持：<br>（一）生态环境损害调查、鉴定评估等费用；<br>（二）清除污染以及防止损害的发生和扩大所支出的合理费用；<br>（三）合理的律师费以及为诉讼支出的其他合理费用。<br>**第24条** 人民法院判决被告承担的生态环境修复费用、生态环境受到损害至修复完成期间服务功能丧失导致的损失、生态环境功能永久性损害造成的损失等款项，应当用于修复被损害的生态环境。<br>其他环境民事公益诉讼中 |

| 民法典侵权责任编 | 关联规定 |
| --- | --- |
|  | 败诉原告所需承担的调查取证、专家咨询、检验、鉴定等必要费用，可以酌情从上述款项中支付。<br>《最高人民法院关于审理海洋自然资源与生态环境损害赔偿纠纷案件若干问题的规定》<br>第7条　海洋自然资源与生态环境损失赔偿范围包括：<br>（一）预防措施费用，即为减轻或者防止海洋环境污染、生态恶化、自然资源减少所采取合理应急处置措施而发生的费用；<br>（二）恢复费用，即采取或者将要采取措施恢复或者部分恢复受损害海洋自然资源与生态环境功能所需费用；<br>（三）恢复期间损失，即受损害的海洋自然资源与生态环境功能部分或者完全恢复前的海洋自然资源损失、生态环境服务功能损失；<br>（四）调查评估费用，即调查、勘查、监测污染区域和评估污染等损害风险与实际损害所发生的费用。 |

| 民法典侵权责任编 | 关联规定 |
| --- | --- |
| **第八章　高度危险责任** | |
| **第一千二百三十六条　【高度危险责任一般规定】** 从事高度危险作业造成他人损害的，应当承担侵权责任。<br>**指引**：高度危险责任为无过错责任，构成要件包括加害行为、损害后果及二者间的因果关系。高度危险作业，即是对"周围环境"具有较高危险性的活动。《民法典》关于高度危险责任一章既规定了高度危险责任的一般条款，也对当前典型的具体高度危险责任类型分别作了规定，先后对民用核设施、民用航空器、易燃、易爆、剧毒、放射性等高度危险物，高空、高压、地下挖掘等规定了具体条文，既有危险物的责任，也有危险活动的责任。损害后果是构成高度危险责任的结果条件，受害人对发生了损害结果负举证责任。为切实保护受害人的利益，对于因果关系可采用推定的方法，即由高度危险作业人证明作业活动与损害后果没有因果关系，如果作业人不能证明，则推定有因果关系。关于高度危险责任的免责事由，主要有不可抗力、受害人故意两种。<br>**案例指引**：《杨某某诉鲍某某、陈某、朱某某、某电力公司人身损害侵权责任纠纷案——高压触电人身损害赔偿的案由选择、责任主体、责任分配》【人民法院案例库入库案例，入库编号：2023-16-2-382-001】 | **《电力法》**（2018年修正）<br>**第60条**　因电力运行事故给用户或者第三人造成损害的，电力企业应当依法承担赔偿责任。<br>电力运行事故由下列原因之一造成的，电力企业不承担赔偿责任：<br>（一）不可抗力；<br>（二）用户自身的过错。<br>因用户或者第三人的过错给电力企业或者其他用户造成损害的，该用户或者第三人应当依法承担赔偿责任。<br>**《铁路法》**（2015年修正）<br>**第58条**　因铁路行车事故及其他铁路运营事故造成人身伤亡的，铁路运输企业应当承担赔偿责任；如果人身伤亡是因不可抗力或者由于受害人自身的原因造成的，铁路运输企业不承担赔偿责任。<br>违章通过平交道口或者人行过道，或者在铁路线路上行走、坐卧造成的人身伤亡，属于受害人自身的原因造成的人身伤亡。 |

| 民法典侵权责任编 | 关联规定 |
| --- | --- |
| 　　案例要旨：1. 高度危险责任实行无过错责任原则，即无须考虑加害人的过错。高度危险责任中的"经营者"，是指能够支配高压、高空和地下挖掘等高度危险活动的运行并从中享受运行利益的主体。2. 电力企业作为社会主义国家国有企业，作为专业主体，其职责和追求不仅是通过合法经营获取利润，更应在维护社会安全，为社会提供安定可靠的环境方面承担理应承担的社会责任和企业责任，避免和减少事故的发生，事故发生后尽其力安抚、赔偿受害人，化解纠纷，同时，加强管理维护的科学化、人性化、合理化，更是其后续应有的担当作为。 | |
| 　　**第一千二百三十七条　【民用核设施致害责任】**民用核设施或者运入运出核设施的核材料发生核事故造成他人损害的，民用核设施的营运单位应当承担侵权责任；但是，能够证明损害是因战争、武装冲突、暴乱等情形或者受害人故意造成的，不承担责任。<br>　　**指引**：核能是一种安全、经济、清洁的能源。但是，任何事物总有两面性。尽管核电站发生严重事故的频度极低，但一旦发生，后果会极为严重，因此必须采取严格措施保证核设施安全稳定运行。所谓民用核设施，指非军用的核能设施，是国家有关部门批准，为和平目的而建立的核设施。核事故指核设施内的核燃料、放射性产物、废料或运入运出 | **《核安全法》**<br>　　**第 2 条第 1 款**　在中华人民共和国领域及管辖的其他海域内，对核设施、核材料及相关放射性废物采取充分的预防、保护、缓解和监管等安全措施，防止由于技术原因、人为原因或者自然灾害造成核事故，最大限度减轻核事故情况下的放射性后果的活动，适用本法。<br>　　**第 90 条**　因核事故造成他人人身伤亡、财产损失或者环境损害的，核设施营运单位应当按照国家核损害责任制度承担赔偿责任，但能够证明损 |

| 民法典侵权责任编 | 关联规定 |
| --- | --- |
| 核设施的核材料所发生的放射性、毒害性、爆炸性或其他危害性事故。民用核设施的营运单位能够证明损害是因战争、武装冲突、暴乱等情形或者受害人故意造成的，不承担责任。 | 害是因战争、武装冲突、暴乱等情形造成的除外。<br>　　为核设施营运单位提供设备、工程以及服务等的单位不承担核损害赔偿责任。核设施营运单位与其有约定的，在承担赔偿责任后，可以按照约定追偿。<br>　　核设施营运单位应当通过投保责任保险、参加互助机制等方式，作出适当的财务保证安排，确保能够及时、有效履行核损害赔偿责任。 |
| 　　**第一千二百三十八条　【民用航空器致害责任】**民用航空器造成他人损害的，民用航空器的经营者应当承担侵权责任；但是，能够证明损害是因受害人故意造成的，不承担责任。<br>　　**指引**：民用航空器是指除用于执行军事、海关、警察飞行任务外的航空器，如各类民用的飞机、飞船、卫星、热气球等。其主要特征在于是高速运载工具，而非高空作业意义上的高度危险物。故飞艇、热气球等飞行物除非具备高速运载工具的特征，否则不能认为构成"民用航空器"而适用本条规定。民用航空器经营者主要包括从事旅客、货物运输的承运人和从事通用航空的民用航空器使用人。民用航空器致害，受害人故意可免责，因自然原因引起的不可抗力事件 | 《民用航空法》（2021年修正）<br>　　**第157条**　因飞行中的民用航空器或者从飞行中的民用航空器上落下的人或者物，造成地面（包括水面，下同）上的人身伤亡或者财产损害的，受害人有权获得赔偿；但是，所受损害并非造成损害的事故的直接后果，或者所受损害仅是民用航空器依照国家有关的空中交通规则在空中通过造成的，受害人无权要求赔偿。<br>　　前款所称飞行中，是指自民用航空器为实际起飞而使用动力时起至着陆冲程终了时止；就轻于空气的民用航空器 |

| 民法典侵权责任编 | 关联规定 |
| --- | --- |
| 并不免责，其他免责事项应适用《民用航空法》的有关规定。 | 而言，飞行中是指自其离开地面时起至其重新着地时止。<br><br>　　**第 158 条**　本法第一百五十七条规定的赔偿责任，由民用航空器的经营人承担。<br>　　前款所称经营人，是指损害发生时使用民用航空器的人。民用航空器的使用权已经直接或者间接地授予他人，本人保留对该民用航空器的航行控制权的，本人仍被视为经营人。<br>　　经营人的受雇人、代理人在受雇、代理过程中使用民用航空器，无论是否在其受雇、代理范围内行事，均视为经营人使用民用航空器。<br>　　民用航空器登记的所有人应当被视为经营人，并承担经营人的责任；除非在判定其责任的诉讼中，所有人证明经营人是他人，并在法律程序许可的范围内采取适当措施使该人成为诉讼当事人之一。 |
| **第一千二百三十九条**　【高度危险物致害责任】占有或者使用易燃、易爆、剧毒、高放射性、强腐蚀性、高致病性等高度危险物造成他人损害的，占有人或者使用人应当承担侵权责任；但是，能够证明损害是因受害人故意或者不可 | |

| 民法典侵权责任编 | 关联规定 |
| --- | --- |
| 抗力造成的，不承担责任。被侵权人对损害的发生有重大过失的，可以减轻占有人或者使用人的责任。<br>**指引**：高度危险物致害责任调整范围涉及的是易燃、易爆、剧毒、高放射性、强腐蚀性、高致病性等高度危险物，当然，其他因自然属性极易危及人身、财产的物品也适用。本条规范的行为是对高度危险物的占有或使用，包括生产、储存、运输高度危险品及将高度危险品作为原料或工具进行生产等的行为，承担责任的主体是占有人或使用人。免责事由有受害人故意与不可抗力两种，被侵权人有重大过失的，可减轻占有人或使用人责任。 | |
| **第一千二百四十条　【高度危险活动致害责任】**从事高空、高压、地下挖掘活动或者使用高速轨道运输工具造成他人损害的，经营者应当承担侵权责任；但是，能够证明损害是因受害人故意或者不可抗力造成的，不承担责任。被侵权人对损害的发生有重大过失的，可以减轻经营者的责任。<br>**指引**：从事高空、高压、地下挖掘活动或使用高速轨道运输工具致害责任，也称高度危险作业的侵权责任。高空作业又称为高处作业，指凡距坠落高度基准面2米及其以上，有可能坠落的在高处进行的作业。"高压"属于工业生产意义上的高压，包括高压电、高压容器等。 | 《电力法》（2018年修正）<br>**第60条**　因电力运行事故给用户或者第三人造成损害的，电力企业应当依法承担赔偿责任。<br>电力运行事故由下列原因之一造成的，电力企业不承担赔偿责任：<br>（一）不可抗力；<br>（二）用户自身的过错。<br>因用户或者第三人的过错给电力企业或者其他用户造成损害的，该用户或者第三人应当依法承担赔偿责任。 |

| 民法典侵权责任编 | 关联规定 |
|---|---|
| 地下挖掘就是在地表下一定深度进行挖掘的行为。高速轨道运输工具就是沿着固定轨道行驶的车辆，多指火车。免责事由有受害人故意与不可抗力两种，被侵权人有重大过失的，可减轻经营者责任。<br><br>**案例指引 1**：《杨某某、侯某某与中国铁路上海局集团有限公司、中国铁路上海局集团有限公司南京站铁路运输人身损害责任纠纷案》【《最高人民法院公报》2019 年第 10 期】<br><br>**案例要旨**：在车站设有上下车安全通道，且铁路运输企业已经采取必要的安全措施并尽到警示义务的情况下，受害人未经许可、违反众所周知的安全规则，进入正有列车驶入的车站内轨道、横穿线路，导致生命健康受到损害的，属于《铁路法》第 58 条规定的因受害人自身原因造成人身伤亡的情形，铁路运输企业不承担赔偿责任。<br><br>**案例指引 2**：《杨某某诉鲍某某、陈某、朱某某、某电力公司人身损害侵权责任纠纷案——高压触电人身损害赔偿的案由选择、责任主体、责任分配》【人民法院案例库入库案例，入库编号：2023-16-2-382-001】<br><br>**案例要旨**：1. 高度危险责任实行无过错责任原则，即无须考虑加害人的过错。高度危险责任中的"经营者"，是指能够支配高压、高空和地下挖掘等高度 | 《铁路法》（2015 年修正）<br>**第 58 条** 因铁路行车事故及其他铁路运营事故造成人身伤亡的，铁路运输企业应当承担赔偿责任；如果人身伤亡是因不可抗力或者由于受害人自身的原因造成的，铁路运输企业不承担赔偿责任。<br>违章通过平交道口或者人行过道，或者在铁路线路上行走、坐卧造成的人身伤亡，属于受害人自身的原因造成的人员伤亡。<br><br>**《最高人民法院关于审理铁路运输人身损害赔偿纠纷案件适用法律若干问题的解释》**（2021 年修正）<br><br>**第 5 条** 铁路行车事故及其他铁路运营事故造成人身损害，有下列情形之一的，铁路运输企业不承担赔偿责任：<br>（一）不可抗力造成的；<br>（二）受害人故意以卧轨、碰撞等方式造成的；<br>（三）法律规定铁路运输企业不承担赔偿责任的其他情形造成的。<br><br>**第 6 条** 因受害人的过错行为造成人身损害，依照法律规定应当由铁路运输企业承担 |

| 民法典侵权责任编 | 关联规定 |
| --- | --- |
| 危险活动的运行并从中享受运行利益的主体。2.电力企业作为社会主义国家国有企业,作为专业主体,其职责和追求不仅是通过合法经营获取利润,更应在维护社会安全,为社会提供安定可靠的环境方面承担理应承担的社会责任和企业责任,避免和减少事故的发生,事故发生后尽其力安抚、赔偿受害人、化解纠纷,同时,加强管理维护的科学化、人性化、合理化,更是其后续应有的担当作为。 | 赔偿责任的,根据受害人的过错程度可以适当减轻铁路运输企业的赔偿责任,并按照以下情形分别处理:<br><br>(一)铁路运输企业未充分履行安全防护、警示等义务,铁路运输企业承担事故主要责任的,应当在全部损害的百分之九十至百分之六十之间承担赔偿责任;铁路运输企业承担事故同等责任的,应当在全部损害的百分之六十至百分之五十之间承担赔偿责任;铁路运输企业承担事故次要责任的,应当在全部损害的百分之四十至百分之十之间承担赔偿责任;<br><br>(二)铁路运输企业已充分履行安全防护、警示等义务,受害人仍施以过错行为的,铁路运输企业应当在全部损害的百分之十以内承担赔偿责任。<br><br>铁路运输企业已充分履行安全防护、警示等义务,受害人不听从值守人员劝阻强行通过铁路平交道口、人行过道,或者明知危险后果仍然无视警示规定沿铁路线路纵向行走、坐卧故意造成人身损害的,铁路运输企业不承担赔偿责任,但是有证据证明并非受害人故意造成损害的除外。 |

| 民法典侵权责任编 | 关联规定 |
| --- | --- |
| **第一千二百四十一条** 【遗失、抛弃高度危险物致害的侵权责任】遗失、抛弃高度危险物造成他人损害的，由所有人承担侵权责任。所有人将高度危险物交由他人管理的，由管理人承担侵权责任；所有人有过错的，与管理人承担连带责任。<br>指引：高度危险物的所有人或者管理人应当严格按照有关安全生产规范，对其占有、使用的高度危险物进行储存或者处理。高度危险物的管理人，应具有相应的资质，并按照国家有关安全规范，妥善管理他人所交付的高度危险物。因管理不善，遗失、抛弃高度危险物的，管理人承担侵权责任。所有人只在有过错的情况下，才与管理人承担连带责任。所有人未选择符合资质的管理人或未如实告知说明有关事项，即存在过错。<br>案例指引：《陈某等诉河南安邦文化传播有限公司等遗失、抛弃高度危险物损害责任纠纷案》【蒋晓明：《人民司法·案例》2021年第32期】<br>案例要旨：高度危险物的所有人、管理人、使用人以及受益人，在经营活动中应当对高度危险物尽到高度注意、安全管理和控制危险的义务，因遗失高度危险物造成损害的，应当承担侵权责任。捡拾到来源不明的遗失物，应当返还权利人或者主动报告、上缴有关国家机关，这既是法定的义务，也是社会主义核心价值观的要求，拾而不缴者，应当根据过错严重程度适当减轻侵权人的侵权责任。 | |

| 民法典侵权责任编 | 关联规定 |
| --- | --- |
| **第一千二百四十二条 【非法占有高度危险物致害的侵权责任】** 非法占有高度危险物造成他人损害的，由非法占有人承担侵权责任。所有人、管理人不能证明对防止非法占有尽到高度注意义务的，与非法占有人承担连带责任。<br>**指引：** 非法占有高度危险物，指明知自己无权占有，而通过非法手段对高度危险物进行占有，其中盗窃、抢劫、抢夺都是非法占有的主要形式。非法占有人承担侵权责任的归责原则为无过错责任。若所有人或管理人未尽到高度注意义务，导致高度危险物被非法占有的，应与占有人承担连带责任，尽到"高度注意义务"的举证责任需由所有人、管理人承担。 | |
| **第一千二百四十三条 【未经许可进入高度危险作业区域的致害责任】** 未经许可进入高度危险活动区域或者高度危险物存放区域受到损害，管理人能够证明已经采取足够安全措施并尽到充分警示义务的，可以减轻或者不承担责任。<br>**指引：** 对于受害人未经许可进入高度危险活动区域或者高度危险物存放区域而受到损害的情形，如果管理人尽到了采取足够安全措施并且充分警示的义务，则该管理人就可以减轻或者免除责任。概言之，这一免责事由的构成：一是必须在高度危险活动区或者高度危险物的存放区；二是高度危险活动人或者 | 《铁路法》（2015 年修正）<br>第 51 条 禁止在铁路线路上行走、坐卧。对在铁路线路上行走、坐卧的，铁路职工有权制止。<br>《最高人民法院关于审理铁路运输人身损害赔偿纠纷案件适用法律若干问题的解释》（2021 年修正）<br>第 6 条 因受害人的过错行为造成人身损害，依照法律规定应当由铁路运输企业承担赔偿责任的，根据受害人的过错程度可以适当减轻铁路运输 |

| 民法典侵权责任编 | 关联规定 |
| --- | --- |
| 高度危险物占有人、所有人、管理人已经相当注意，设置了明显标志和安全措施，尽到了充分的警示、保护义务；三是受害人未经许可进入该区域，造成损害。具备上述这三项条件，应当免责。已经尽到采取足够安全措施并充分警示的义务，举证责任由管理人承担。<br>**案例指引**：《杨某某、侯某某与中国铁路上海局集团有限公司、中国铁路上海局集团有限公司南京站铁路运输人身损害责任纠纷案》【《最高人民法院公报》2019年第10期】<br>**案例要旨**：在车站设有上下车安全通道，且铁路运输企业已经采取必要的安全措施并尽到警示义务的情况下，受害人未经许可、违反众所周知的安全规则，进入正有列车驶入的车站内轨道、横穿线路，导致生命健康受到损害的，属于因受害人自身原因造成人身伤亡的情形，铁路运输企业不承担赔偿责任。 | 企业的赔偿责任，并按照以下情形分别处理：<br>（一）铁路运输企业未充分履行安全防护、警示等义务，铁路运输企业承担事故主要责任的，应当在全部损害的百分之九十至百分之六十之间承担赔偿责任；铁路运输企业承担事故同等责任的，应当在全部损害的百分之六十至百分之五十之间承担赔偿责任；铁路运输企业承担事故次要责任的，应当在全部损害的百分之四十至百分之十之间承担赔偿责任；<br>（二）铁路运输企业已充分履行安全防护、警示等义务，受害人仍施以过错行为的，铁路运输企业应当在全部损害的百分之十以内承担赔偿责任。<br>铁路运输企业已充分履行安全防护、警示等义务，受害人不听从值守人员劝阻强行通过铁路平交道口、人行过道，或者明知危险后果仍然无视警示规定沿铁路线路纵向行走、坐卧故意造成人身损害的，铁路运输企业不承担赔偿责任，但是有证据证明并非受害人故 |

| 民法典侵权责任编 | 关联规定 |
| --- | --- |
|  | 意造成损害的除外。<br>**第 10 条** 对于铁路桥梁、涵洞等设施负有管理、维护等职责的单位，因未尽职责使该铁路桥梁、涵洞等设施不能正常使用，导致行人、车辆穿越铁路线路造成人身损害的，铁路运输企业按照本解释有关规定承担赔偿责任后，有权向该单位追偿。<br>**《最高人民法院关于审理道路交通事故损害赔偿案件适用法律若干问题的解释》**(2020 年修正)<br>**第 7 条** 因道路管理维护缺陷导致机动车发生交通事故造成损害，当事人请求道路管理者承担相应赔偿责任的，人民法院应予支持。但道路管理者能够证明已经依照法律、法规、规章的规定，或者按照国家标准、行业标准、地方标准的要求尽到安全防护、警示等管理维护义务的除外。<br>依法不得进入高速公路的车辆、行人，进入高速公路发生交通事故造成自身损害，当事人请求高速公路管理者承担赔偿责任的，适用民法典第一千二百四十三条的规定。 |

| 民法典侵权责任编 | 关联规定 |
| --- | --- |
|  | 《危险化学品安全管理条例》（2013年修订）<br>**第20条** 生产、储存危险化学品的单位，应当根据其生产、储存的危险化学品的种类和危险特性，在作业场所设置相应的监测、监控、通风、防晒、调温、防火、灭火、防爆、泄压、防毒、中和、防潮、防雷、防静电、防腐、防泄漏以及防护围堤或者隔离操作等安全设施、设备，并按照国家标准、行业标准或者国家有关规定对安全设施、设备进行经常性维护、保养，保证安全设施、设备的正常使用。<br>生产、储存危险化学品的单位，应当在其作业场所和安全设施、设备上设置明显的安全警示标志。 |
| **第一千二百四十四条** 【高度危险责任赔偿限额】承担高度危险责任，法律规定赔偿限额的，依照其规定，但是行为人有故意或者重大过失的除外。<br>指引：高度危险责任系无过错责任，法律对于高度危险责任人的要求非常严格。但从行业发展与权利义务平衡的角度看，法律须考虑在这种严格责任的前提下确定相应责任限额。在行为人有故意或者重大过失的情形下，不再适用法律 | 《民用航空法》（2021年修正）<br>**第129条** 国际航空运输承运人的赔偿责任限额按照下列规定执行：<br>（一）对每名旅客的赔偿责任限额为16600计算单位；但是，旅客可以同承运人书面约定高于本项规定的赔偿责任限额。 |

| 民法典侵权责任编 | 关联规定 |
| --- | --- |
| 特别规定的限额责任规则。目前，我国主要在航空、铁路、核事故中规定了高度危险责任赔偿限额。"但书"条款的规定，不能理解为完全排除本条前段关于限额赔偿的规定，而是赋予了受害人选择权，允许其基于自身利益判断作出合理选择。这一"但书"规定构成了一般规则之外的特别规则，应当具有优先适用的效力。 | （二）对托运行李或者货物的赔偿责任限额，每公斤为17计算单位。旅客或者托运人在交运托运行李或者货物时，特别声明在目的地点交付时的利益，并在必要时支付附加费的，除承运人证明旅客或者托运人声明的金额高于托运行李或者货物在目的地点交付时的实际利益外，承运人应当在声明金额范围内承担责任。<br>托运行李或者货物的一部分或者托运行李、货物中的任何物件毁灭、遗失、损坏或者延误的，用以确定承运人赔偿责任限额的重量，仅为该一包件或者数包件的总重量；但是，因托运行李或者货物的一部分或者托运行李、货物中的任何物件的毁灭、遗失、损坏或者延误，影响同一份行李票或者同一份航空货运单所列其他包件的价值的，确定承运人的赔偿责任限额时，此种包件的总重量也应当考虑在内。<br>（三）对每名旅客随身携带的物品的赔偿责任限额为332计算单位。<br>《海商法》<br>**第117条** 除本条第四款 |

| 民法典侵权责任编 | 关联规定 |
| --- | --- |
|  | 规定的情形外，承运人在每次海上旅客运输中的赔偿责任限额，依照下列规定执行：<br>（一）旅客人身伤亡的，每名旅客不超过 46666 计算单位；<br>（二）旅客自带行李灭失或者损坏的，每名旅客不超过 833 计算单位；<br>（三）旅客车辆包括该车辆所载行李灭失或者损坏的，每一车辆不超过 3333 计算单位；<br>（四）本款第（二）、（三）项以外的旅客其他行李灭失或者损坏的，每名旅客不超过 1200 计算单位。<br>承运人和旅客可以约定，承运人对旅客车辆和旅客车辆以外的其他行李损失的免赔额。但是，对每一车辆损失的免赔额不得超过 117 计算单位，对每名旅客的车辆以外的其他行李损失的免赔额不得超过 13 计算单位。在计算每一车辆或者每名旅客的车辆以外的其他行李的损失赔偿数额时，应当扣除约定的承运人免赔额。<br>承运人和旅客可以书面约定高于本条第一款规定的赔偿责任限额。 |

| 民法典侵权责任编 | 关联规定 |
| --- | --- |
| | 中华人民共和国港口之间的海上旅客运输，承运人的赔偿责任限额，由国务院交通主管部门制订，报国务院批准后施行。<br>　　**第 118 条**　经证明，旅客的人身伤亡或者行李的灭失、损坏，是由于承运人的故意或者明知可能造成损害而轻率地作为或者不作为造成的，承运人不得援用本法第一百一十六条和第一百一十七条限制赔偿责任的规定。<br>　　经证明，旅客的人身伤亡或者行李的灭失、损坏，是由于承运人的受雇人、代理人的故意或者明知可能造成损害而轻率地作为或者不作为造成的，承运人的受雇人、代理人不得援用本法第一百一十六条和第一百一十七条限制赔偿责任的规定。 |
| **第九章　饲养动物损害责任** | |
| **第一千二百四十五条　【饲养动物损害责任一般规定】**饲养的动物造成他人损害的，动物饲养人或者管理人应当承担侵权责任；但是，能够证明损害是因被侵权人故意或者重大过失造成的，可以不承担或者减轻责任。 | 《民法典》<br>　　**第 1247 条**　禁止饲养的烈性犬等危险动物造成他人损害的，动物饲养人或者管理人应当承担侵权责任。 |

| 民法典侵权责任编 | 关联规定 |
| --- | --- |
| **指引**：动物饲养人或管理人指实际承担饲养动物危险控制责任的人，包括本权人、占有人、保管人等，均为责任主体。饲养动物侵权一般使用无过错责任。但在饲养人对所饲养的动物不具有高度的排他性支配的场合，特别是饲养动物的目的在于使动物与被侵权人互动或者供被侵权人观赏接触，那么显然已经区别于饲养动物侵权的一般情形，因而不宜再适用无过错责任，而应适用过错推定责任。在能够证明被侵权人的损害是其故意或者重大过失造成的，动物饲养人或管理人可以不承担或者减轻责任。但有一种情形即使被侵权人存在故意或者重大过失也无法减免责，即明确规定禁止饲养的烈性犬等危险动物致人损害的情形，《民法典侵权编解释一》第23条对此亦进行了规定。<br><br>**案例指引1**：《欧某诉高某饲养动物损害责任纠纷案》【《最高人民法院公报》2019年第10期】<br><br>**案例要旨**：饲养动物损害责任纠纷案件中，饲养动物虽未直接接触受害人，但因其追赶、逼近等危险动作导致受害人摔倒受伤的，应认定其与损害与受害人发生结果之间存在因果关系。动物饲养人或管理人不能举证证明受害人对损害的发生存在故意或者重大过失的，应当 | 《最高人民法院关于适用〈中华人民共和国民法典〉侵权责任编的解释（一）》<br><br>**第23条** 禁止饲养的烈性犬等危险动物造成他人损害，动物饲养人或者管理人主张不承担责任或者减轻责任的，人民法院不予支持。 |

| 民法典侵权责任编 | 关联规定 |
|---|---|
| 承担全部的侵权责任。<br><br>**案例指引 2**：《张某甲诉张某乙饲养动物损害责任纠纷案——犬只追逐路人致其受惊吓摔伤，饲养人、管理人承担赔偿责任》【人民法院案例库入库案例，入库编号：2024-07-2-380-002】<br>　　**案例要旨**：饲养动物的危险性并不仅指身体上的直接接触所致伤害，给他人造成的惊吓也属危险之一。被侵权人的受伤与侵权人饲养的动物使被侵权人受到惊吓的行为之间存在因果关系的，若侵权人作为动物的饲养人，未尽到合理的管理义务，不能证明被侵权人存在故意，应当承担全部赔偿责任。<br><br>**案例指引 3**：《安某诉缪某饲养动物损害责任纠纷案——孕妇被犬咬伤后终止妊娠，饲养人、管理人承担赔偿责任》【人民法院案例库入库案例，入库编号：2024-07-2-380-003】<br>　　**案例要旨**：认定被犬只咬伤注射狂犬病疫苗是否与终止妊娠间存在因果关系时，除依赖鉴定、医学结论外，还应考量一般社会认知并兼顾社会伦理，注重裁判结果的社会价值引导，原则上认定犬只致人损害后注射疫苗和终止妊娠之间存在因果关系，终止妊娠产生的损害应由侵权人赔偿。 | |

| 民法典侵权责任编 | 关联规定 |
| --- | --- |
| **第一千二百四十六条** 【未对动物采取安全措施损害责任】违反管理规定，未对动物采取安全措施造成他人损害的，动物饲养人或者管理人应当承担侵权责任；但是，能够证明损害是因被侵权人故意造成的，可以减轻责任。<br>**指引**：本条是关于饲养人或管理人违反管理规定未采取安全措施致他人损害的特别规定。《民法典》第1245条规定是饲养动物致害侵权的一般归责原则。两条之间具有一般法与特殊法的法条竞合关系，应适用特别法优先的法理，即本条应优先适用。此外，在适用本条时应注意举证责任的分配问题。适用本条被侵权人的举证责任与适用《民法典》第1245条的举证责任有所不同，被侵权人除需要举证证明损害事实、损害结果及损害事实与损害结果之间的因果关系外，还需证明动物饲养人或管理人违反了相关管理规定及未对动物采取必要的安全措施。<br>**案例指引1**：《欧某诉高某饲养动物损害责任纠纷案》【《最高人民法院公报》2019年第10期】<br>    案例要旨：饲养动物损害责任纠纷案件中，饲养动物虽未直接接触受害人，但因其追赶、逼近等危险动作导致受害人摔倒受伤的，应认定其与损害与受害人发生结果之间存在因果关系。动物饲养人或管理人不能举证证明受害人对损害的发生存在故意或者重大过失的，应当承担全部的侵权责任。 | |

| 民法典侵权责任编 | 关联规定 |
| --- | --- |
| **案例指引 2：**《洪某某诉欧某、斯某饲养动物损害责任纠纷案——任由未成年人遛犬致人损害，饲养人、管理人承担赔偿责任》【人民法院案例库入库案例，入库编号：2024-07-2-380-001】<br>案例要旨：动物饲养人或者管理人任由未成年人单独遛犬致人损害，违反了动物饲养管理规定，除被侵权人对损害的发生存在故意外，饲养人、管理人承担全部赔偿责任。<br>**案例指引 3：**《李某诉张某饲养动物损害责任纠纷案》【《人民法院报》2022年5月14日第3版】<br>案例要旨：饲养人违反养犬管理规定，未办理登记和年检，也未实行拴养和圈养，导致所饲养的犬只造成他人人身损害的，应承担相应的民事赔偿责任。 | |
| **第一千二百四十七条 【禁止饲养的危险动物损害责任】**禁止饲养的烈性犬等危险动物造成他人损害的，动物饲养人或者管理人应当承担侵权责任。<br>**指引：**如前所言，本条规定的情形不存在以被侵权人故意或重大过失而生的饲养人或管理人的减免责，可谓"最严格的无过错责任"。如此在于进一步强化动物饲养人、管理人责任意识，维护动物饲养管理秩序，保障群众生命财产安全。此外，禁止饲养的危险动物的范围广泛，并不限于本条提及的烈性犬，还包括凶猛的野生动物，如狮子、老虎 | 《最高人民法院关于适用〈中华人民共和国民法典〉侵权责任编的解释（一）》<br>**第23条** 禁止饲养的烈性犬等危险动物造成他人损害，动物饲养人或者管理人主张不承担责任或者减轻责任的，人民法院不予支持。 |

| 民法典侵权责任编 | 关联规定 |
| --- | --- |
| 等。禁止饲养的危险动物自身极具危险性，该危险并非动物饲养人或管理人可以控制，且饲养人（管理人）违反禁止性规定饲养烈性犬等动物，本身具有可非难性，故应当适用严格责任。<br><br>**案例指引**：《徐某某诉刘某某饲养动物损害责任纠纷案——禁止饲养的大型犬致人损害，饲养人、管理人承担全部赔偿责任》【人民法院案例库入库案例，入库编号：2024-07-2-380-004】<br><br>案例要旨：禁止饲养的烈性犬、大型犬等危险动物造成他人损害，动物饲养人或者管理人以被侵权人、第三人存在故意或者重大过失为由，主张不承担责任或者减轻责任的，人民法院不予支持。 | |
| **第一千二百四十八条 【动物园饲养动物损害责任】** 动物园的动物造成他人损害的，动物园应当承担侵权责任；但是，能够证明尽到管理职责的，不承担侵权责任。<br><br>**指引**：动物园动物致害责任适用过错推定原则，动物园负有高度注意义务，只有能够证明已经采取足够的安全措施，并尽到充分的警示义务，才能认定为没有过错。若动物园能证明设施、设备没有瑕疵，有明显警示装置，管理人员对游客投打、挑逗、擅自翻越栏杆靠近动物等行为进行了劝阻，应尽的管理职责已尽到，动物园可不承担侵权责任。 | 《城市动物园管理规定》<br>**第21条** 动物园管理机构应当完善各项安全设施，加强安全管理，确保游人、管理人员和动物的安全。<br><br>动物园管理机构应当加强对游人的管理，严禁游人在动物展区内惊扰动物和大声喧哗，闭园后禁止在动物展区进行干扰动物的各种活动。 |

| 民法典侵权责任编 | 关联规定 |
| --- | --- |
| 案例指引：《谢某某诉某动物园饲养动物致人损害纠纷案》【《最高人民法院公报》2013 年第 8 期】<br>　　案例要旨：某动物园作为专门饲养管理动物的机构较一般动物饲养人有着更高的注意和管理义务。金属隔离护栏除警示的作用外亦应负担着一定的隔离作用，而护栏之间 15 厘米的间距，存在着不能杜绝幼童钻入的可能性。另外，本案事发时某动物园无工作人员在场。事发后，某动物园又缺乏有效的紧急联系方式供需要帮助的游客与园方取得联络，致使谢某某一方不能及时进行手指被咬伤后的紧急善后处理，只能自行至医院救治。基于以上原因，某动物园未尽到管理职责。综合本案双方过错情况，原审法院酌定谢某某的法定代理人对谢某某的受伤承担 60% 的责任，某动物园承担 40% 的责任。 | |
| **第一千二百四十九条　【遗弃、逃逸动物损害责任】**遗弃、逃逸的动物在遗弃、逃逸期间造成他人损害的，由动物原饲养人或者管理人承担侵权责任。<br>　　指引：遗弃的动物，指动物原主人主动放弃所有权的动物。逃逸的动物，指在原主人意志外丧失占有的动物。无论是饲养人或者管理人主动放弃对动物的占有，还是被动丧失对动物的占有，只要客观上造成动物离开饲养人或者管理人管控范围，造成他人损害的，都应由原饲养人或者管理人承担侵权责任。 | |

| 民法典侵权责任编 | 关联规定 |
| --- | --- |
| **第一千二百五十条** 【因第三人过错致使动物致害责任】因第三人的过错致使动物造成他人损害的,被侵权人可以向动物饲养人或者管理人请求赔偿,也可以向第三人请求赔偿。动物饲养人或者管理人赔偿后,有权向第三人追偿。<br>**指引**:此处第三人指受害人和动物的饲养人或管理人以外的其他主体。受害人作为赔偿权利人,可根据自己的意愿选择要求第三人抑或动物的饲养人或管理人赔偿。若第三人过错是损害发生的唯一原因,即损害纯粹是第三人导致,理论上第三人应当承担全部责任。动物的饲养人或者管理人赔偿后可向第三人全部追偿。若第三人的过错只是导致损害的部分原因,对于饲养人或者管理人来说,承担责任后向第三人追偿时,不能针对全部责任进行追偿,应适用《民法典》第1172条的规定,按照原因力大小确定相应责任后进行追偿。 | |
| **第一千二百五十一条** 【饲养动物应负的社会责任】饲养动物应当遵守法律法规,尊重社会公德,不得妨碍他人生活。<br>**指引**:饲养动物不单单是自己的事情,还与他人、小区、环境等产生联系。所以规定饲养动物应遵守法律法规,尊重社会公德,不得妨碍他人生活。倡导文明饲养动物,推动社会形成人与动物和谐相处的良好氛围。 | 《治安管理处罚法》(2012年修正)<br>第75条 饲养动物,干扰他人正常生活的,处警告;警告后不改正的,或者放任动物恐吓他人的,处二百元以上五百元以下罚款。<br>驱使动物伤害他人的,依照本法第四十三条第一款的规定处罚。 |

| 民法典侵权责任编 | 关联规定 |
| --- | --- |
|  | **《动物防疫法》**（2021年修订）<br><br>**第17条** 饲养动物的单位和个人应当履行动物疫病强制免疫义务，按照强制免疫计划和技术规范，对动物实施免疫接种，并按照国家有关规定建立免疫档案、加施畜禽标识，保证可追溯。<br><br>实施强制免疫接种的动物未达到免疫质量要求，实施补充免疫接种后仍不符合免疫质量要求的，有关单位和个人应当按照国家有关规定处理。<br><br>用于预防接种的疫苗应当符合国家质量标准。 |
| **第十章 建筑物和物件损害责任** | |
| **第一千二百五十二条** 【建筑物、构筑物或者其他设施倒塌、塌陷致害责任】建筑物、构筑物或者其他设施倒塌、塌陷造成他人损害的，由建设单位与施工单位承担连带责任，但是建设单位与施工单位能够证明不存在质量缺陷的除外。建设单位、施工单位赔偿后，有其他责任人的，有权向其他责任人追偿。<br><br>因所有人、管理人、使用人或者第三人的原因，建筑物、构筑物或者其他设施倒塌、塌陷造成他人损害的，由所有人、管理人、使用人或者第三人承担侵权责任。 | **《建筑法》**（2019年修正）<br>**第79条** 负责颁发建筑工程施工许可证的部门及其工作人员对不符合施工条件的建筑工程颁发施工许可证的，负责工程质量监督检查或者竣工验收的部门及其工作人员对不合格的建筑工程出具质量合格文件或者按合格工程验收的，由上级机关责令改正，对责任人员给予行政处分；构成犯罪的，依法追究刑事责任；造成损失的，由该部门承担相应的赔偿责任。 |

| 民法典侵权责任编 | 关联规定 |
| --- | --- |
| **指引**：建筑物、构筑物或者其他设施因质量缺陷发生倒塌、塌陷致人损害的第一责任人为建设单位与施工单位。建设单位是建设工程的业主和发包人，施工单位包括建设工程的承包人、分包人、转包人和实际施工人，但不包括个人。建设单位与施工单位之间为连带责任，受害人既可以请求建设单位承担侵权责任，也可以请求施工单位承担侵权责任，还可以请求两者共担责任。但能证明不存在质量缺陷的除外。<br>**案例指引 1**：《杨某诉北京均某公司建筑物、构筑物倒塌、塌陷损害责任纠纷案》【《人民法院报》2021 年 1 月 21 日第 3 版】<br>**案例要旨**：经营者不能充分证实其已尽到对其所有的厕所及化粪池修缮、维护等管理义务，因化粪池盖板断裂造成受害人溺亡，且该过错与受害人死亡之间存在因果关系的，应当承担与其过错相应的赔偿责任。<br>**案例指引 2**：《魏某诉某控股集团有限公司、某物业管理有限公司、刘某凤建筑物、构筑物倒塌损害责任纠纷案》【郑小苗、胡瑞：《人民司法·案例》2020 年第 32 期】<br>**案例要旨**：因开发建设者、管理者、第三人及受害人共同原因导致建筑物等设施倒塌致人损害的，在划分各自承担责任比例时，应综合考虑各方的过错程度、 | |

| 民法典侵权责任编 | 关联规定 |
|---|---|
| 规避风险的能力、获益以及预期等因素。一般而言，要考察该建筑物倒塌的真正原因是质量问题、设计问题、管理者责任还是侵权人本人过错等因素综合进行判断，并衡平各方当事人之间的利益。 | |
| **第一千二百五十三条　【建筑物、构筑物或者其他设施及其搁置物、悬挂物脱落、坠落致害责任】** 建筑物、构筑物或者其他设施及其搁置物、悬挂物发生脱落、坠落造成他人损害，所有人、管理人或者使用人不能证明自己没有过错的，应当承担侵权责任。所有人、管理人或者使用人赔偿后，有其他责任人的，有权向其他责任人追偿。<br><br>指引：关于建筑物、构筑物或其他设施及其搁置物、悬挂物脱落、坠落致害责任，采用过错推定的归责原则。由于被侵权人通常并不了解建筑物等设施及其搁置物、悬挂物的管理、维护情况，难以获得足够的证据。而所有人、管理人或者使用人对其所有、管理、使用的工作物及其搁置物、悬挂物负有管理和维护义务，这些设施或物体发生脱落、坠落往往与所有人、管理人或者使用人的设置、管理、维护瑕疵具有直接关系。在物件脱落、坠落损害责任中采用过错推定原则，符合国际立法通例及我国社会生活实际，对减轻受害人举证责任、确立行为标准、淳化道德风尚、预防损害发生具有重要意义。 | |

| 民法典侵权责任编 | 关联规定 |
| --- | --- |
| **案例指引 1**：《杨某杰诉某食品商行生命权、身体权、健康权纠纷案——建筑物、构筑物等脱落造成他人损害，所有人、管理人不能证明自己没有过错的，应当承担侵权责任》【人民法院案例库入库案例，入库编号：2024-18-2-001-006】<br>案例要旨：建筑物、构筑物或者其他设施及其搁置物、悬挂物发生脱落、坠落造成他人损害，所有人、管理人或者使用人不能证明自己没有过错的，应当承担侵权责任。所有人、管理人或者使用人赔偿后，有其他责任人的，有权向其他责任人追偿。（笔者注：该案例要旨与法条规定接近）<br>**案例指引 2**：《深圳市某科技股份有限公司诉深圳市某物业管理有限公司、深圳市某电子股份有限公司物件损害责任纠纷案——涉台风天气高空坠物的责任认定》【人民法院案例库入库案例，入库编号：2024-07-2-381-001】<br>案例要旨：1. 建筑物和物件脱落的事实表明缺陷是客观存在，且未采取足够的安全防护措施，故所有人、管理人、使用人不能简单以证明自己尽过注意义务或维修义务而要求免责，而应根据善良管理人的标准证明其无过错，否则应承担相应的赔偿责任。2. 出现多个行为或者因素造成同一损害后果（多因一果）的因果关系形态，应根据各个行为或因素对损害后果发生或者扩大的原因力大小划分侵权责任。 | |

| 民法典侵权责任编 | 关联规定 |
| --- | --- |
| 第一千二百五十四条　【高空抛掷物、坠落物致害责任】禁止从建筑物中抛掷物品。从建筑物中抛掷物品或者从建筑物上坠落的物品造成他人损害的，由侵权人依法承担侵权责任；经调查难以确定具体侵权人的，除能够证明自己不是侵权人的外，由可能加害的建筑物使用人给予补偿。可能加害的建筑物使用人补偿后，有权向侵权人追偿。<br>　　物业服务企业等建筑物管理人应当采取必要的安全保障措施防止前款规定情形的发生；未采取必要的安全保障措施的，应当依法承担未履行安全保障义务的侵权责任。<br>　　发生本条第一款规定的情形的，公安等机关应当依法及时调查，查清责任人。<br>　　**指引**：关于高空抛物的法律适用问题，第1款开宗明义，表明对高空抛物的禁止态度。明确从建筑物中抛掷物品或者从建筑物上坠落的物品造成他人损害时，由侵权人依法承担侵权责任为一般规则，由可能加害的建筑物使用人给予补偿为例外规则。又新增物业服务企业等建筑物管理人的责任，"未采取必要的安全保障措施的，应当依法承担未履行安全保障义务的侵权责任"的规定。本条亦新增公安等机关应当依法及时调查的责任。此外，为切实维护群众"头顶上的安全"，消除"悬在城市上空的痛"，《民法典侵权编解释一》通过第24条、第25条 | 《最高人民法院关于适用〈中华人民共和国民法典〉时间效力的若干规定》<br>　　**第19条**　民法典施行前，从建筑物中抛掷物品或者从建筑物上坠落的物品造成他人损害引起的民事纠纷案件，适用民法典第一千二百五十四条的规定。<br>《最高人民法院关于适用〈中华人民共和国民法典〉侵权责任编的解释（一）》<br>　　**第24条**　物业服务企业等建筑物管理人未采取必要的安全保障措施防止从建筑物中抛掷物品或者从建筑物上坠落的物品造成他人损害，具体侵权人、物业服务企业等建筑物管理人作为共同被告的，人民法院应当依照民法典第一千一百九十八条第二款、第一千二百五十四条的规定，在判决中明确，未采取必要安全保障措施的物业服务企业等建筑物管理人在人民法院就具体侵权人的财产依法强制执行后仍不能履行的范围内，承担与其过错相应的补充责任。<br>　　**第25条**　物业服务企业等建筑物管理人未采取必要的安全保障措施防止从建筑物中 |

| 民法典侵权责任编 | 关联规定 |
| --- | --- |
| 就高空抛掷物、坠落物致害责任的实体和程序规则作了进一步规定。第24条明确高空抛掷物、坠落物造成他人损害的，具体侵权人是第一责任主体，未采取必要安全保障措施的物业服务企业承担顺位在后的补充责任。第25条明确无法确定高空抛掷物、坠落物致害的具体侵权人的，未采取必要安全保障措施的物业服务企业等建筑物管理人先行承担与其过错相应的责任。被侵权人其余部分的损害，由可能加害的建筑物使用人给予适当补偿。上述责任主体承担责任后有权向将来确定的具体侵权人追偿。<br><br>**案例指引 1**：《庾某娴诉黄某辉高空抛物损害责任纠纷案》【最高人民法院发布人民法院贯彻实施民法典典型案例（第一批）①】<br><br>案例要旨：在高空抛物损害责任纠纷案件中，人民法院依法判决高空抛物者承担赔偿责任，有利于通过公正裁判树立行为规则，进一步强化高空抛物、坠物行为预防和惩治工作，也有利于更好地保障居民合法权益，切实增强人民群众的幸福感、安全感。<br><br>**案例指引 2**：《陈某诉某某等不明抛掷物、坠落物损害责任纠纷案》【国家法官学院、中国人民大学法学院编：《中国审判案例要览（2015年民事审判案例卷）》，中国 | 抛掷物品或者从建筑物上坠落的物品造成他人损害，经公安等机关调查，在民事案件一审法庭辩论终结前仍难以确定具体侵权人的，未采取必要安全保障措施的物业服务企业等建筑物管理人承担与其过错相应的责任。被侵权人其余部分的损害，由可能加害的建筑物使用人给予适当补偿。<br><br>具体侵权人确定后，已经承担责任的物业服务企业等建筑物管理人、可能加害的建筑物使用人向具体侵权人追偿的，人民法院依照民法典第一千一百九十八条第二款、第一千二百五十四条第一款的规定予以支持。<br><br>**《最高人民法院关于依法妥善审理高空抛物、坠物案件的意见》**<br><br>10. 综合运用民事诉讼证据规则。人民法院在适用侵权责任法第八十七条裁判案件时，对能够证明自己不是侵权人的"可能加害的建筑物使用人"，依法予以免责。要加大依职权调查取证力度，积极主 |

---

① 载中华人民共和国最高人民法院网站，https://www.court.gov.cn/zixun/xiangqing/347181.html，2024年10月1日访问。

| 民法典侵权责任编 | 关联规定 |
| --- | --- |
| 人民大学出版社2017年版，第99页】<br>案例要旨：当真正的加害人难以确定时，采取推定加害人的方法，即承担损害责任的主体为可能加害的建筑物使用人，该规定的责任是补偿责任，这是由其责任基础所决定的。由于无法找出具体的侵权行为人，如果对受害人不进行赔偿，那么对受害人是极不公平的，对社会秩序的稳定也是不利的。因此，从损失分担的公平角度来说，规定可能加害人对受害人给予适当的补偿是合理的，也正是由于责任基础的不确定性，所以才明确的是补偿责任。 | 动向物业服务企业、周边群众、技术专家等询问查证，加强与公安部门、基层组织等沟通协调，充分运用日常生活经验法则，最大限度查找确定直接侵权人并依法判决其承担侵权责任。<br>12. 依法确定物业服务企业的责任。物业服务企业不履行或者不完全履行物业服务合同约定或者法律法规规定、相关行业规范确定的维修、养护、管理和维护义务，造成建筑物及其搁置物、悬挂物发生脱落、坠落致使他人损害的，人民法院依法判决其承担侵权责任。有其他责任人的，物业服务企业承担责任后，向其他责任人行使追偿权的，人民法院应予支持。物业服务企业隐匿、销毁、篡改或者拒不向人民法院提供相应证据，导致案件事实难以认定的，应当承担相应的不利后果。 |
| **第一千二百五十五条　【堆放物致害责任】**堆放物倒塌、滚落或者滑落造成他人损害，堆放人不能证明自己没有过错的，应当承担侵权责任。<br>**指引**：堆放物，指将动产堆积在土地上或者其他地方而形成的物。堆放物只能是动产，非固定在土地或者其他物体之上，通常是临时堆积形成的。这些物品 | |

| 民法典侵权责任编 | 关联规定 |
| --- | --- |
| 在没有堆放、垒高的情况下，一般不会对他人造成损害，但若堆放不当，则会产生一定的危险性。堆放人对堆放物有管护义务，应当合理选择堆放地点、堆放高度，确保堆放稳固并进行看管。采用过错推定原则更有助于堆放人履行上述义务。 | |
| **第一千二百五十六条 【在公共道路上妨碍通行物品的致害责任】** 在公共道路上堆放、倾倒、遗撒妨碍通行的物品造成他人损害的，由行为人承担侵权责任。公共道路管理人不能证明已经尽到清理、防护、警示等义务的，应当承担相应的责任。<br>**指引**：所谓公共道路，既包括机动车道路，也包括人行道路、广场、停车场等可供公共通行的场地，建筑区划内属业主共有但允许不特定的公众通行的道路也属公共道路。依据本条，堆放人、倾倒人、遗撒人对自己的行为承担完全赔偿责任。公共道路管理人采用过错推定的归责原则，承担的责任为"相应的责任"，即其责任范围应根据公共道路管理人的过错程度具体确定。<br>**案例指引1**：《姚某与某城市管理局、某环境卫生管理处公共道路妨碍通行责任纠纷案》【《最高人民法院公报》2015年第1期】<br>**案例要旨**：在公共交通道路上堆放、倾倒、遗撒妨碍他人通行的物品，无法 | 《公路法》（2017年修正）<br>第35条 公路管理机构应当按照国务院交通主管部门规定的技术规范和操作规程对公路进行养护，保证公路经常处于良好的技术状态。 |

| 民法典侵权责任编 | 关联规定 |
| --- | --- |
| 确定具体行为人时，环卫机构作为具体负责道路清扫的责任单位，应当根据路面的实际情况制定相应的巡查频率和保洁制度，并在每次巡查保洁后保存相应的记录，保持路面基本见本色，保障安全通行。环卫机构未能提供其巡回保洁和及时清理的相关记录，应当认定其未尽到清理、保洁的义务，对他人因此受伤产生的损失，依法应承担相应的赔偿责任。<br>**案例指引 2：《胡某诉某交通运输局财产损害赔偿纠纷案》【史秀永、王敏：《人民司法·案例》2021 年第 14 期】**<br>案例要旨：暴雨致桥下路段积水较深，造成他人车辆损害，事发路段所属道路管理人除因不可抗力不能履行管理职责外，对造成损害的桥下路段积水不能证明已经尽到清理、防护、警示等义务的，应当根据其过错程度承担相应的赔偿责任。如果事发路段所属道路管理人存在重大过错和严重失职行为，则应当承担全部赔偿责任。 | |
| **第一千二百五十七条 【林木致害的责任】** 因林木折断、倾倒或者果实坠落等造成他人损害，林木的所有人或者管理人不能证明自己没有过错的，应当承担侵权责任。<br>**指引**：林木所有人或管理人对其所有或管理的林木负有管理、维护的义务，应对林木采取合理的修剪及必要的防护措施，防止林木对社会公众的人身、财产安全造成威胁。林木致人损害时，采取过 | 《森林法》（2019 年修订）<br>第 20 条 国有企业事业单位、机关、团体、部队营造的林木，由营造单位管护并按照国家规定支配林木收益。<br>农村居民在房前屋后、自留地、自留山种植的林木，归个人所有。城镇居民在自有房屋的庭院内种植的林木，归个人所有。 |

| 民法典侵权责任编 | 关联规定 |
| --- | --- |
| 错推定归责原则，由所有人或管理人举证证明其已尽管理、维护义务，且不存在主观过错。需注意的是，林木折断、倾倒或者果实坠落等应是自然发生的，才适用本条。若林木折断、倾倒或者果实坠落等是由人为原因造成的，如故意折断林木砸伤路人或者在树上采摘果实袭击他人等，则应适用过错侵权责任一般条款的规定，由侵权行为人承担赔偿责任。<br>**案例指引**：《吴某某诉钟某某、某市城市综合管理局林木折断损害责任纠纷案》【最高人民法院中国应用法学研究所编：《人民法院案例选》2017年第6辑（总第112辑），人民法院出版社2017年版，第128页】<br>案例要旨：某人步行途经某房屋围墙外时，被院内突然折断坠落的树枝砸伤，除房屋所有人应承担责任外，作为具备相关专业知识的管理部门，在得知涉案林木存在重大安全隐患后，未能及时提供技术指导，也应承担相应责任。 | 集体或者个人承包国家所有和集体所有的宜林荒山荒地荒滩营造的林木，归承包的集体或者个人所有；合同另有约定的从其约定。<br>其他组织或者个人营造的林木，依法由营造者所有并享有林木收益；合同另有约定的从其约定。 |
| **第一千二百五十八条　【公共场所或道路施工致害责任和窨井等地下设施致害责任】**在公共场所或者道路上挖掘、修缮安装地下设施等造成他人损害，施工人不能证明已经设置明显标志和采取安全措施的，应当承担侵权责任。<br>窨井等地下设施造成他人损害，管理人不能证明尽到管理职责的，应当承担侵权责任。<br>**指引**：地面施工造成损害，采用过错 | 《公路法》（2017年修正）<br>**第32条**　改建公路时，施工单位应当在施工路段两端设置明显的施工标志、安全标志。需要车辆绕行的，应当在绕行路口设置标志；<br>不能绕行的，必须修建临时道路，保证车辆和行人通行。<br>《道路交通安全法》（2021年修正） |

| 民法典侵权责任编 | 关联规定 |
|---|---|
| 推定归责原则，其造成的损害，主要是人身伤亡，但也可能是财产损害。损害结果应当实际发生，如果仅仅形成了危险或妨碍，则不适用。在公共场所或道路上进行地面施工作业时，设置明显标志和采取安全措施是施工人的法定义务，故对此其负有证明责任。地下设施损害责任的归责原则也是过错推定原则，窨井等地下设施涉及社会公众安全，管理人应当根据法律法规、规章制度等的要求以及行业内的专业技术标准，尽责、及时履行管理、维护义务，否则即应承担损害赔偿责任。城市地下设施复杂，输水、输气、输电、输油等设施分别属于不同单位管理。损害发生后，应当查明致损地下设施的具体管理人，并根据过错大小确定责任。<br>**案例指引1**：《覃某诉某热力公司、某物业公司侵权责任纠纷案——施工人不能证明已经采取安全措施的，应承担赔偿责任》【人民法院案例库入库案例，入库编号：2024-16-2-504-001】<br>案例要旨：在公共场所或者道路上挖掘、修缮安装地下设施等造成他人损害，施工人不能证明已经设置明显标志和采取安全措施的，应当承担侵权责任。受害人是否系本小区居民，并不影响施工人侵权责任承担。双方均有过错的，按照各自过错承担相应责任。<br>**案例指引2**：《舒某诉某交通工程集团有限公司地面施工损害责任纠纷案》 | **第105条** 道路施工作业或者道路出现损毁，未及时设置警示标志、未采取防护措施，或者应当设置交通信号灯、交通标志、交通标线而没有设置或者应当及时变更交通信号灯、交通标志、交通标线而没有及时变更，致使通行的人员、车辆及其他财产遭受损失的，负有相关职责的单位应当依法承担赔偿责任。 |

| 民法典侵权责任编 | 关联规定 |
| --- | --- |
| 【国家法官学院、中国人民大学法学院编：《中国审判案例要览（2015年民事审判案例卷）》，中国人民大学出版社2017年版，第167页】<br>案例要旨：因地面施工引起的侵权行为属于特殊侵权行为。对地面施工致人损害侵权责任的归责原则，应适用过错推定原则。在地面施工致人损害案件中，免责事由限定为设置明显警示标志与采取安全措施。设立明显标志和采取措施但未达到足以保障他人安全的程度，仍然构成对注意义务的违反。 | |

图书在版编目（CIP）数据

民法典侵权责任编司法解释查学用指引 / 孙政，张常富编著. -- 北京：中国法制出版社，2024.10
ISBN 978-7-5216-4498-2

Ⅰ.①民… Ⅱ.①孙… ②张… Ⅲ.①侵权行为-民法-研究-中国②人格-权利-民法-研究-中国 Ⅳ.①D923.04

中国国家版本馆 CIP 数据核字（2024）第 090829 号

策划编辑：陈　兴
责任编辑：孙　静　　　　　　　　　　　封面设计：杨泽江

## 民法典侵权责任编司法解释查学用指引

MINFADIAN QINQUAN ZERENBIAN SIFA JIESHI CHA-XUE-YONG ZHIYIN

编著/孙政　张常富
经销/新华书店
印刷/三河市国英印务有限公司
开本/880毫米×1230毫米　32开　　　　　印张/ 9.5　字数/ 256 千
版次/2024 年 10 月第 1 版　　　　　　　　2024 年 10 月第 1 次印刷

中国法制出版社出版
书号 ISBN 978-7-5216-4498-2　　　　　　　定价：39.00 元

北京市西城区西便门西里甲 16 号西便门办公区
邮政编码：100053　　　　　　　　　　　传真：010-63141600
网址：http://www.zgfzs.com　　　　　编辑部电话：010-63141787
市场营销部电话：010-63141612　　　　印务部电话：010-63141606

（如有印装质量问题，请与本社印务部联系。）